# MI HISTORIA

Ágatha Ruiz de la Prada

# Mi historia

*Con la colaboración de*
*Pedro Narváez*

la esfera ⊕ de los libros

Primera edición: noviembre de 2022

© Ágatha Ruiz de la Prada Sentmenat, 2022
© Pedro Narváez García, 2022
© La Esfera de los Libros, S.L., 2022
Avenida de San Luis, 25
28033 Madrid
Tel.: 91 443 50 00
*www.esferalibros.com*

Fotografías de interior: Archivo de la autora
ISBN: 978-84-1384-470-1
Depósito legal: M. 25.507-2022
Fotocomposición: J. A. Diseño Editorial, S.L.
Impresión y encuadernación: Unigraf
Impreso en España-*Printed in Spain*

*A Isabel, a Tata, a Cristina, a Piluca, a Alicia, a Elena,*
*a Noemí, a Pilar, a Maribel, a Samari, a Sofía,*
*a Fátima, a Yolanda, a Macarena, a Marisa…*

Tengo el útero en forma de corazón. Lo supe mucho después de que se convirtiera en el estandarte de mi marca. La idea del corazón, como el color, rondaba mi cabeza antes de que descubriera que también lo tenía dentro en un lugar insospechado. La placenta se incrusta en el útero, parece que quisiera quedarse a vivir para siempre, y luego explota. Mis dos partos fueron difíciles a causa del útero. Vivíamos entonces en una casa de Fuente del Berro, monísima, la más de Madrid, como salida del cuento de *Los tres cerditos*. El suelo era de madera y las paredes, blancas. El cuarto de baño estaba empapelado también en blanco, con un leve espigado que estaba de moda en los últimos ochenta. A la una de la mañana, más o menos, me levanto y voy al cuarto de baño y allí, ¡fluag!, suelto litros de sangre que chorrean por la pared antes inmaculada. La imagen es demasiado potente como para olvidarla. Y era tan real y a la vez tan dolorosa como una *performance* de Marina Abramovic. Mi hija Cósima, recién nacida, dormía. Una señora cuidaba de ella. Otra muchacha, Mari Carmen, estaba en el piso de abajo y se fue a la calle descalza y gritando a pedir un taxi. Yo estaba muerta de miedo. Creo que me acompañaba el innombrable (es Pedro J. Ramírez y su nombre no volverá a aparecer en este libro)…, sí, más tarde se puso a escribir un artículo toda la noche, de vez en cuando hacía como que se preocupaba.

Años después volvía de París en coche. Ya había sorteado el escándalo del vídeo de Exuperanza Rapú que vio, o imaginó, todo el mundo. Quedaban solo las brasas del incendio, pero quemaba aún en la memoria. Defendí con ímpetu al innombrable, sobre todo en una entrevista fundamental en la Cope que me hizo Antonio Herrero. Media España se puso en mi piel y se figuró lo que yo debería pensar, aunque no lo sabían. Yo misma no lo supe. Fue difícil enfrentarse a aquel estrépito, pero no me tembló la voz ni me apretaron los zapatos. Salvé la vida civil al protagonista. Como compensación él me dijo que le pidiera lo que quisiese y una de mis elecciones fue una casa en París. De allí venía, entre el Louvre y el Pompidou, cuando caí en que no me había llegado la regla. Fui a una farmacia a por un test de embarazo y el resultado fue positivo. Creo que fue entonces cuando supe de verdad que la relación entre el innombrable y yo se había quedado en apariencia, que nunca estuve enamorada.

Llamé a mi mejor amiga y ginecóloga Isabel Alonso. Me dijo que ya no tenía que ir casi escondida, como de jovencita, a Londres a abortar y que lo mejor era que me tomara una pastilla y ya vería cómo todo se solucionaba. Así fue. Decidí no seguir adelante con aquel embarazo. ¿Para qué? Aborté. No recuerdo si se lo dije al innombrable. En cualquier caso, nunca traté el asunto en público. Hasta hoy. Ahí comenzó otra parte de mi vida. A veces hay que tomar distancia para darse cuenta. Despertó mi vida de mujer acostumbrada a reinventarse. Lo reseñable no es que abortara, soy una defensora del derecho al aborto. Feminista de verdad, no de boquilla. Lo crucial fue que pudiendo seguir con el embarazo no lo hice. Puede que lo aguantara mi útero, pero no mi corazón, que al cabo resultaron ser lo mismo.

Ahora pienso que no me abandonó aunque me dejara, como a tantas otras los señores abandonan todos los días. Fui yo la que de alguna manera le dejé mientras, pobre, él intentaba musitar alguna palabra de hombre civilizado al tiempo que se volvía dejando su calva de sacristán a la vista.

Esta es la historia al revés de como fue contada y de cómo yo gané todo lo que él perdió, que fui y soy Ágatha Ruiz de la Prada, diseñadora de éxito, aristócrata y musa de la Movida antes y después de conocerle. Ahora marquesa de Castelldosríus, baronesa de Santa Pau y grande de España. Y con un útero diseñado por mí sin yo saberlo. ¿Se puede pedir más? Sí, siempre se puede. Mi lado excéntrico anhela lo imposible y mi pedigrí me centra en la tierra, como a Escarlata O'Hara; he hecho vestidos con menos recursos que su cortina de terciopelo verde Edimburgo. La

mayoría de las niñas de papá, de las niñas bien que escribía
Umbral, no me llegan a los tacones. El viaje de París, aunque era de vuelta, resultó ser solo de ida. Cuando llegué a
Madrid ya no sentía ningún peso. Había salvado al innombrable del ostracismo social, ahora tocaba salvarme a mí
misma de vivir a la sombra por ser mujer y haber pasado
de los cuarenta. Tuve que contar aún algunos años para
que así fuera. Ahora soy cualquier cosa menos una señora invisible.

Vayamos a otro parto. De la sangre al agua. Podría rodarlo
Almodóvar. Yo nazco, tú naces, él nace. El de mi madre,
Isabel de Sentmenat, el apellido mágico. Nací el 22 de julio en Madrid; soy Cáncer, un cangrejo que anda hacia
adelante, aunque a veces parece que doy la espalda. Mi
padre se llamaba Juan Manuel Ruiz de la Prada, arquitecto.
Soy la mayor de cinco hermanos. A mi madre, en su dile-
tante pesimismo, le pareció que julio era un mal mes para
tener un bebé. Los médicos estaban de vacaciones y todo
se volvía una vulgar complicación. Creo que si hiciera un
esfuerzo me acordaría de ese momento, del nacimiento,
incluso de una galaxia anterior, como si tuviera antenitas
espaciales. Ella no trabajó nunca, venía de una familia en la
que nadie lo hacía desde muchas generaciones atrás. Mis
abuelos consideraban que trabajar era una horterada. Mi
padre, sin embargo, se esforzaba muchísimo. Era un obseso
de las casas, yo he heredado esa pasión. Me interesan más

las casas que los amantes. Acabo de alquilar la mía de Milán. Pensé que nunca alquilaría nada, pero las circunstancias cambian: entre querer y poder pasan algunos verbos. Estuve cuatro días en aquella ciudad aplicando Baldosinín a los azulejos del cuarto de baño. Horas y horas hasta que acabé aquel ejercicio tan físico como filosófico: estaba en mi casa limpiándola para una persona que no conozco. Ahí podría empezar a entenderse cómo es mi amor por las casas. La preparé tan bien que nunca lo habría hecho así para mí misma. Dios me libre del pecado de la soberbia, pero Proust necesitaba muchas más magdalenas que yo para evocar el pasado. Lo tengo presente.

Nunca me verán deseando o luciendo una joya, pero sí una casa. Sigo teniendo la de París, alquilada la de Milán. Tuve una en el Soho de Nueva York, y la de Londres se la quedó el innombrable. Ahí vive Cósima, que es ahora la que más lee; estudia Literatura en esa ciudad. En el ático del paseo de la Castellana vivo desde el año 1998. Esta casa desde donde escribo ha regurgitado varias épocas. La de Mallorca reserva una historia secreta como para guardarla en una caja de música y la finca de Madrid, con los edificios en forma de cubo en mitad del campo, es mi paraíso y el de mis perros.

Me molesta mucho si hay una exposición relevante y no la veo. Y me fastidia si montan una fiesta importante y no me invitan o no me puedo colar. El dinero no tiene importancia, lo que sí la tiene es que se celebre una fiesta en Nueva York y no te inviten. Cósima tiene esa suerte,

se la ha trabajado, la invitan a Nueva York, París, Londres...
La vida social es una parte muy importante de mi trabajo.
En mi caso resulta enfermizo. Cuando me divorcié, me di
cuenta de que lo más importante eran los planes. Es herencia familiar: si no tienes un plan, estás jodida.

# MI *DOWNTON ABBEY* PARTICULAR

Mi infancia vivió aún el esplendor de una aristocracia que resultó no ser rancia como algunos puedan pensar. Quizá usted. Vista con los ojos de hoy tal vez podría resultar un poco decadente en su acepción sublime. Estoy orgullosa de llevar los títulos que ostento. Marquesa de Castelldosríus, baronesa de Santa Pau, grande de España. El primer marqués fue desde 1696 Manuel Oms de Santa Pau, vigésimo cuarto virrey de Perú, antes había sido gobernador de Tarragona y virrey de Mallorca, entre otros cargos. No se vive de eso, no me da de comer, pero supone un ancla en un mundo en permanente naufragio. Hay nobles que no saben ni de dónde vienen sus nombres. Igual lo dicen por esnobismo o, quién sabe, tal vez son ciertas sus afirmaciones paletas. Para ser noble no basta con nacer, también hay que hacerse. Los que no se esfuerzan no merecen sus distinciones. He leído mucho sobre mis ancestros. Se puede ser noble y moderno sin interrupción, que diría Baudelaire. Yo pertenezco a ese grupo, tan real como raro. Tanto los que despiden su árbol genealógico con un simple comentario como los que presumen de sus apellidos me parecen idiotas.

Para que no nos perdamos entre las ramas del árbol: mi antepasado fue el marqués de Comillas, Antonio López (siglo xix). Su hija, Luisa Isabel López y Bru, se casa con Eusebio Güell, primer conde de Güell. Ahí se juntan dos importantes fortunas. Su hija, Isabel Güell López, matrimonia con Carlos de Sentmenat, marqués de Castelldosríus, grande de España: mis bisabuelos. Por su lado, Águeda de Sanllehy y Girona se une a Juan de Urruela y Morales, V marqués de San Román de Ayala (nacido en Guatemala y primer portero del F.C. Barcelona). El gran título lo hereda Félix de Sentmenat y Güell, marqués de Castelldosríus, que se casa con María de los Remedios Urruela (Mery): mis abuelos. Mi madre, Isabel de Sentmenat y Urruela, se casa con mi padre, Juan Manuel Ruiz de la Prada y Sanchiz. Ahí aparezco yo.

La madre de mi abuelo materno, que era riquísima, entra en la familia que posee los títulos más elegantes de Cataluña. Se junta el dinero con la aristocracia. Cuando empieza la guerra civil mi abuela no tiene ningún hijo y al acabar se encuentra con cuatro. Lo pasó bien en la guerra, aunque puede que suene mal o no se entienda como es debido. Nuestra guerra, además de una tragedia, es una incógnita política y social sin resolver.

A los dieciocho años se dan cuenta de que mi tío Carlos no está bien de la cabeza, o su cerebro no da lo que se espera al exprimirlo. Mi abuelo Félix se lleva un disgusto porque se trataba de su *hereu*. Era muy guapo, inteligente, simpático, adorable, pero tras una crisis lo llevan al médico, lo encierran y a mi abuelo no se le va la congoja en toda su vida. Carlos se pasaba el día en la cama y de cama en cama, en esas aventuras trataba con todo tipo de gente y de cualquier estrato social, lo que tal vez hoy se vería dentro de la norma, pero no entonces. Tremendo. No tuvo hijos. Mis padrinos fueron mi tío Carlos y mi abuela. Al no tener descendencia, el título pasó al siguiente varón, Santiago, uno de los gemelos que nacieron después de mi madre. Lo que nadie esperaba es que la historia diera un vuelco y atrajese el título a mis manos por una ley que nos puso a las mujeres donde nos correspondía en lo que fue casi el comienzo de una revolución cultural que aún hoy no nos pone de acuerdo. No quiero que me devuelvan los siglos en los que las mujeres eran hilos incapaces de ensartarse en una aguja. Lo único que pido es ser hilo o aguja según me plazca. Una persona, en definitiva.

Acabo de leer un libro sobre el marqués de Comillas en catalán. Más por interés que por esnobismo. Me ha resultado un poco machista porque no se detiene casi nada en las mujeres. Toda la vida me han contado que él era un niño pobre que se fue de polizón a América, a Cuba, donde empieza con una tienda y vuelve millonario, dueño de la Compañía Trasatlántica. Llegó a tener una flota de más de cuarenta barcos. Al hijo lo quisieron hacer santo. Vivía en Sobrellano, en el palacio de los Comillas. Esa familia es la que manda construir el Palacio Real de Barcelona y se lo regala a los reyes. Monárquicos hasta la médula, tanto que, será casualidad, una pariente mía, Isabel Bertrand, se casa con Juan Ignacio Luca de Tena, hijo del fundador del *ABC*. En esa época los ricos tenían limosneros, que en el fondo es lo que hoy se llama director de la fundación, y un cura en casa. El marqués de Comillas tuvo de sacerdote y de limosnero a Mossèn Cinto Verdaguer, Jacinto Verdaguer, el mayor poeta de la Renaixença, en el palacio Moja de Barcelona. El escritor ingresó cuando tenía treinta años y había viajado en los buques del marqués de Comillas de Barcelona a Cuba. Intentaba mejorar su salud con los aires del mar. El marqués hace publicar, en edición bilingüe, *La Atlántida*, su más famoso poema. Decía: «¿Ves ese mar que abarca la tierra de polo a polo? Un tiempo fue jardín de Hespérides alegres; aun arroja el Teyde reliquias suyas, rebramando de continuo, cual monstruo que vela un campo de matanza».

Antonio López y López, el primer marqués de Comillas, compró el palacio Moja, construido por el marqués de Moja y su mujer, María Luisa de Copons, en 1774. Antonio entra a vivir allí en 1875, casi un siglo después. Alfonso XII, al llegar a España durante la Restauración, durmió en el Salón Azul de la casa. Cuando entroncaron los López y los Güell se hizo señor de la casa el segundo conde de Güell. Un incendio casi lo devora en 1971. Era un palacete influido muy claramente por el neoclasicismo de aire francés, aunque los salones fuesen un poco repolludos, con grandes lámparas de cristal y el suelo de mármol brillante, como de una recepción de *Los Bridgerton*, aunque ninguno fuera negro.

Me crie entre dos mundos. El *ancien régime*, donde los señores se retiraban a fumar y mandaban las señoras porque tenían dinero y hacían sus planes, y el rompedor de la España de los ochenta. Soy un híbrido, en el sentido biológico y mitológico, que es lo mejor que se puede ser. Tengo tantos tatuajes imaginarios que harían falta muchos cuerpos para abarcarme entera. A eso hoy lo llaman empoderamiento, que suena fatal; en una *soirée* escucho empoderamiento y me pitan los oídos. Queridas, ¿de qué estáis hablando? El poder no se casa con el sexo, sino con él mismo. Repetidlo cada mañana ante el espejo.

Mi padre se dedicó a la arquitectura, como su abuelo, como su padre, Juan Manuel de la Prada y Muñoz de Bena, caballero de la Orden de Santiago. Los que llevan esta distinción tienen que probar la nobleza de sus cuatro primeros apellidos. De haber sido buena estudiante, igual yo también sería arquitecto.

Mi abuela paterna, Ana María Sanchiz, hija del marqués de Montemira, era muy rica. A pesar de esto, para la familia de mi madre, incluso para mí en algunos momentos, no se podía comparar la historia de Castelldosríus con el de los Ruiz de la Prada. Existió siempre una tirantez y cierta incomodidad entre las dos familias por la diferencia de estatus. Para empezar, mi padre trabajaba, y eso, a mis abuelos maternos, que no lo habían hecho nunca como ya he dicho, les parecía lo peor. La casa de mis abuelos paternos, en Marqués de Riscal, 8, me resultaba horrible, paleta. No me gustaban los pasillos ni el olor. Mi madre no perdía ocasión para hacer de menos a la familia de mi padre. La casa de Barcelona, en Pedralbes, sin embargo, era como de cuento. Creo que pertenezco a la última generación que se crio en esos palacetes. Y eso en nada me parece decadente, sino chic. ¿Hay algo más moderno que pertenecer a un mundo antiguo y engendrar la vanguardia? Es algo así de natural y a la vez increíble, como ir descalza pero con la apariencia de llevar tacones.

# LA GUARDERÍA DEL PODER

El decorado acaba impregnando con sus misterios a los personajes. Vivíamos en la casa más bonita de Madrid. Un edificio a la vanguardia de los años setenta diseñado por mi padre en Zurbano, 73, esquina a General San Jurjo, hoy José Abascal. Noveno piso. Desde mi casa actual, en la Castellana, puedo verla. El destino me llevó a que disfrutara de mi pasado desde el salón explosivo de mi casa actual, con un suelo a rayas fucsia y blanco por el que patino mentalmente. Los que odian la moderna arquitectura residencial en el centro de las ciudades considerarían ese edificio un invitado a la fuerza en el paisaje. Un pisazo de 1.500 metros cuadrados. Quinientos los ocupaba la casa, y el resto, la oficina de mi padre y un museo de arte contemporáneo. En la terraza, césped y una piscina. Pocos, o nadie, tenían acceso en Madrid a algo semejante. Vivía entre dos mundos, uno, requetevanguardista junto a mi padre en Madrid, con Tàpies, Chillida y Antonio López, y, por otra parte, llegaba a Barcelona y casi volvía a principios de siglo, al *Downton Abbey* catalán.

Antes de en Zurbano, vivimos en un piso del paseo de la Habana con una terraza muy grande. Todas las primas de mi madre, que eran más jóvenes que ella, venían a Madrid, me cuidaban y se lo pasaban bomba en la ciudad. Sabían dónde ir y ser agasajadas sin la presión de los conocidos catalanes.

En el noveno piso de Zurbano había dos puertas. Detrás de una estábamos nosotros y tras la otra, Antonio Garrigues Walker y su familia. Podría jurar que estuve en la casa más interesante de toda España. La mujer de Antonio, Fran, era el envés de mi madre, aunque fueron grandes amigas. Por allí pasaron Jacqueline Kennedy, Santiago Carrillo, el actor José Luis Gómez…; gente brillante mis vecinos. Y sucedían las cosas más insospechadas, como un juicio a José María Entrecanales, padre de José Manuel Entrecanales. Les encantaba ese teatro. Uno hacía de fiscal, otro de abogado defensor, otro de juez… Blanca Domecq, mujer de José Manuel, era muy amiga de mi madre. Además, un Soto Domecq se casó con un Arnús, pariente a su vez de mi rama barcelonesa, o sea, que las familias se unieron.

Compartíamos una piscina. Me gustaría que los lectores entendieran todos los significados que encierra una palabra tan común como inquietante: piscina. Desde una narra William Holden, muerto, su historia con Gloria Swanson en la película *El crepúsculo de los dioses*; Radio Futura dice que «en las piscinas privadas las chicas desnudan sus cuerpos al sol», y David Hockney las pinta como lugares naturalmente extraños. Tendremos más piscinas en unas páginas, ahora quedémonos aquí, el sol quema y los pequeños jugamos a hacernos el muerto. Entre ellos, Elena Garrigues, una de mis mejores amigas de siempre, superdotada total.

Cuando el innombrable llega de Logroño y conoce a los Garrigues, qué casualidad, queda arrobado. Pero yo llevaba veintidós años tratándolos. En los tiempos en que Carrillo tenía prohibido entrar en España, alguna vez cenó en aquella casa. Cuatro personas que vivían en ese edificio acabaron en la cárcel arrollados por casos como Matesa, un escándalo de corrupción que enfrentó a dos bandos del régimen en 1969. Abajo aguardaba siempre la Guardia Civil. Se convirtió de repente en una casa de sinvergüenzas.

Como he dicho, Fran Garrigues se hizo la mejor amiga de mi madre, una mujer que dedicaba tiempo a la amistad y la necesitaba mucho, eso también lo he heredado yo; soy muy dependiente de mis amigas. Desde mi punto de vista, nuestra casa era mucho más organizada. Teníamos tres muchachas y un chófer. Y había una hora de comida, a las dos y media, y también se desayunaba y se cenaba. En casa de los Garrigues, por lo que vi durante veinticinco años, no se comía ni se cenaba. En cambio, daban fiestas todos los días. Mi amiga Elena me invitó a desayunar, tendría yo dieciocho años, en un piso que le había alquilado su madre. Abrió la nevera y solamente había cocacolas: «Qué asco. Yo me tomo eso ahora y me hace un agujero en el estómago», le dije. Siempre he desayunado lo mismo: café con leche y una tostada. Mi madre, además, encargaba un ten-tempié por la mañana y una merienda por la tarde. Había un orden, más que burgués, total. Y en casa de los Garrigues reinaba el desmadre absoluto. Antonio no comía, se iba a no sé dónde, Fran quería adelgazar, todos estaban a régimen, con lo cual no comían pero se ponían más gordos. En las fiestas, se tomaba el aperitivo en casa de Antonio y se cenaba en mi casa. Todo estaba organizado por Fran, que era una mujer superinteligente y supermotivada, y por mi madre, que lo único que quería era sentirse pegadita a Fran para tener un plan.

Antonio Garrigues no tenía televisión porque pensaba que era dañina, así que veía el fútbol en mi casa. Él vivía en el experimento y la contradicción. Recuerdo una vez que llegó José Luis Gómez, que había estado en el exilio mucho tiempo; tenía una fama impresionante en esa época. Vino a interpretar *El proceso*, de Kafka. Hacía de mono. Le tuve que ceder mi cuarto. Entré a recoger algo para ir al colegio al día siguiente y me lo encontré vestido de simio llorando... Y es que para «descomprimirse» al pasar de mono a persona o de persona a mono, lloraba muchísimo... Claro, yo llegaba con mi pijamita de los Rosales y me encontraba a un señor berreando...

Por allí pasaron las mujeres más guapas de España porque había también mucho jaleíllo femenino. Venía Massiel, en 1968, que era la bomba. Recuerdo subir con ella en el ascensor como si fuera de viaje al cielo. Nos hicimos muy amigas. La que se movía para que todo estuviera en su sitio era Fran.

No puedo decir que fuese guapa, pero sí muy inteligente y buena. A su marido le encantaban las señoras guapísimas. Una de sus hermanas se casó con el hombre más rico de Filipinas, un Zóbel, los que parieron Sotogrande.

Cuando yo llegaba al colegio, y aunque era mala estudiante, sentía que se abría un gran abismo intelectual entre lo que vivía en mi casa y lo que veía entre mis compañeros. Aquella casa estaba bendecida. Cuando Jacqueline Kennedy fue a la Feria de Sevilla con Grace Kelly —creo que todos tenemos su imagen en algún lugar de nuestros deseos—, la acompañó el embajador español y se rumoreó que tuvieron un *affaire*. *Si non è vero è ben trovato*, como dicen los italianos. Antonio Garrigues Díaz Cañabate, el padre de mi vecino, era nuestro representante en Washington. Un hombre superatractivo, brillante y viudo. Junto a otra viuda, la de América. Yo tenía once años. El hecho de estar cerca de Jacqueline en esa época ya era un milagro. Porque aquella mujer era lo más y, aunque yo aún era pequeña, ya conocía la atracción que provocaban las señoras de cierta clase, y eso que todavía no había leído a Truman Capote. *Plegarias atendidas*. El gran trabajo del despacho Garrigues fue traer a americanos a España en época de Franco. Ganaron mucho dinero, pero a él el dinero le importaba tres narices. Le interesaban la inteligencia y la brillantez.

Mi madre tenía unas amigas mucho más pijas, porque eran el tipo de personas con las que había crecido. Esa mezcla de lo tradicional con la intelectualidad de nuevo cuño y el glamur fue lo que hizo de aquel espacio un lugar único.

# CRIADOS EN PALACIO

Estamos en Barcelona. El primer desfile lo hice en el palacete de mi abuela, año 1982. Mi tío Carlos fue novio de Chelo Sastre, que luego fue pareja durante muchos años de Toni Miró. Chelo preguntó, en su borrachera de modernidad, si habíamos avisado a la prensa. Entonces, mi abuela llamó a *La Vanguardia*. Preguntó por el conde de Godó y le dejó el recado a la secretaria: ha llamado la marquesa de Castelldosríus. Le dijo que su nieta presentaba un desfile al día siguiente y que, por favor, mandaran a un periodista y a un fotógrafo y que cuando llegaran le dijeran al criado que venían de *La Vanguardia*. No sabía dónde esconderme de la vergüenza.

Recuerdo el miedo que me daba dormir allí años atrás. La casa de mi abuela en Pedralbes medía unos cuatro mil metros. Había una capilla con los huesos de San Félix de Valois. Hay mucho contraste entre lo que fue mi vida en Barcelona, en aquel palacio de mis abuelos, y la de Madrid, tan llena de color, tan de Ágatha. Esa casa estuvo mucho tiempo en mi WhatsApp. Mi abuelo era primo de José Luis Sert. Y era familia de José Antonio Coderch de Sentmenat, uno de los mejores arquitectos en la historia de España. Sin embargo, mi abuelo cogió un libro de grandes casas en Inglaterra —que, por cierto, he perdido y me da mucha rabia— y eligió una de esas mansiones fabulosas. Escogió a un arquitecto de Barcelona, Durán Reynals, y le dijo: «Quiero una casa como esta». Con una balaustrada impresionante, con dos pisos más el terrado, con un jardín inmenso, una terraza con escaleras a cada lado. Decidió hacer una cosa más anticuada de lo que le correspondía, porque mi abuelo venía de una familia muy moderna; de una estirpe que había sido mecenas de Gaudí. Entonces, ¿cómo pasó de ser mecenas de Gaudí a encargar una casa tan clásica? Ahí vivieron un señor que pasó cincuenta años al servicio de mi abuelo, al que le habían otorgado su medallita, el chófer, y todos los demás. Igual ahí está parte de la respuesta. Mientras tanto, en Madrid, se colgaban cuadros de Tàpies.

Era feliz, con mis problemas, pero feliz. Nací, y seis años después, ya éramos cinco. Yo llegué primero, la mimada; luego nacieron Manolo, al año siguiente, Ana Sandra, después Félix y, finalmente, Isa. O sea, que en sentido estricto fui poco tiempo la reina de la casa. Lo seguí siendo en la de mis abuelos, en Barcelona. Pasaba allí las Navidades, la Semana Santa y los veranos.

Luego vino el tiempo en el que mis padres empezaron a separarse, yo tenía doce años. Cuando mi madre quería, nos íbamos a Barcelona a vivir, y luego de vuelta. Recuerdo los días en la finca de mi bisabuela, La Boscosa, donde se jugaba al polo. Cuando enviudó la convencieron para construir pisos. Pasó de tener la mejor casa de Barcelona a poseer un montón de pisos baratos. Me llevaban a la Costa Brava, a Puigcerdá, a La Ricarda, una finca de unos tíos míos de mil hectáreas cerca del Prat. La había ganado el padre del propietario en una partida de cartas. Un sitio espectacular, con tres kilómetros de playa... Me llevaban también a casa de Isabel Bertrán y Güell y Juan Ignacio Luca de Tena en Castelldefels. A Garraf. Todo eso pertenecía a los Güell, que eran muchos. Mi tío Juan Antonio Bertrán tenía una residencia espectacular y un guacamayo... E iba a la casa de Tona Sala, muy amiga de mi madre. A Tona la asesinaron. Aquella vida la pienso ahora y hoy cuesta creerla.

Veo un fundido en tono azafrán: llego a la casa de mis abuelos en Barcelona. Mi abuela había vuelto de la India. Traía dos maletas con regalos: una era para Ágatha y la otra para los otros catorce nietos. Entonces, rescataba el trono que a mis hermanos les hubiera gustado arrebatarme.

Mi abuelo fue un niño mimado. Tuvo tres institutrices, una francesa, una inglesa y otra alemana. Cenó toda su juventud con frac. Leía mucho y se ponía histérico porque mi abuela solo se posaba en tonterías: «Ay, mira, Félix, que un perro se ha ahogado». En fin... Mi abuelo compraba un libro cada día. Aparte de *La Vanguardia*, siempre tenía a mano *Time*, *Life* y *¡Hola!*, y no había una obra de teatro o una exposición interesante que se perdiera. Tenía un palco en el Liceo. Fue presidente del Círculo Ecuestre, de la Caja de Ahorros de Barcelona…

Don Juan Carlos se quedó seis meses a vivir en casa de mi abuelo, un hombre monárquico perteneciente a una de las familias que sostuvieron a don Juan en Estoril. Se turnaba con otros para ser el secretario del rey en el exilio. A doña María de las Mercedes, que era mucho más seria, mi abuela le debió parecer una frívola. El día que muere don Alfonsito, el hermano pequeño de don Juan Carlos, el Jueves Santo de 1956, de un disparo, se encontraba mi madre en Estoril con mis abuelos. Un momento tristemente histórico. Así como mi madre tenía tendencia a ser desgraciada, mi abuela la tenía a ser feliz. Volvía contando que había estado con el rey Humberto de Italia, con los Orleans, con todos los que pasaban por allí.

El mes que a mi abuelo le tocaba ser secretario del rey, iba a su casa a las nueve de la mañana, le llevaba los periódicos y despachaban juntos. A mí me parecía muy divertido. He leído varios libros sobre aquel exilio. Decían: «Me voy a Estoril de servicio», pero se lo pasaban de coña. Llegaba don Juan a comer y mi abuela comentaba: «Ay, fíjese, señor, que estaban de oferta los melones, me han costado baratísimos». Y don Juan lloraba de risa.

Don Juan decía: ha pasado esto y debe ser gordo porque se ha enterado hasta Castelldosríus, que era como decir que mi abuelo no se enteraba de nada. Iba a buscar a don Juan al aeropuerto en un Seiscientos. En ese sentido, no era nada pretencioso. Poseía muchas tierras y tenía numerosos empleados, y cuando un coche se quedaba viejo lo mandaba a una finca. Una vez uno de los trabajadores, que se llamaba Pacho, se pasó toda la noche conduciendo hasta Barcelona para que lo recibiera el señor marqués. «Pero ¿qué ha pasado, Pacho?», le preguntó. «Verá usted, no es por nada, es por envidia». Todo era porque mi abuelo le había cedido un coche mejor a Victorino, otro de los encargados.

Las hermanas de mi abuela tenían caballos, perros, monos, patos…, era una mezcla de capricho animal con las últimas actividades culturales. Y tenían también la torre Arnús en Badalona. Lo explico. Una de ellas se casó con un banquero apellidado así. Hizo construir un lugar mágico, tanto que parecería el ensueño de un niño o el capricho de un loco. Hoy pertenece al Ayuntamiento de la ciudad y se puede entrar en el parque, que es público. La casa tiene todas las ventanas tapiadas y unas pintadas que decoran su decadencia. Parece la metáfora de un tiempo encerrado en sus propios recuerdos. Había un gran lago, con un castillito donde Arnús tocaba el piano, un parque de atracciones privado y una gigantesca piscina. Creo que es la casa más bonita que he visto en mi vida. Luego, Badalona se convirtió en un barrio obrero, pero de allí antes salía un Rolls-Royce todas las mañanas que llevaba a los niños al colegio.

Seguí aprendiendo de la importancia de los planes. Mi abuelo materno era un poco apagado, pero mi abuela —dejen paso a la mujer del año— fue, como ya dije, muy simpática y alegre, la felicidad total. Daba una fiesta una vez a la semana. Era adicta al plan. Como mi madre. Como yo. Nunca choqué con ella, me divertía, le gustaba la moda, la idea de vender y hacer negocios. No trabajó nunca, pero estoy segura de que le hubiera encantado.

Cuando tenía siete u ocho años, el mes de septiembre lo pasaba en la finca de Guadalajara, San Rafael, en Zorita de los Canes, con mis abuelos. Por allí pasa el Tajo. El viejo puente medieval del pueblo, que sale de debajo del castillo, era el único del lugar por donde un ejército podía cruzar el río, no había otro hasta Alarilla. Los calatravos guardaron Zorita y la Orden de Santiago hizo lo propio con Alarilla. La finca se la quedó mi hermano Manolo con muy malas artes. Mi abuelo era dueño de una gran propiedad en la Diagonal de Barcelona. Había caballos, huertos, jardines. Cuando acabó la guerra, he apuntado antes, la vendió. Con aquel dinero mandó construir su casa y se compró tres fincas: una en Madrid, otra en Guadalajara y otra en Malpartit, Lérida, la más fea de todas, pero la única de la que obtenía beneficios porque se recogía mucha fruta. Si íbamos a Barcelona parábamos en Malpartit cuando se hacía el *tour du propriétaire*.

Hay vivencias que se quedan esculpidas para toda la vida. Mi abuela me leía todos los días, por ejemplo, un capítulo de *Heidi*, un libro que me encantaba. Veo la despensa de Bienve, que era la señora que estaba ahí, e íbamos a coger moras. Y en Barcelona resuena en los pasillos de mi memoria: «¡Que viene la señorita Ágatha!». Pasteles, regalos. Siempre había fiestas y yo estaba ahí en medio.

A pocas personas he querido más que a las que formaban parte del servicio. Algunas han pasado cuarenta años conmigo. La que me dio el primer biberón estuvo en mi casa madrileña hasta antes de la pandemia. En El Robledal, en Brea del Tajo, teníamos tres muchachas y un chófer. Todos procedían de la primigenia finca, en la que vivían unas sesenta personas. Una era rubia, Pili; otra morena, Valeriana, y estaba Rosario, que fue la que me explicó cómo nacían los niños. Mi madre se llevó un verano a Pili a Mallorca, cuando tenía novio, y se pasó enfadada toda la temporada. Eran fanes de Raphael. Ahora, si veo o escucho al cantante, me emociono. En Barcelona pasaba mucho rato en la cocina. La cocinera dormía al lado.

Ese vivir en un mundo sin ojeras aparentes, ajeno al resurgir de la clase media, no resultaba, sin embargo, antiguo. Íbamos a las mejores obras de teatro, teníamos los últimos libros, visitábamos las exposiciones de vanguardia. Mis abuelos pasaban un mes en Londres. Para su época eran muy avanzados, nada fachas, ninguno era franquista ni tampoco catalanista, bueno, mi abuelo un poco, hablaba siempre en catalán con su secretaria. Y luego había gente de la familia, como Miguel Milá, de la rama de los Sert, que era mil veces más moderna que la familia de mi padre.

Traté mucho entonces a Jorge Moragas, que fue jefe de Gabinete de Mariano Rajoy. Cuando escribo estas líneas es embajador en Filipinas. En aquel ambiente se movían mujeres muy ricas que se hicieron *hippies, transhippies*, tenían amantes, bailaban *jazz*; entre ellas estaba la madre de Moragas. Jorge iba al mismo colegio que mis primos. Cuando salían pasaban la tarde jugando en el jardín, y daban las seis, las siete, empezaban los niños a cenar, a bañarse y acostarse, y a Moragas nadie lo venía a buscar. La madre llegaba a las diez de la noche, cuando ya estaban en la cama.

# UNA NO PIJA
# ENTRE NIÑAS REPOLLO

Mi madre no me quiso llevar pronto al colegio. Si el resto de los niños entraba con cinco, yo lo hice con siete años. Le cogí asco desde el principio. Ella prefería llevarme a sus planes y en eso estábamos de acuerdo. Me divertía con los mayores, es algo que a mis hijos no les pasa. No sienten curiosidad por otras generaciones. Delimitan sus fronteras y en eso creo que no saben lo que pierden. Hay mucho que aprender tanto de los que vienen empujando como de los que parece que se quedaron atrás. Ahora la distancia entre jóvenes y mayores se me antoja enorme, es como si se hubiera roto el hilo invisible que nos unía, de manera que parecemos especies distintas. Muchos lo achacan a la tecnología, puede ser, en cualquier caso, gerontofobias aparte, hemos llegado a un punto de no retorno en el que los abuelos y los nietos se quieren pero no se reconocen.

No fui lo que se dice una buena estudiante. En mi casa reinaba la anarquía. Nadie me preguntaba si había hecho los deberes. Solo uno de mis hermanos, Félix, terminó una carrera. Sin embargo, poseo más cultura que muchos que han pasado por la universidad. La cultura estaba a mi alrededor. Mi abuelo y Proust, los mejores profesores. Un tío mío, que estaba fatal de la cabeza, leía todo el rato.

Empecé en el Saint Dominique, el colegio de las niñas pijas de Madrid. Luego me cambiaron, no sé por qué, y me llevaron al Rosales. Al Saint Dominique iba con uniforme y guantes blancos. Allí había que hacer una reverencia a las monjas, que eran estupendas y llevaban esas túnicas tan guays. Me salía de los esquemas. Empezando por mi nombre, Ágatha; luego me vino bien porque resultó ser comercial, pero entonces no me gustaba. El nombre entronca con mi bisabuela Águeda, que le caía mal a mi madre, aunque era tal su dinero que cuando nací heredé su nombre. Me inscribieron como Águeda, pero siempre me llamaron Ágatha. Los nombres de mis hermanos eran más usuales: Manuel, Ana Sandra, Félix, Isabel... Y, entre ellos, ¿Ágatha?

Mi sueño era tener el pelo liso, es evidente que se anhela lo que no se tiene hasta que una se da cuenta de que esperar lo imposible solo conduce a la melancolía. Sin embargo, no sé qué hacía en el coche que siempre llegaba al colegio con la cabeza desordenada, por dentro y por fuera. Allí aguardaban las niñas con su lazo. A todas esas pijas las conocía del club Puerta de Hierro. Estaban Pilar Lladó, la hija de Sonsoles Díaz de Rivera, una que se llamaba María, *la Galleta*, y que vive al lado de mi casa; nunca las he perdido de vista del todo, pero yo jamás he sido pija.

No hay una pija que no conozca, pero yo no lo he sido ni un día de mi vida. Tal vez por el arte, por la lectura, por la libertad que respiraba. No sé, tal vez es más pijo que me dé igual todo eso. En mi clase también estaban los Oriol, que eran dueños de media España, los Aristrain, Alejandro Aznar...

Decían que mi madre estaba muy mal educada. Cuando se piensa que alguien está mal educado se esconde en realidad una dificultad. Yo lo decía de mi hermana pequeña, y no es que estuviera mimada, es que tenía problemas. En aquella familia que no hacía nada, mi madre jugaba al golf y lo hacía tan bien al tenis que se enfrentaba a Manuel Santana. Un hermano suyo fue campeón de España de golf. Nos apuntaba a todo: a clases de tenis, de castañuelas, de *ballet*, de *jazz*, de inglés, de equitación, pero con poca disciplina. Íbamos al colegio Rosales todos los días, aunque siempre llegábamos tarde. El actual rey de España, don Felipe, también llegaba tarde, creo que por razones de seguridad. Nos veíamos en el pasillo.

Luego, ya en Barcelona, después de la separación de mis padres, viví con mi madre en un piso normalísimo, de los que había heredado de mis abuelos. Mi colegio estaba en la calle San Juan Bosco y olía a pis. En mi cabeza tengo asociada la separación con una merma en la calidad de vida, que fue lo que le pasó a mi Cósima cuando nos fuimos a vivir a París. Pasar del ático de Madrid a aquel piso parisino, que no se encontraba precisamente en el mejor barrio, le pareció extraño. El que tengo actualmente allí, sin embargo, es la repera.

He vuelto a ver a las amigas de la infancia. Fátima de la Cierva, por ejemplo. Nos conocimos en el carrito cuando éramos muy pequeñas. Sofía Barroso, Mónica Oriol... El «neopijismo». Se casaron, yo no. Me fui con un hombre que era listo, pero bastante hortera. Cuando conocí al innombrable mi abuelo se quedó perplejo. Y mi madre fue muy expresiva: «¡Qué horror!». Mi hermana se casó con un señor que estaba loco: «Bueno, pero por lo menos estaba soltero», contestaban en una respuesta austrohúngara, a lo Berlanga. Con Jorge, un genio de la saga, montamos mis hermanas y yo un montaje teatral en 1985 que fue un desastre. Me encargué del decorado y del vestuario de una especie de entremés sobre la caída y muerte de la Movida. El público casi lincha a los actores que llevaban unas sábanas blancas como si fueran senadores romanos porque la función empezó tarde. Mis hermanas y yo también actuábamos en la obra, que empezó con cierto retraso por problemas en la peluquería donde tenían que repeinarnos.

El gran punto de referencia de mi madre fue la finca de mis abuelos en Brea del Tajo, en Madrid. Allí iba todos los fines de semana. Era su tierra. No mandaba en los planos de mi padre, pero allí era la señora de la casa. En aquella época, cuando yo tenía siete, ocho y nueve años, hacía un frío helador. Nos metíamos en la cama con bolsas de agua caliente; hasta que nos estirábamos pasaba una eternidad, o eso me parecía. El campo. Si no paso un fin de semana allí parece que no puedo respirar.

Mi padre, sin embargo, nunca entendió el campo, pero cuando vendió su colección de arte se compró una finca que fue de mi abuelo. Sí, mi padre, divorciado ya, se compra la de Guadalajara. Pensamos que estaba mal de la cabeza. ¿Cómo pudo comprar una de su exsuegro? Allí habitaban millones de recuerdos, el río, el castillo, el camino de piedra, los cerditos, el encargado. Cuando cayó muy enfermo, que ya no reconocía a nadie, mi hermano lo llevó a la finca y repetía: «No puedo soportar esto, por favor, llevadme a Madrid. Odio el campo». Lo que no había dicho nunca. Cuando se es viejo parece que se dice la verdad. Salió a flote el complejo social con mi madre, lo mismo que me pasó con el innombrable: el primer día que fui a casa de sus padres me quedé sin respiración. Le llamaban «el chalé». Se comía muy bien, eso sí. En cambio, en las casas de cierto nivel no les importaba la comida, tenían una cocinera aunque no parecía elegante estar encima de los fogones. Mi abuela paterna disfrutaba cocinando, pero no estaba bien visto ocuparse mucho de la comida. Eso lo mastiqué mucho de pequeña.

Cuando mis abuelos venían de Barcelona a Madrid se alojaban en el Palace. Recuerdo que cogíamos todas las mermeladitas que allí se ofrecían. Pasaban la semana en la ciudad y los fines de semana en el campo. Nadie trabajaba y tenían mucho tiempo para recibir. De hecho, mi abuela lo hacía a menudo en Barcelona. No es que diera jamón de Jabugo. Una patatita, pero en el mejor jardín barcelonés. No parábamos de movernos. A los diez días de nacer hice mi primer viaje en avión. A San Sebastián, donde veraneaban mis abuelos. Toda la vida en marcha.


Fui una gran compañera del innombrable porque mi madre había sido una mala compañera de mi padre. Cuando le conocí era, como se dice, un hortera de bolera, le ayudé mucho, le empujé en su carrera. Siempre a su favor. Hasta el final, ya que gracias a mí consiguió parte del dinero para abrir *El Mundo*. Cuando mi madre se separó se marchó a Barcelona y más tarde volvería a Madrid. Empezaba a desvanecerse el imperio familiar tal y como lo conocíamos y las relaciones sociales comenzaron a cambiar. A nuestro alrededor llegaban ricos que habían trabajado, banqueros que asaltaban el poder político y el cultural. Ahí estaba yo para pasarme al otro lado y también ser una de ellos, la primera curranta. La guillotina, queridos, no estaba hecha para mí. El rasgo de mayor inteligencia es adaptarse al medio o que el medio nos vea como un espécimen excepcional.

Descubrí que el trabajo era lo que me hacía no estar deprimida. Mi vida es la lucha por no ser como mi madre, no verme disminuida por sentimientos que no pueda controlar. El color es un aliado perfecto. No requería de barroquismos con los que no comulgo. He demostrado que la sobriedad en las formas junto al color pueden ser un matrimonio de éxito. Antes que yo ya lo había experimentado Rothko.

Mi padre, además de las bellas casas que diseñaba, también atesoró una colección de arte, fue el mejor coleccionista en España durante su época, con más ojo que dinero. Sentía un entusiasmo casi enfermizo. Mi madre desconocía lo que era esa vehemencia, siempre se mostraba triste. Le daba igual vivir en la mejor casa de Barcelona. Fue a la boda de los príncipes Juan Carlos y Sofía en Atenas; cuando se casó Cayetana de Alba la invitaron, pero ni por esas. Se venía abajo por estar en Madrid y no en su hábitat de Barcelona. Un tío mío, Miguel Milá, tartamudo, decía, supongo que para apoyarla: «Es que en Madrid te mean en la boca y tienes que decir que llueve». Me viene muchas veces a la cabeza que mi madre, con mi edad, me parecía una persona requeteviejísima. Y yo con la de mi madre creo que tengo veinte años. Es raro.

Me gustó vivir tanto en Madrid como en Barcelona. Me encantó estar entre dos ciudades, y luego veranear en San Sebastián, porque siempre notaba que pertenecía a un mundo en perpetuo movimiento y, visto con los ojos de hoy, privilegiado. En Barcelona, los más importantes pertenecían a mi familia. Me decían: «Ah, tú eres la nieta de los Castelldosríus». Y en Madrid, cuando vivíamos junto a los Garrigues, por allí pasaban Plácido Arango, José María Entrecanales…, el quién es quién de Madrid. No podía pedir más, solo que yo no quería ser mi madre y tampoco quería que la relación con un hombre fuera como la de mi padre. En ese sentido, no lo pude tener más claro: solo tenía que nadar a contracorriente.

# EL MATRIMONIO EQUIVOCADO
# DE MIS PADRES

A mis padres les llamábamos los «jefes». Si se hubieran querido nos habrían ahorrado mucho dolor, pero aquella relación se torció desde el primer día. Mi padre estuvo a punto de casarse con María Elena Covarrubias, con la que se ennovió durante toda la carrera. Una semana antes, ella le mandó a paseo. No era para nada habitual romper un compromiso cuando quedaba tan poco tiempo para la boda. Mi madre también estuvo a punto de dar el «sí, quiero» a Íñigo Moreno de Arteaga, marqués de Laula. Durante toda su vida se arrepintió y me dijo que tenía que haberse casado con él. Mamá nunca disfrutó de sus decisiones, siempre tuvo el sufrimiento en los ojos, oscuros en el fondo, como dos faros apagados. Un día, los dos, mi padre y mi madre, se encuentran y a los seis meses se casan y consuman el desastre. La boda, por lo que me contaron, fue divertidísima, se celebró en casa de mis abuelos, Félix y Remedios (la llamábamos Mery) en Barcelona. Puedo escuchar desde aquí el eco, se me aparecen rodeados de toda la familia, guapos, alegres, *cool*. He visto tantas fotos de ese mundo tan ideal que es como si lo hubiera vivido. Mi abuelo le asignó un sueldo a mi padre y con ese dinero pagaban buena parte de sus gastos. Tener una sirvienta, para que nos hagamos una idea, costaba cien pesetas al mes, poco más de medio euro.

Al poco tiempo se dieron cuenta de que se habían equivocado. Fue un matrimonio caído en desgracia. A mi padre le encantaban las señoras, era muy mujeriego, casi un coleccionista de amantes, y mi madre no fue en absoluto sumisa. Se parecía a Ingrid Bergman; se superponen en mi memoria imágenes en blanco y negro que subrayan esta afirmación: mi madre con un cárdigan gris y zapato plano pasando la mano por el pelo de delante a atrás, como lo haría un hombre.

Hace unos años me hicieron una entrevista en Argentina y aseguré que no hubo ninguna mujer sumisa en mi familia. Lo reafirmo. Mi bisabuela Águeda era mucho más rica que su marido, un chico que jugaba al polo. Sus amigas de la época le decían: «Oye, monina, ¿no te das cuenta de que este se casa contigo por tu dinero?». Y ella contestaba: «Pues qué bien tener dinero para casarme con quien me dé la gana». Mi bisabuelo fue muy guapo, mujeriego como mandaban los cánones, pero ella era la rica y la que mandaba. Las que han tenido el cetro en mi familia siempre han sido mujeres, siempre, de ahí que mi madre no se sometiera a mi padre, ni que yo me haya sometido a nadie. Nunca.

Quería más a mi madre, Isabel, la del etéreo dolor, pero admiraba más a mi padre. Ella siempre estuvo mal. Le diagnosticaron un trastorno maníaco-depresivo. Mi padre era muy guapo. Muy atractivo. Muy pijo, lo más pijo del mundo, bien vestido siempre, moderno, creo que bastante esnob. Formaba parte de ese tipo de hombres en el que uno se fija si entra en una habitación. La elegancia se le suponía, pero tenía misterio y había muchas mujeres dispuestas a descubrirlo. Como ya he dicho, cuando le preguntaban por sus hermanos contestaba que era hijo único, aunque eran once hermanos; le daba pereza los que venían detrás. Fui su hija preferida. El preferido de mi madre era mi hermano Manolo; se encontraba sola y le pareció que un hombre le daría más protección. Lo que siempre quiso Manolo fue quedarse con todo. No supe reaccionar y es uno de mis mayores disgustos.

Mi padre consiguió muchos de sus encargos gracias a la familia de mi madre, los grandes de España. Mi abuelo conocía a todo el mundo: el duque de no sé qué, el marqués de patatán…, que pedían a mi padre que diseñara sus casas. Mi madre se lo recordaba y a él le dolía en su vanidad masculina porque era verdad. Las mansiones más modernas de Madrid las diseñaba él, pero los clientes eran en extremo convencionales, tanto que no entendían las casas. Construcciones magníficas y clientes insatisfechos y rancios, como los Mora y Aragón, por ejemplo. Usaba las mejores calidades. Si la casa se presupuestaba en un millón de pesetas, luego el montante se multiplicaba por dos porque mejoraba la idea hasta el último momento. Por eso los clientes lo odiaban, un odio compartido por mi abuelo, que le encargó una casa en la finca de Zorita de los Canes. Mi padre propuso construirla sobre el río. Mi abuelo, al conocer la idea, montó en colera: «¡Esta casa es una puta mierda!», gritó. Cogió su bastón y dijo: «Aquí debería estar el salón, aquí el cuarto de baño...». Se quedó totalmente horrorizado y encargó otro proyecto, mucho más vulgar por cierto, a un contratista.

Cuando crecí, la relación con mi padre se deterioró hasta un límite que no hubiera imaginado. Se portó mal. Si a un hombre solo le interesan las señoras se convierte en un mal padre. Conservo buenos recuerdos de cuando era pequeña, pero todo cambió a raíz de la separación de mi madre. Fui amiga de muchas de sus novias. De hecho, el día que murió, hice lo imposible por encontrar a sus amantes para que asistieran al funeral. Revolví los listines de teléfonos. Llamé una a una a las que pude. Algunas me contestaron. Parece que mi padre quiso a muchas, pero ninguna de ellas era mi madre.

Mis padres se separaron varias veces, y cuando se produce la ruptura definitiva yo tenía quince años. En un primer momento, encontraba interesante que estuvieran separados. Me pareció divertidísimo vivir entre Madrid y Barcelona. Me dolió más cuando crecí. Si los hijos son bebés, no pasa nada, pero si tienen más de veinte años, como los míos cuando me separé, pues no se lo pueden creer. Mis hijos, Tristán y Cósima, se dijeron: tenemos unos padres perfectos que se llevan muy bien, y, de repente, ¿qué ha pasado aquí? En ellos no pensó el innombrable. Pobre.

A mi padre, como a casi todos los hombres, y eso es así, le encantaban los coches. Primero tuvo un Fiat descapotable rojo, que no sé cómo cabíamos ahí. Luego, un Dodge metalizado familiar importado de Estados Unidos. Por dentro era verde claro. Manuel Arburúa de la Miyar, ministro de Comercio entonces, facilitaba los trámites. Por eso a muchos coches los llamaban «Gracias, Manolo». También le apasionaban las cámaras de fotos, las lámparas, los tocadiscos. Visité una exposición en el Pompidou de París sobre los años pop y casi todo lo había tenido en casa.

Recuerdo una fiesta en nuestro piso. Mi madre, por primera vez en su vida, pagó seis mil pesetas por un traje de Pertegaz. Pero llegó una señora, la novia de mi padre, Selina, que se había gastado mucho más. Allí no podía competir. Selina llevaba un espectacular abrigo de armiño de un millón de pesetas. Mi madre supo que nunca sería la ganadora en el corazón opaco de mi padre. La entiendo tanto que parece que me susurrara al oído lo que digo sobre ella. Era lo contrario de, por ejemplo, Bibis Salisachs, que iba muy arreglada, maquillada… Mi madre decía que era un poco *pusadeta*, un poco cursi. A ella, eso de llevar un bolso de marca se la soplaba. Un poco como a mí. Recuerdo ir a ver al emperador de Japón en una audiencia en el Palacio Real y al rey Juan Carlos lo único que le divertía era que el emperador me conociera: yo llevaba un traje hecho con papeles y a él le parecía que eso era genial.

Selina no fue una amante cualquiera. Parecía una estrella de cine. Estaba divorciada de un hombre riquísimo y tenía cuatro hijos. La moqueta de su casa era blanca y tenía un armario más grande que mi salón. Todo era de Dior, Yves Saint-Laurent y marcas de ese nivel. Como no tenía hijas, cuando iba a su casa me metía en el armario y allí me pasaba horas y horas en un mundo paralelo. Me regaló muchísima ropa. Recuerdo un traje de Kenzo que era bestial. Me hice muy amiga de ella. La llamé cuando mi padre falleció; puse en la primera fila del funeral a mis hermanas, y en la segunda, a Cósima y a Selina. Fue una mujer importante para él y para mí. Conducía un BMW descapotable y llevaba botas altas hasta el muslo. ¿Cómo no iba a gustarme?

Mi padre, que había estado con las señoras más sofisticadas de Madrid, se fue al final con la cajera de un banco que tenía dos hijos. Cómo sería la mujer que el juez, en aquella época, le retiró la custodia. Tenía dos años más que yo. Un día estaba con ella, Mari Pili se llamaba, le pedí su teléfono y me dijo que no me lo daba y que lo hablara con mi padre. No volví a dirigirle la palabra.

Él no fue un hombre cariñoso, es algo que tienen los Ruiz de la Prada, una simiente árida que solo germina en desapego. Fue muy buen profesional, pero bastante mala persona. Nunca tuvo un amigo. Recuerdo que una vez viajó a África y volvió con tifus. Durante la convalecencia se entretenía echando semillitas a los pájaros. Yo creía que mi padre había tenido una hija en ese viaje y me costó reponerme del disgusto. Cosas de las niñas que acaban desenamorándose del «jefe». Concluyo que a algunos de mis amantes les veo similitudes con mi padre. Luismi, Luis Miguel Rodríguez, el dueño de Desguaces La Torre, que fue mi pareja, por ejemplo. Aunque mi padre era muchísimo más guapo. Una tía mía, la condesa de Sert, me decía: «Solo te gustan los canallas». Eso sí, Luismi, que es simpatiquísimo, habla con su hija decenas de veces al día, que es lo que quiero yo que hagan mis hijos con el innombrable. Pero a este eso no le va. Cuando él y yo hicimos el reparto de bienes en el divorcio, se lo dije a mis hijos al día siguiente: «Esto es lo que vais a tener, no vais a tener nada más». O sea, lo mío es lo vuestro y lo demás, no. La hija de Luismi es una chica lista, no fue a un colegio inglés ni francés. Y llama a su padre para preguntarle, por ejemplo, dónde está la llave del coche. Su hija se lo ha ganado a pulso. Le ha dado dos nietos monísimos. Para una persona tan primitiva, su familia se convierte en el principal punto de referencia.

Al contrario que mi padre, mi madre tenía miles de amigas, derrochaba humanidad y todo el mundo se lo reconocía, pero no estaba bien. La gente que no está bien posee más sensibilidad, pero alcanza cotas de angustia insufribles. Parece que tuvieran que pagar por ello.

Para una adicta al plan, como yo, compruebo que, desgraciadamente, te invitan más en pareja que sola. En un primer momento, después de mi separación, pensé: «Mejor, si no callejeo tanto a lo mejor así adelgazo…». Mi abuela sentía obsesión por el plan. Salía todos los días con su chófer, Antonio Molina. No le cabía en la cabeza quedarse en casa una tarde. Mi madre era igual. Adicta al plan. Así no se posaban pájaros en su mente anidada de fantasmas. Que mis padres se llevaran mal resultó muy desagradable porque ella se tomó cada crisis a la tremenda. A pesar de ello, dormían juntos. En un cuarto colosal. A veces mi madre desayunaba, comía y cenaba en la cama. Le traían la comida en una bandeja con patitas. Había días que le daba pereza levantarse y conocerse.

# EL AMOR AL ARTE

Mi padre me llevaba a la galería de Juana Mordó. Era griega, judía, y llegó a España en los cincuenta, con cincuenta años, después de huir del Berlín de los nazis y de que muriera su marido. Juana atesoraba un pasado de novela, pero, de cerca, era un relato culto y cercano. Montó su galería, trajo el arte moderno aquí y, no sé cómo, conoció a mi padre. Sintieron un flechazo intelectual acojonante. Mi padre fue el mejor cliente que tuvo nunca. Él se traía un importante trapicheo con los cuadros porque no siempre tenía dinero para amortizar al momento lo que le gustaba. Le pagaba, por ejemplo, cinco mil pesetas por un Tàpies y siete mil por un Antonio López, y diez mil por no sé qué, más mil por un grabado. O sea, que al mes le tenía que pagar a Juana una determinada suma.

Ella venía mucho a casa. Gastaba porte y alma de aristócrata, fue uno de los imanes que atrajeron a tanto artista con ganas de gritar en un régimen que aun cansado sujetaba el bozal. Una mujer viuda de las que hoy se diría empoderada (menudo palabro). Los hombres no la distraían, que es lo mejor que puede sucederle a una dama sola. Y yo, como también era muy mercante, con siete u ocho años le vendía dibujos... Montaba en mi cuarto exposiciones de dibujos y de plastilina, y cobraba por entrar.

Mi cuarto era la pera. Al principio dormíamos las niñas en la misma habitación. Teníamos una para jugar, con un gran columpio. Y los chicos dormían en otra. La señorita, siempre había una, inglesa, francesa o suiza, de donde fuera, tenía un aposento para ella, con un pasillito, un cuarto de baño magnífico, de mármol negro, y una puerta que daba a las escaleras. Cuando dejamos de tener señorita, la estancia fue para mí sola. Una gozada. Al poco, mi padre tapió la puerta por la que me podía escapar a la calle. A aquellas dependencias hoy las llamaríamos *suite*. Tenía un póster de Toulouse-Lautrec y un cuadro de Carmen Laffón y una estantería con libros. De pequeña trapicheaba, representaba teatro, «comisariaba» exposiciones... Siempre estaba haciendo algo de ese estilo. Por ejemplo, en el colegio vendía patatas fritas. Las compraba al por mayor y las revendía. Me siguen encantando las patatas.

Siempre me han gustado los negocios. Y Juana Mordó, la mejor galerista de España de lejos, me compraba cuadros. Ya de mayor, Juana se vestía de Ágatha Ruiz de la Prada. Con noventa años. Muchas tardes íbamos con mi padre a su galería mi hermano Manolo y yo. Tenía una mesita alucinante con caramelos. Nos sentábamos allí mientras mi padre curioseaba entre los cuadros. Todavía, con aquella edad, ya muy adulta, sentía ese pellizquito de las niñas hacia su padre, un velado enamoramiento.

Cuando mis padres se separaron, recuerden, éramos cinco. Nos dividieron: las niñas, con mi madre, y los chicos, con mi padre. Y Ágatha, un año con cada uno. El primero me mandaron a París, luego ya por mi cuenta estuve en Milán, Nueva York, empecé a dar vueltas como una peonza. Siempre me ha estimulado el cambio. En París me encontraba cuando escuché: «*Le général Franco est mort*».

Pedraza y Cuenca resultaron ser dos de los lugares más estimulantes de mi infancia. Los Zuloaga eran los dueños del castillo de Pedraza. Y Paco Muñoz, el descubridor de ese pueblo que entre los caminos de Segovia acabó convirtiéndose en *trés chic*. Lo más *cool* del mundo era ir allí. Si no, de qué nos iba a interesar especialmente el pueblo por muy bello que fuera y con el frío que hacía. Paco formaba parte de la competencia de mi padre. Tenía dos «adversarios» para jugarse el trofeo del hombre de moda del momento: uno era Paco Muñoz y el otro, Javier Quijano. Los machos alfa, qué pereza. Transitar por aquellos empedrados cuando aún no habían sido fagocitados por el turismo de masas resultaba un premio al estilo. Me sentía una privilegiada a la que se le había concedido un deseo secreto.

Paco Muñoz fundó Casa y Jardín y fue quien diseñó la mía de Mallorca. En la época era dios. Abrió una tienda espectacular que se llamaba Natura. Se casó dos veces. Con la primera mujer, que era amiga de mi madre, tuvo cinco hijos. Cuando ella murió, estuvo con la francesa Sabine Déroulède, que tenía tres, y tuvo otra niña con ella, Mafalda Muñoz. Samanta Vallejo-Nájera es una de las hijas de Sabine. Otro de los hijos es Nicolás (Colate). Vivían en una casa apabullantemente bella. Recuerdo una mesa con un mantel blanco rebosante de objetos. Luego Paco se compró una en un pueblín. Era una construcción rural, antigua; en aquellos tiempos nadie tenía una casa de pueblo. Claro que después de pasar por sus manos, las del mejor decorador del planeta, lo que era una simple vivienda se transformó en un ejercicio de belleza e intelectualidad. Mezcló Tàpies, Chillida, estaño, las lámparas más modernas... Era la bomba. Él siempre estaba fumando, o seduciendo, como mi padre.

Mi padre tuvo dos obsesiones, ir a Pedraza y a Cuenca, donde confluyó uno de los grupos artísticos más notables de la vanguardia española. El germen fue el pintor Fernando Zóbel. Pertenecía a una de las familias más influyentes y adineradas de Filipinas, multimillonario, dueño de una sensibilidad paranormal, gay, cuando media España estaba escondida en el armario. Tuvo muchos novios. Fernando conoció Cuenca, preguntó cuánto costaba una casa y se compró, no sé, unas cuarenta. Hizo de la suya otro templo de la decoración, más artística si me apuran que la de Paco Muñoz. Como los amigos de Fernando tenían poco dinero, les empezó a regalar casas, o a prestárselas, a amigos, novios o lo que fueran. Entonces fundó el Museo de Arte Abstracto Español en las casas colgantes. Al morir, dejó su fondo a la Fundación Juan March. Mi padre aparece en la foto del día de la inauguración que guardan allí y en su pie recogen todos los nombres menos el de él. En aquella imagen estaba ligando con una señorita. Ni en aquel momento perdió el tiempo.

Cuenca era una ciudad pobre. Zóbel llegó con muchísimo dinero, aunque le daba vergüenza reconocerlo. Se pasó toda su vida viajando: Nueva York, Londres, París, Filipinas... Pero España era su escondite preferido. En Madrid vivió cerca de la calle Marqués de Riscal. Todos los días comía en un restorán frente a mi primer estudio, Casa Ciriaco. Regalaba bastantes cuadros a los dueños, que ahora valdrán un dineral. En casa de mi madre me encontré un libro con un dibujito: «Para Ágatha, de su amigo Fernando Zóbel». Cuando iba a la galería de Juana, él me esbozaba un elefante, una jirafa del revés para que mientras la dibujaba, mirándome, yo la viera al derecho.

Yo viajaba con mi padre muchos fines de semana a Cuenca. Visitábamos, sobre todo, además de a Zóbel, a Gerardo Rueda y a Gustavo Torner. Cuando murió Zóbel retumbaron los cielos. Toda la ciudad y muchísima gente de Madrid hicieron una cola de kilómetros para despedirle porque además de un gran creador fue muy generoso. Había artistas guapísimos, o a mí me lo parecían. Uno de los más guapos del mundo, decía mi madre, era Millares, que murió muy joven. Ahora está de moda, se ha revalorizado bastante. Por allí deambulaban también Mompó, que luego fue muy amigo mío, Martín Chirino, Sempere, Amadeo Gabino... Mi estancia favorita del museo de Cuenca es en la que está la librería de Zóbel, con los ejemplares tal y como los tenía ordenados.

Era un mundo nuevo, pero de máxima elegancia. De un nivel de sofisticación desconocido. Tiempo después volví con el innombrable y los niños a la casa de Gerardo Rueda cuando se había casado, bueno, más bien había apadrinado a su amante, que era futbolista... Hablamos de otra época. Estaba mayor. Simpatiquísimo, nos invitó a pasar un fin de semana. Pero ya no eran esos años en los que todos eran guapos, jóvenes y dispuestos a comerse el mundo. El tiempo se los había tragado.

Entonces la homosexualidad no era visible. Yo no sabía ni quiénes eran homosexuales. No se hablaba de eso. Igual que no se hablaba en casa de César Manrique, en Lanzarote. Ahí sí lo sabía, o lo intuía, porque mi padre nos tapaba los ojos cuando aparecían sus acompañantes desnudos dentro de unas burbujas. César Manrique fue más libre. En su casa era normal encontrarte con unos cañonazos de hombres sin ropa. Tenía unos pajaritos de colores que volaban en unos alambritos... Novios, orgías, ¡yo qué sé lo que hacían! Se bañaban desnudas Claudia Cardinale, Ursula Andress... ¡Eran los años setenta, coño! Pero, en cambio, Cuenca era aún la España medieval...

Mi vida no hubiera sido lo mismo sin Pedraza, sin el aura aristócrata de Barcelona y sin la casa de mi padre, la más bonita de Madrid, con un salón de cien metros cuadrados, con dos de las obras más importantes que realizó Tàpies… Cuando quiso comprar un velero, vendió un cuadro, yo tendría ya dieciséis años. Con mi padre hacíamos pocos planes, pero a mí me parecían maravillosos, como ir a Córcega o a Cerdeña en barco. Me sentía orgullosa de ir de la mano de aquel hombre tan guapo. Su hermano pequeño, tío Carlos, era superdotado, con un año leía en la cuna. Mi padre estaba impresionado con Carlos porque era más listo que él. Se asociaron y se arruinó varias veces por su culpa.

# LA COLECCIÓN
# QUE COMPRÓ POLANCO

A mi padre le encantaba colgar los cuadros. Tenía una Black and Decker que guardaba como un pequeño tesoro. Siempre estaba soñando con cambiarlos de sitio. A mi madre, en cambio, lo que más le gustaba era mover los muebles, pero no lo hacía ella. En esa época no estaba de moda el coleccionismo. Cuando dábamos una fiesta, o en alguna ocasión especial, enseñábamos el museo. Algunos artistas, casi todos bastante rojos —aunque tampoco es que mi padre fuera facha, pero, en fin…—, le empezaron a pedir cuadros. Y a él le parecía lo peor. Prestar un cuadro era un pecado mortal. «Ay, este hombre me ha pedido una pintura, luego no me la va a devolver, o la va romper, o me van a secuestrar», decía, porque en esa época, año 1973, se tenía miedo a los secuestros. Manías de un coleccionista obseso.

Hay mucha gente a la que no le gusta el arte, pero que quiere tener una colección para que la vean los demás. Mi padre, sin embargo, era lo contrario a un nuevo rico coleccionista. Toda esa época artística me influenció brutalmente. En aquellos años, mi padre se arruinó. Abrió una empresa para vender sillas, mesas y otros muebles, Dinsa creo que se llamaba, y, de repente, lo perdió todo. ¡Debía 210 millones de pesetas! Escondió todos sus cuadros. Llamó a César Manrique y este le dijo: «Juan Manuel, vente a Canarias, que aquí hay muchísimo dinero». Hasta allí se fueron dos arquitectos, mi padre y Fernando Higueras. Arrancaba el turismo en las islas. Mi padre estuvo allí bastante tiempo y, efectivamente, ganó muchísimo dinero, tanto que devolvió los 210 millones de pesetas.

En Madrid, el mundo de la arquitectura oscilaba según soplaba el viento. Mi padre diseñó doce esquinas de la ciudad. Por momentos todo el mundo le pedía proyectos y, luego, de pronto, nadie le ofrecía nada. Antes la arquitectura era así, un vaivén. Cuando íbamos en el velero con mi padre, nos encantaba que nos contara aquellos días de ruina. Tenía el barco en el Club de Mar de Mallorca y también lo atracó un tiempo en Alicante. Se compró una casa maravillosa en aquella ciudad. De nuevo, la obsesión por las casas.

El mejor cuadro de su colección, que a mí no me gustaba tanto, le costó mil pesetas y lo vendió por cien millones de pesetas: *La alacena*, de Antonio López. Vendió su colección entera —que incluía ese cuadro— a Jesús Polanco. En ese momento yo estaba empezando a salir con el innombrable, que luego tendría una relación digamos que más que tirante con el capo de *El País*. Ese recuerdo me lleva a un día en los toros. Aparece Mariluz Barreiros, que pasado el tiempo se casaría con Polanco. Ella llevaba un *eye liner* tremendo e iba teñida de un rubio tan rubio que traspasaba cualquier carta de color. Siempre me quedaba patidifusa al verla. No puedo decir que fuera elegante, pero sí muy simpática. La conocía de toda la vida, de siempre, creo que la primera vez fue en El Rastrillo. Llevábamos el innombrable y yo juntos dos semanas y Barreiros y Polanco, un mes. Nos sentamos en las gradas de la plaza. Me saluda y Mariluz le dice a Polanco: «El padre de esta niña tiene la mejor colección de arte de España». Una semana después, el mejor marchante del país, Fernando Guereta, llama a mi padre y le dice: «Juan Manuel, te llamo para hacerte una oferta que no vas a poder rechazar, ¿vendes la colección?». Mi padre dijo que no. Y fue cuando el marchante pronuncia la cifra. Mi padre, claro, claudicó. Quedaron en verse esa misma tarde. A las cinco y cuarto llegó Fernando Guereta con un señor. Mi padre se sintió muy ofendido porque estuvieron apenas un cuarto de hora repasando lo que era, de algún modo, su vida resumida en unos cuadros.

Polanco la compró. Tardó apenas dos horas en tomar la decisión. Seis meses después me invitó a su casa para ver cómo la había colgado. La dispuso un chico con el que yo había flirteado una vez. Me pareció espantosamente mal colocada. En ese momento, mi padre no necesitaba el dinero para nada y se lo gastó en algo que resultó no gustarle: la finca de mi abuelo en Guadalajara, en Zorita de los

Canes. Vendió sus cuadros por 250 millones de pesetas. Siempre que compraba algo, lo vendía más caro, pero cuando invertía en bolsa, lo perdía todo porque no tenía ni idea.

Polanco ya era el hombre más poderoso de los medios en España, pero yo no lo sabía porque todavía no estaba en ese tinglado. Hubo una época en la que nadie sabía quién era Isidoro ni quién Polanco. Luego ya se hicieron populares, pero al principio fueron personas que mantenían el poder en la sombra. En ese momento el innombrable todavía sentía mucho respeto por Polanco. No sabíamos lo que aquel hombre podía llegar a maquinar.

# UNA FAMILIA PARTIDA EN DOS: LA BIEN Y LA SUPERBIÉN

Lo repito siempre, había dos tipos de vida: la de la casa de mi madre, que era inimaginable, una casa que era un palacio, la del jardín, los caballos…, y otra, la de mi padre, que suponía la supermodernidad y la pintura. Diría que mi padre tenía una sensibilidad brutal por la pintura aunque despreciaba, o no entendía, la parte intelectual que había detrás de ella. Mi madre, sin embargo, leía mucho más que él. Venía de una familia en la que, como no se trabajaba, todo el mundo leía. Mi madre también. Tenía muy mala memoria. Eso lo he heredado. Según leo, lo olvido. Leer es empezar a olvidar. Las pocas veces que no he llevado un libro en un avión creí que me daba un ataque. Luego puede que no lo lea, pero voy agarradita a sus páginas. Un libro es un escudo que nos protege de cualquier mal. Leía libros como si fueran catecismos.

Mi padre sentía admiración por la estética pura, total. Detrás de la estética, como en el caso de Genovés y de Darío Villalba, había una protesta social, pero todo eso no iba con él. Amaba el arte por el arte. También le gustaba mucho la música. No sé si entendía tanto de eso, pero tenía un abono en el Teatro Real antes de que fuera el coliseo de la ópera, y me llevaba los domingos por la mañana. En cambio, a mi madre le parecía un horror. Eran dos mundos intelectuales diferentes. Mi abuelo compraba tres o cuatro libros al día. Sabía de filosofía, de todo, y atesoraba las novelas que estaban de moda: el Nadal, el Planeta, el Goncourt... Había mucha cultura y más aún cuando a nuestras vidas se sumó Antonio Garrigues, que era la cultura total.

El piso de Madrid lo había comprado mi padre, pero todo lo pagaba mi abuelo, todo. Mi abuelo le dejó la finca de Brea del Tajo a mi madre. A ella le encantaba perderse allí porque no se sentía bien en la capital. La finca era suya y eso la reconfortaba. Mi padre, al contrario, no le gustaba porque no era de su propiedad. Por eso quiso comprar otra. Primero se interesó por una que acabó adquiriendo el padre de Rodrigo Rato. Se trataba de un terreno espectacular en Tielmes. Era un molino, por debajo del salón pasaba el agua. Estaba medio en ruinas. El almanaque marcaba el año 1973. Era una casa que estaba de camino a la finca de mi madre. A mi padre le jodía, como a muchos señores, como a todos los señores, diría yo, que su pareja tuviera una finca mejor que la suya. Además, nunca se sintió cómodo en Brea del Tajo, no quería ir nunca, porque allí su mujer era «la señorita Isabel», la que mandaba. Por eso planeaba todo el tiempo: «Vámonos a Cuenca». «Vámonos a Pedraza». «Vámonos a no sé dónde».

En la época de mis abuelos vivían en aquella finca unas ochenta personas, aunque cuando yo era pequeña no había tantas. Cuando mi madre era una niña, había dos personas por cada mula o dos mulas por cada persona, no sé... No había tractores y sí muchísima gente. Me encontré allí con un colegio genial, el mejor del mundo: el de las gallinas y el tío Julián. Había ocho niños de mi edad y eso era estupendo porque compartíamos juegos y confidencias. Recuerdo que un día por una travesura mía mi abuelo le dio una paliza a otro. A mí no me pegaban, pero a ellos sí, les pegaban muchísimo.


Mi padre compró la finca de Zorita de los Canes a mis tíos después de haberse muerto mi abuelo. Cuando íbamos a la de mi madre veía ese molino que estaba en venta y soñaba con poseerlo; utilizo este verbo a conciencia, hasta con sus connotaciones sexuales, pero al final no lo hizo. Procedía de una familia, los Goyeneche, que levantaron el pueblo madrileño de Nuevo Baztán. Juan de Goyeneche construyó en el siglo XVIII un poblado para que se alojaran los obreros de ocho fábricas de vidrios, textiles, jabones, sombreros, licores... José Benito Churriguera le diseñó el palacio. Mi padre soñaba con comprarlo porque había pasado muchos veranos allí de pequeño. Puede parecer anacrónico, pero es así. A Luismi, mi expareja, le pasaba lo mismo, le molestaba mucho ir a mi finca porque en mi finca mando yo, digo lo que se come, lo que no se come. Y he comprobado que a los hombres, en general, no les gusta nada eso. Prefieren llevar el mando. ¿En qué mundo viven? Con buena han topado. A mi padre, siguiendo el hilo, le molestaba una burrada y por eso hacíamos planes artísticos, pero él quería una finca suya. Hubiera elegido el suelo, colocado una escultura, elegido las luces, y como tocases algo estabas muerto.

Pasábamos de la finca, que era salvaje, el pelo lleno de paja, pulgas, con perros, a la casa de Fernando Zóbel o de Paco Muñoz. No vi en Madrid a nadie que tuviera una casa más bonita que la de mi padre y las de ellos, ¡ninguna! Aquello fue el principio del arte moderno que nadie entendía... El Museo de Cuenca era lo más parecido a mi casa que podía haber en España. Los cuadros no eran los mismos, pero sí el espíritu.

Todas las casas que he visitado después me han parecido un tanto terribles. Iba a las de mis amigos y pensaba: «Pero qué horror, ¿cómo se puede tener eso?». Porque yo estaba acostumbrada a un nivel desconocido para la mayoría. En una de las paredes de mi casa colgaba un Fontana. Solo. Presidiendo las vistas. Y mi padre se preguntaba: «¿Y si pongo el Fontana al lado de este cuadro de no sé quién...?».

Garrigues era inteligencia pura, una inteligencia intelectual, y en cambio veía un Tàpies y se la soplaba treinta y tres. No le interesaba el arte. Le decía a mi padre que era un «coseísta». Mi padre sentía amor por el arte. En el colegio Los Rosales ese amor era algo que nadie conocía. La única que sabía un poco de arte ahí era yo y me sentía sola. Puede parecer pueril, pero me aislaba muchísimo.

Hace unos quince años, y después de muchas ediciones de la feria ARCO, donde al principio la gente iba a que la vieran, a opinar sin saber, más pendientes de su propio modelito que de lo que colgaba en las paredes, a no ser que fuera algo de Las Costus, y a salir en alguna revista, algunos han empezado a entenderlo, eso sí, a su forma, lo que me ha chocado y casi molestado. Porque entienden el arte de una manera muy frívola, y para mí es algo profundo. Me decía: «Esta gente a la que nunca le ha gustado el arte, ¿cómo es posible que ahora se pongan en primera fila?». Sentí un cierto rechazo. Lo mío era una aventura solitaria. Pienso en exposiciones que me han marcado, que me han cambiado la vida completamente. Por ejemplo, una de Henry Moore en El Retiro. Otra de Braque en la Fundación Juan March. Es tal vez lo más íntimo de lo que puedo hablar. Me encuentro, por ejemplo, el caso de una amiga mía adorable que tiene una colección buenísima, entre ellos, a Bill Viola, pero que ha reunido la colección en veinte años, y pienso, ¿qué tenía esta mujer antes de ese tiempo? Nada.

A mí me impresionó muchísimo Peggy Guggenheim. Cuando vi su casa en Venecia me quedé perpleja. Que ahora culminen una colección en pocos años me resulta raro cuando yo me pasaba todos los fines de semana con Zóbel, con Juana Mordó, íbamos a sus casas, eran como de la familia. Me pasaba toda la tarde en Cuenca, iba de un estudio a otro, era un mundo que entendía porque conocía las claves de su lenguaje.

Cuando el arte contemporáneo se popularizó y la gente empezó a comprar para invertir, me preguntaba, tal vez ingenuamente: «Pero ¿cómo compran para eso si no hay nada más difícil que vender un cuadro?». En este terreno ha jugado José María Cano, que, de mi generación, fue el que más dinero ganó en la época de la Movida. Empezó a comprar cuadros, Basquiat, Warhol… Quiso ser artista y se decía: «Si un Warhol vale veinte millones de euros, yo también quiero vender los míos por esos precios». No es tan sencillo. Pero está claro que acertó con su colección.

El poso intelectual me venía, pues, de las dos familias. De una por leer y admirar el arte. Y de la otra, con los Garrigues, por conocer a gente importante, inteligente y brillante, que ese olfato no me ha abandonado en toda mi vida. Manolo Santana, Severiano Ballesteros, Rafa Nadal, Miguel Induráin. Plácido Domingo… Santiago Carrillo, Camilo José Cela, Antonio Gala, Terenci Moix… José Luis Aranguren… O sea, no me gustaba que hubiera un Aranguren y yo no lo conociera.

Pero, de todo eso, en lo que de verdad he sido infalible ha sido en el mundo del arte… De hecho, de pequeña yo quería ser pintora, pero luego, conociendo el sufrimiento de mi madre, su depresión, pensé que la moda tiene una cosa muy buena: es total y absolutamente antidepresiva.

A mí me gusta diseñar y tengo claro cuál es mi estilo. Tengo la suerte de que te puede gustar o no, pero está muy marcado y es muy reconocible. Sé perfectamente lo que es Ágatha y lo que no lo es.

Ser diseñadora de cierto éxito supone dedicar una parte de tu vida a la creatividad y otra a la contabilidad; debo tener tiempo para una reunión, para alguien que viene a enseñar un zapato y otro que llega a proponer un tema, un periodista... Me puedo marear aunque no me puedo deprimir. Es absolutamente imposible que me deprima.

# TRES ABORTOS
# Y UNA LECCIÓN DE FEMINISMO

Soy feminista desde siempre. No necesito coger una pancarta ni parar de trabajar en el Día de la Mujer porque así lo digan algunas activistas. Simplemente lo soy. Ahora muchas mujeres se presentan como feministas dando por hecho que es un signo de modernidad que las define muy bien como personas. Para mí es como si dijera que soy blanca o negra, o mestiza o, no sé, cualquier cosa evidente. Ser feminista no es hacer lo que digan unas pocas políticas, sino lo que le dé la gana a la mujer, sin que nadie pueda evitarlo. Eso es lo que no ha entendido la nueva ola feminista, que de tanto repetirlo resuena tal que cursis de manual. Queridas, hay que ser feminista desde la cuna y todos los días del año. Apunten mis frases que son gratis y las pueden sacar de algún apuro. Por algo soy una mujer libre.

Los hombres se equivocan mucho y nadie les pasa factura. Las mujeres, en cambio, deben dosificar sus errores porque los pagan carísimos. Con quince años había leído a Simone de Beauvoir y a Oriana Fallaci. Como feminista de verdad tuve clara mi postura sobre el aborto. La primera vez que me quedé embarazada tenía diecisiete años. Salía con el chico que me abrió las puertas de Local, uno de los centros neurálgicos de la Movida, para presentar mi primer desfile. No tuve ninguna duda, aunque no voy a negar que sintiera algo de miedo. Me dije: «¿Cómo ha podido pasar esto si no me he enterado?». Mi madre ya estaba muy mal, así que no se me ocurrió decirle nada, ni antes ni después. Me hubiera dado dos sopapos, o quizá ni eso, no merecía la pena. Ni para mí ni para ella. Con esa edad ya era bastante autosuficiente. Cogí un avión a Londres y aborté. En España estaba penado y era pecado mortal. No era mayor de edad. No tenía el permiso de mis padres. Vivía entre la casa de uno y de otra. Y ahí me bandeaba. Jamás lo he contado.

No sé cómo, pero me espabilé. Me vi en Londres en una clínica. Recuerdo que me dieron una galleta de limón al despertarme. Estaba buenísima. Pero me encontré muy sola. Me fui sola y volví igual. Creo que fue la primera vez que me anestesiaron. En casa dije que me iba con una amiga unos días, y como estaban acostumbrados a que estuviera siempre en tránsito, no les pareció raro. La cocinera de mis abuelos, que llevaba cuarenta años trabajando con ellos, fue la que me dejó el dinero para el viaje. Se murió y no se lo devolví. Tuve siempre cargo de conciencia. No tenía hijos, pero sí unos sobrinos, era de La Carolina. Anita se llamaba. Guardó el secreto que hoy les descubro.

Hubo una segunda vez. Con el mismo noviete. Me preguntaba: «¿Esto va a ser siempre así?». De vuelta a Londres, sola, a abortar. El innombrable era contrario al aborto. Cuando alguien toca el tema digo: «No habléis de esto porque la cagáis todos». Ahora es más fácil. Te tomas una pastilla y a tomar por saco. No es lo mismo que antes. Ojalá en mi época hubiera sido así. Yo he estado cien por cien a favor del aborto y me da pena no haberme expresado más claramente cuando he tenido ocasión.

Es curioso. Las ganas que tenía de tener hijos y, a la vez, lo claro que tenía lo del aborto. Porque se debe elegir cuándo vas a tener un niño. Esa vez se lo dije a aquel ex, aunque yo he hecho siempre mi santa voluntad, no he preguntado nunca. Él no tenía voz ni voto en eso. Cero. No era una cosa compartida, era totalmente individual, que es como deben ser estas decisiones.

Mi tercer aborto fue ya con el innombrable y después de tener a Tristán y a Cósima. No sé cómo me quedé en estado, la verdad. No lo entiendo. Pero me quedé. Me dije: «En medio de este lío de Exuperancia, y ahora, esto». Pero ya no fue lo mismo. La sensación era bien distinta. Podría haber tenido un tercer hijo, pero mis entrañas hablaron con toda franqueza y hay que escucharlas siempre momentos antes de que se empiece a sentir algo. No quería traer otro hijo al mundo con esa pareja, entre aquel desbarajuste. No es el aborto lo que se toma a la ligera, sino la maternidad, es ahí donde está el gran debate. Yo tuve a mis hijos consciente absolutamente de que lo que más quería en el mundo era eso. Parir es lo mejor que me ha pasado en la vida.

# LA MOVIDA ERA EL ARTE
# DE NO ESTAR QUIETO

Entonces me planteé mi lugar en el mundo. Me dije: «Ya has abortado, tienes casi dieciocho años, estás en Madrid y vas a empezar con el diseñador Pepe Rubio». En las aceras se cocían tantos disparates como genialidades. Artistas y petardos convivían bajo la pamela nocturna de la Movida. Antes de esa zambullida, en Barcelona tomé la temperatura del agua en la Escuela de Artes y Técnicas de la Moda, en la Diagonal. Era un rollo de morirse. Dábamos clases de costura y de patronaje. Yo vivía en Sarriá, iba en autobús, aunque no estaba lejos. Una día llegué y me hice la pregunta fundamental: «¿Qué hacía allí?». Me caían mal las profesoras y aquel aprendizaje dejaba fuera de plano las ideas más o menos cafres que bullían en mi cabeza. De modo que hice un año de los tres de los que constaba el programa porque lo que me apetecía a mí —contrariamente, creo yo, a la gente joven de hoy— era trabajar. Venía de una familia en la que muy poca gente lo había hecho, de ahí mi decisión. Todo mi dinero ha venido del trabajo.

Segismundo Plá, un diseñador de Barcelona, que era muy amigo mío, me animó a que buscara trabajo en Induyco, la fábrica de confección de prendas para El Corte Inglés. Fui y me hicieron un test psicológico. El psicólogo decidió que yo no valía para trabajar allí. El jefe era César Álvarez, hermano de Isidoro Álvarez, cabeza de El Corte Inglés. Yo le llamaba «el César». Él o no sé quién me dijo que yo no estaba preparada para trabajar en una fábrica. Lo agradecí muchísimo.

Quise empezar con Jesús del Pozo. La mujer de mi tío Carlos era muy amiga de la mano derecha del diseñador. También lo intenté a través de Cristina Marsans, campeona de España de golf, un trueno de guapa, la madre de Javier Goyeneche, de Ecoalf; estaba casada con el marqués de Artasona, campeón de España de equitación. Ella había invertido en la firma. Era principios de los años ochenta. Pedí ayuda a Cristina para que pudiera trabajar gratis. Jesús, como era lo más malo que hay en el mundo, dijo que no. Al final, acabé siendo su fan porque era tan malo que yo lloraba de risa de lo malvado que podía llegar a ser. Daba una imagen de gato de angora, con su ropa nacida para Ana Belén y su tienda en Almirante, de cuando aquella calle era el epicentro de la nueva moda española, pero en el momento en que desaparecían las cámaras se volvía una víbora con gracia como veneno. Se enroscaba en su delgadez y decía tantas barbaridades *sotto voce* que le consumían los kilos. Tan es así que juré y perjuré que nunca en mi vida le haría esa putada a nadie. Y no la he hecho nunca. A todo el que me ha pedido hacer unas prácticas le he dicho que sí, y han sido cientos de personas.

Hoy me recuerdo en Nueva York, con Lucía Cordeiro, que colaboró conmigo en aquella ciudad mucho tiempo. Quise ir al desfile de Jesús del Pozo. Entonces, Ainhoa, que era la directora de la marca, dijo que no, que no podía entrar en un desfile suyo porque siempre había hablado mal de él. Al tiempo, le compré una montaña de telas porque se declaró en suspensión de pagos. Lo que es la vida.

Cuando mis padres se separan a mí me tocó vivir un año en Madrid y otro en Barcelona. Me hartaba de mi madre y me iba con mi padre, y viceversa. En Barcelona residí poco antes de que cayera la dictadura, cuando la gente gritaba: «*Samaranch, dimissió, per feixista i per cabró*». Quién me iba a decir a mí que tiempo después acabaría siendo muy amiga y fan de Samaranch, quien incluso vino a mi casa de Mallorca a pasar unos días. A Madrid llegué en el mejor momento de la Movida. La ciudad era una fiesta. Y la mayor experta en fiestas era yo, así que nada podía salir mal.

No sé cómo, ni falta que hace en cuanto a lo que importa del relato, al poco tiempo empecé a trabajar con Pepe Rubio. Era altísimo y muy delgado, iba con unas hombreras marcadísimas, el pelo muy corto, botas de pocero y *shorts*.

Imposible confundirlo. El recuerdo es tan nítido como brillante. La tienda era blanca.

Mi labor consistía en ir a Pontejos a comprar hombreras. Quería aprender a hacer patrones y Pepe hacía los mejores de Madrid. Yo llegaba por la mañana al estudio y siempre lo encontraba acostado. Al día siguiente, veía toda la mesa llena de piezas cortadas que preparaba a las tres o a las cuatro de la mañana con sus amigos, tan noctámbulos como él. A esa magia la llaman vampirismo. Quería entrar en aquella película como Will More en *Arrebato*, solo que sin tener que pincharme. Montamos un desfile histórico en Pachá: «Ejercicio para una colección». Cuando faltaban pocos minutos para empezar, aún no sabíamos qué se iba a poner cada uno, la locura total. Salieron noventa personas a la pasarela: jugadores de baloncesto, travestis, la mujer de Alfonso Fraile, Silvia Polakov… En la sala estuvieron desde Cuqui Fierro hasta Brian Ferry, cuando aún podía colocarse el flequillo o colocarse a secas. La tienda más bonita de Madrid era la de Pepe Rubio. Un rectángulo gigantesco en el que había dos trajes para vender y una clienta, Beatriz de Borbón, duquesa de Sevilla y madre de Olivia de Borbón. Venía con sus niñas y dos cerdos, luego el local lo cogió Antonio Alvarado y lo convirtió en una tienda fea.

Un día, Carmen de la Cuadra me dice: «Oye, Ágatha, Pepe está como una cabra, ¿por qué no nos asociamos tú y yo?». Al final nos unimos tres: Carmen, yo y la que por entonces era la mujer del presidente de Visa España, muy mona, que se acababa de divorciar y parecía deprimida; supongo que le apetecería participar en un proyecto para no pensar en sus melancolías.

Me movía en moto. Quería mi propio estudio. Se lo planteé a mi padre y me respondió: «Ve a ver a la tía Conchita —hermana de su madre, soltera, medio monja— y le pides el piso de Marqués de Riscal, que ella no lo usa». Fui a El Escorial a pedírselo. Me lo dejó con una condición: «Los miércoles va un grupo a rezar el rosario, quiero que sigan yendo».Y así me facilitó un piso de 280 metros cuadrados, que estaba en un estado catastrófico: era de 1929, los cuartos de baño olían fatal… y los miércoles aparecían unas veinte personas para rezar. Mi padre me lo cambió por otro de 40 metros, pero con una obra nueva espectacular, moquetas de coco, ventanas de aluminio dorado, con una cocina maravillosa y muebles y sillas de «arquitecto».

Mi madre, que estaba deprimida, como siempre, y ya por entonces vivía en Madrid, quiso trabajar conmigo. Le dije que barriera y no volvió nunca más. Lo intentó, pero le resultó imposible. Decía: «La culpa de todo la tiene mi padre, que no me ha enseñado a trabajar». Bueno, la culpa era de ella que no pegaba ni chapa. Más adelante conseguí la casa del portero de la finca, que se fue, y allí monté mi primera tienda. Ágatha Ruiz de la Prada. Marqués de Riscal, 8. Empecé a vender en el piso y luego ya en la tienda que daba a la calle.

Todos los diseñadores trabajábamos como locos. Manuel Piña, Paco Delgado, Francis Montesinos… Tuve la suerte de que como seguía viviendo en casa de mi madre no necesitaba el dinero. No pagaba por el estudio ni por la tienda de abajo, así que tenía una base para mantenerme. Iba a casa de mi madre y comía gratis. Cuando me fui con el innombrable, también tenía para comer, así que no necesitaba rentabilizar e invertía todo lo que ganaba. Siempre he podido hacer lo que me ha dado la gana. He luchado por ello. Mi libertad ha sido importante. He sido libre de la misma manera que otros son altos o bajos, por un don genético que se desarrolla con esfuerzo. ¿Que para conseguirlo he tenido que trabajar mucho? Pues sí, pero, como me gusta, no me importa.

Los fotógrafos eran los reyes de la moda a los que había que rendir una cierta pleitesía. Lo que ahora es Instagram antes lo representaban Javier Vallhonrat o Alejandro Cabrera. Si sus firmas no te acompañaban no se conseguía el pasaporte de la calidad moderna. Hoy da un poco igual, lo que se quiere son seguidores. En los ochenta hacerse famoso entrañaba mucha más dificultad. Te hacías una foto y salías en *La Luna*, un medio que leían mil personas, ahora subes una imagen a Instagram y da la vuelta al planeta en un segundo.

Así que empecé en mi cuartito con unas clientas superchics: la duquesa de Alcudia y Cari Lapique, entre otras. Me puse de moda. Diseñaba una ropa diferente que, en teoría, no iba a gustar a aquellas pijas, pero eran jóvenes, divertidas y yo contaba con las mejores telas de España.

Aprendí pronto que para sobrevivir en la moda hacía falta gente con posibilidades económicas. De no contar con sus marquesas, Balenciaga, un genio, no hubiera pasado de ser un modistillo de barrio.

Antes de trabajar con Pepe Rubio lo había hecho en Ascot, una de las mejores tiendas de Madrid, en La Moraleja. Ahí iba a comprar el quién es quién. La primera, Isabel Preysler. Estuve en las *boutiques* más destacadas de la ciudad, en Las Tres Zetas y Dafnis, a donde llegué porque una amante de mi padre de la que ya he hablado, Selina, me había llevado alguna vez. La dueña de Dafnis, María Rosa Salvador, creadora del premio Aguja de Oro, me compraba ropa al principio. Un traje que yo vendía por 25.000 pesetas (unos 150 euros) en Las Tres Zetas, a tres manzanas, valía 170.000 (unos mil euros). Les hacía gracia.

La posmovida enlazó casi con las Olimpiadas en Barcelona y la Expo de Sevilla. No cesaron de venir periodistas de fuera, entre ellos el que fue corresponsal del *The New York Times* en España, Edward Schumacher. Su mujer, Maribel, se convirtió en una de mis mejores amigas. Yo tenía unos veintidós años cuando el *The New York Times* me dedicó una página entera. Y llegaron más y más periodistas para conocerme a mí y a Almodóvar o Alaska; éramos cuatro gatos que hacíamos mucho ruido. En esa época venían todos los medios: *Newsweek*, *Herald Tribune*, *National Geographic*, el *Clarín* de Buenos Aires…, todos.

Beatriz de Borbón tomó el mando de *Vogue* España y preparó un desfile, «Diez grandes de la moda en España», en el que me incluyó a mí. Lo montó en el Museo de Arte Contemporáneo en 1981. A los tres meses de mi primer desfile ya estaba en esa lista. Era la única chica y diez años más joven que cualquiera de los diseñadores elegidos: Paco Casado, Manuel Piña, Jesús del Pozo, Pepe Rubio, Nacho Ruiz. Casi todas las firmas se fueron a pique. Repasar el libro *La moda de España* es un ejercicio de humildad y una muestra del desastre que resultó cierta moda española.

Empecé a salir por televisión, fui a un par de programas de Pepe Navarro y me maquillaba a mi aire, con la cara toda verde o toda blanca. Desde 1981 me para la gente por la calle.

# MI PRIMER DESFILE
# CON EL TODO MADRID

Mi primer desfile lo hice en Local, como ya he apuntado. Estuve en la inauguración de ese lugar emblemático de la Movida. Había unas peceras con unas chicas desnudas dentro. Por allí andaban siempre Almodóvar, Mariscal, Alaska…, todos. Los jueves había una reunión que se llamaba «Oro y plata», donde se juntaban los guays. El desfile fue el 25 de marzo de 1981. Que me dejaran Local fue lo supermáximo. Fue gracias a ese noviete que tenía, del que estaba enamorada y por el que fui a Londres dos veces a abortar. Yo tenía veinte años y coqueteaba con uno de los dueños, que me encantaba.

El todo Madrid estuvo en aquel desfile, desde *hippies* hasta punkis y pijos. Asistió Alfonso Cortina, que era cliente de mi padre. Fue el primer día que salió con la que sería su mujer, Myriam Lapique. De la música se encargó mi noviete. Flipé. Fue tal el subidón que no se me pasó en años. Las invitaciones eran postales con imágenes de calcetines. Conseguí una peluquera gracias a una novia de mi padre. Nunca se lo he agradecido lo suficiente a la peluquera. Era una de las mejores de Madrid, la más cara. Oh, Dios, lo que son capaces de conseguir unas tijeras y un bote de laca. Conté también con Damaris, una modelo fantástica a la que conocí cuando trabajaba para Pepe Rubio.

Mi padre también asistió y ya no vino nunca más a ningún desfile, creo. No porque no le gustara, sino porque no fue buen padre. Era muy egoísta, solo le atraían las tías; él era de trabajar y de tías. No vivía en el mundo de los planes. Mi madre era negativa, así que no iba a decir que su hija era guapa o lista o que hacía trajes bonitos. Lo minimizaba. Le decían: «¡Qué éxito ha tenido Ágatha!», y ella respondía: «Bueno, sí…».

Saqué a las modelos en minifalda. Cada una era un golpe de color. Nadie estaba haciendo nada parecido. Y empecé a vender. A esa edad ya tenía de todo: modista, las telas…, en fin, lo que necesitaba para crear una marca. El primer revés en los negocios me lo dieron las primeras socias. Les dije que no era justo que se repartieran los beneficios por igual porque yo ponía el local. Y nos separamos. Más recientemente, cuando monté la Fundación Ágatha Ruiz de la Prada, quise que estuvieran, porque, aunque acabamos regulín, de alguna forma representaban también mis principios. Busqué a Pepe Rubio hasta en el centro de la Tierra, lo encontré y lo introduje también en la fundación. Ahora vive en Murcia. Trabajaba en El Corte Inglés y se fue para triunfar, pero…

Como empresaria no me ha ido mal, aunque me podía haber ido mejor. Cuando tenía necesidades financieras, acudía a mi abuela, la madre de mi madre, porque, como yo era su favorita, me dejaba dinero. Empezamos a hacer ropa para vender por toda España, llegamos a tener trescientos puntos de venta. Uno de ellos era la tienda de Carmen Lomana. En aquella época no pagaba nadie. En las reuniones con María Jesús Escribano, que entonces llevaba desde el Ministerio de Industria la Moda de España, yo recalcaba que el problema radicaba en que no pagaba ni Blas. A los veinticuatro años digamos que me arruiné. De ahí la idea de jubilarme a esa edad. Estuve muchos días sin dormir. Fue algo terrorífico. Me acojoné bastante. No he vuelto a pedir un crédito en mi vida. Ni medio céntimo. No he vuelto a pedir nada ni le he debido dinero a nadie. Me retiré en el año 1985 para luego volver con más fuerza.

Yo siempre he tenido, al principio sobre todo, unas telas buenísimas. He aquí uno de los secretos. Al poco tiempo de empezar, me llamó un señor que se presentó como Paco Samaranch, sobrino de Juan Antonio, para entrevistarse conmigo. Tenía una tez completamente aceitunada, muy oscura. Su jefe era el padre de Lorenzo Caprile, que estaba forrado y era amigo del señor Antonio Ratti, uno de los hombres con más sensibilidad del planeta, multimillonario; las Brigadas Rojas secuestraron a una de sus hijas. La sección textil del Metropolitan está subvencionada por él. Paco Samaranch me dijo: «¿Por qué no te vas a aprender donde Ratti, al lago Como?». Allí estaba la mejor fábrica del mundo. Su mejor amigo era Franco Maria Ricci. Ver uno de sus tejidos era como sentarse en un Lamborghini. A Caprile lo conozco desde los once años, y ya era un viejito listo como un demonio. Le adoro.

Me fui a vivir allí unos meses en el año 1983. Yo trabajaba en una casa que se llamaba Villa Sucota, la pera. Ratti había comprado varias impresionantes villas en el lago Como, del siglo XVIII, espectaculares, a gente que se había arruinado. Vaciaba el palacio, dejaba los frescos, los suelos, las chimeneas, todo impecable, y nada más. Ponía unos percheros con sus telas. En ese entorno viví, en una casita en el jardín, como en un coberticillo. A las cinco de la tarde cortaban el teléfono. Me quedé allí aprendiendo lo que eran los tejidos. En esa época tenía otro noviete. Me acompañaba en coche, íbamos y traíamos las telas de contrabando. Le compraba a Ratti lo que le sobraba. Me mandaban las telas a Lyon, donde tenían otra fábrica, y de ahí las traía de tapadillo. Por eso trabajaba con unos tejidos que no tenía nadie. Aquellos trajes se conservan como nuevos. Eran los que vendía en Las Tres Zetas y en Dafnis. Me convertí en una traficante de telas de lujo que fue mejor que sentarme a esperar a que me cayeran del cielo.

Supe pronto lo que era el negocio. Lo llevo en la sangre. Soy medio catalana y la tataranieta del marqués de Comillas, que era uno de los mayores negociantes que ha habido en la historia de España. Repasemos: iba a El Rastrillo, un importante evento solidario, donde sabía quién era quién, así que a una le vendía porque era mi prima, a otra porque le hacía un descuento, a otra porque era amiga… Lo importante era vender y yo vendía, aunque viviera en casa de mi madre y no necesitara el dinero.

Diversifiqué mis productos. Cuando conocí al innombrable me dijo: «A ti lo que te falta es producto». Luego, no hubo casa en España que no tuviera un bolígrafo, un calcetín, una sábana, una toalla o un cuaderno de mi marca. Tiene que ver con mi curiosidad. Todo me interesa. Voy al teatro y estoy pensando: «Se podría hacer un traje de tal manera»; acudo al espectáculo porque me gusta, pero también como obligación porque estoy trabajando.

No hace mucho, un día que volvíamos de la finca, me comentó Tristán: «Tienes ganas de jubilarte, ¿no?». «¿Yo? ¿Por qué?», le respondí. «Porque veo que no haces nada», me subrayó. «Pero será hijo de su madre este niño…», pensé, porque me paso todo el día trabajando, no he trabajado más en mi vida. Lo que pasa es que el trabajo va unido a la vida social. Por ejemplo, imagínense, soy amiga de mi dentista; si mantengo ese contacto y un día hay que dar una charla en el Colegio de Odontólogos, ¿a quién llaman? A mí. Es lo que no entiende Tristán, que eso también es un trabajo. Se puede decir que es mi parte warholiana, con la diferencia de que Warhol ocupaba su tiempo en buscar alguien rico que le encargara un retrato. Fue su obsesión cuando estuvo en Madrid. Eso sí que era un negocio. De ahí que lo mejor de su obra, y de lo más cotizado, sean los retratos. Para llegar a eso, aunque no lo sepa Tristán, hace falta trabajar mucho.

Cuando das una comida en tu casa para dieciocho personas, como suelo hacer yo, para que cuadren las agendas de todos, ponerlos de acuerdo y que quede bien, te vuelves loca. Cuesta más cuadrar agendas que organizar uno de mis desfiles. Hay que ser también un genio de las relaciones públicas. Diseñar es una parte, y no la que me lleva más tiempo, de todo el negocio. En el último desfile de Cibeles, la número uno en impactos en prensa fue mi firma. ¿Por qué? Porque estuvo Omar Montes. Me dijeron que quería salir en mi desfile y resultó fantástico porque arrastró a los más jóvenes. Tiene millones de seguidores. La simpatía que mostraba con las cámaras creó un momento mágico… Me sentí absolutamente eufórica y fue algo bastante improvisado.

Tristán me dice: «¿No te preocupan los fabricantes?». Pues claro, por eso me levanto a las cinco de la mañana y me voy a pasar el día con ellos, y ¿qué me piden?: «Ágatha, por favor, más Instagram, más Instagram». Tristán no se da cuenta de que por las redes pasa todos los días tanta gente que has de estar en continuo movimiento. Tienes que hacer un esfuerzo. Si me llaman para ir a ver al Mago Pop, no pienso si me apetece. Tengo que ir. Luego suceden cosas inesperadas. Eso es un trabajo. «Pero qué chorrada», me castigaría Tristán. Pues hombre, no. Puedo ir a la presentación de un catálogo y acabar en el Toni 2, uno de los sitios más canallas de Madrid, en la calle Almirante. Las ambiciones de mis hijos son otras.

En 2019 hice setenta y cuatro desfiles en todo el mundo. Hace pocas semanas que se montó uno en Nueva York, el primero en el que yo no estuve presente. Trabajo como una bestia todo el año, por ejemplo, en la feria del azulejo. La Fashion Week de Madrid no es mi momento más agobiante. Tengo estrés todo el año. Una vez que la colección está pensada, el sitio buscado, los trajes confeccionados, ya no hay nada más que hacer. Invitar, no puedo invitar a más personas porque no cabe nadie más. El pescado está vendido. No tiene sentido que me ponga nerviosa. A Javier, mi ayudante, le encanta hacer las pruebas y prepararlo todo. Es su momento de gloria. La gente piensa que la fecha del desfile es lo más importante para un diseñador y no es así. Para mí todo es importante. De un plan malo puede salir otro bueno.

# ADIÓS TRISTEZA,
## *BONJOUR COULEUR*

Había gente —la sigue habiendo todavía— que no entendía lo que yo diseñaba. Todo tiene que ver con mi formación artística. Como ya saben, de pequeña iba muchísimo a Cuenca, a casa de Zóbel, al museo de pintura abstracta. Mi padre me llevaba al estudio de Antonio López y a los de otros. En mi casa había bastantes libros de arte, íbamos a todas las exposiciones. Conocer tan de cerca a esos pintores me cambió la vida también a la hora de trabajar.

Me di cuenta de que tenía que unir el mundo de la moda con el del arte. En el momento que lo entendí, en que tiré del hilo, ya no había nada más que hacer porque estaba todo hecho. De ahí me ha venido la inspiración, de Fontana, de Rothko, de la transvanguardia; en el fondo también, y aunque lo odio, del surrealismo. Pero buena parte del público no sabía lo que era eso y no podía, entonces, comprender mi ropa. Mi padre tenía Fontanas en casa, hoy cualquier cuadrito suyo cuesta millones de euros. Su colección era la más moderna que había en esa época.

Me dijo la galerista Juana Mordó que mi padre fue el primero que compró un Tàpies en España. Ahora parece lo más normal, pero en aquellos tiempos era una locura, una extravagancia. Estaba acostumbrada a eso, al cambio, a la novedad. Me vino muy bien para ir espabilando.

Mi psicología del color es más sencilla de lo que se pueda pensar. Mucha gente, y lo entiendo, solo ve colores mezclados que provocan un efecto vitamina, pero cuando estoy creando voy un poco más allá y busco mi armonía personal en ese aparente caos arcoíris. Todos los colores no casan bien y, normalmente, para que se hagan notar hay que utilizar un lienzo neutro. Háganme caso.

Es evidente que me lancé al color para huir de la tristeza y de la depresión, eso lo he sabido siempre. La experiencia con mi propia familia me indicó el camino a seguir o, más bien, el camino a evitar. Un color es capaz de llevarnos a la amargura o a la felicidad. No quiero decir que sean como pastillas de bienestar, pero sí que pueden ayudar a crear un entorno para recibirla, si es que esta llega. Los sentimientos no son tan sencillos, puedo ser naif a veces pero no idiota.

Encuentro que la mezcla de colores entraña una gran dificultad. Si todo pudiera mezclarse seríamos lo más parecido a un payaso y no es ese el objetivo. Busqué en los artistas el significado de las tonalidades: el fucsia Schiaparelli, el naranja Rothko, el azul Klein, el amarillo de Van Gogh. Un color no existe por sí solo. Depende de con qué otro se combine y de lo que tenga alrededor. El color, pues, es el mejor antidepresivo siempre que la vida no nos trate mal del todo. He llevado mis colores hasta a los ataúdes. La muerte también puede ser colorista, como nos enseñan los mexicanos.

Los tiempos del monocromatismo austero, como el negro de los diseñadores japoneses, Yamamoto y sus secuaces, en los ochenta me parecieron contra natura, un motivo para juzgarlos por sacrilegio. Cuando paseas por las aceras de Tokio lo que te salta a la vista es el color y en cualquier celebración española también el color manda, aunque nuestra corte velazqueña lo reprimió. De allí salvé a las Meninas en una de mis colecciones. Me vengué de Felipe IV y las pinté a mi manera. Así soy yo, te gusto o no te gusto.

Cuando paseaba con mis hermanas por el Madrid de la Movida llamábamos la atención por ser coloristas y hoy, tantos años después, sigo en lo mismo. Entonces, la gente iba de oscuro porque así se sentían parte del rebaño que predominaba en el momento, ovejas negras.

Supongo que seré una viejecita fucsia con una pizca de mala leche naranja. A veces clasifico a las personas por colores, que eso me lo copió Tarantino en *Reservoir dogs*, eso y la música de los setenta que no puedes dejar de bailar. Por supuesto que sueño en colores. Si vieran el mundo con mis ojos lo encontrarían cambiado aunque pervivan los mismos dramas. La vida no es rosa, pero tampoco gris ni siquiera del azul oscuro casi negro de Armani. El color es hipnótico. Almodóvar lo ha entendido. Juan Gatti, que ha colaborado con él como director de arte, también. Hemos hecho de la España negra otra en tecnicolor.

# EL MALTRATO DE LAS REVISTAS

¿Qué ha pasado con las revistas de moda españolas? Ahora que viven horas bajas se lamentan. Aquí ha habido mucho esnobismo por los viajes a París. Se volvían locas: «Que me invitan a París, que voy a los desfiles, que puedo ir al pase de Christian Dior…». En el *Vogue* España solo prestaban atención a Chanel, Gucci… Al final, ¿qué ha pasado? Pues que los editores han decidido recortar gastos ya que buena parte de la edición internacional sirve para las locales. Parte de culpa la han tenido los responsables españoles. Si no ofreces algo diferente, ¿quién te quiere? Yo he hecho mil cosas sin que a ninguna de ellas les llamara suficientemente la atención: sobre la exposición en la plaza de San Marcos de Venecia, ni una palabra; de la de la Triennale de Milán, ni una palabra; sobre la del CAPC, el Museo de Arte Contemporáneo de Burdeos, tampoco ni una mención.

En 2015 hice unas quince exposiciones individuales y veinticinco o treinta y cinco colectivas. Llegó un momento en que dije: «Ya se me está yendo la cabeza». Aquel año preparé una en República Dominicana. Llegué al museo donde se iba a realizar y vi que era un sitio donde no iba nadie nunca. Me pregunté: «¿Para qué monto una con lo que cuesta? Con lo que sufren los trajes, por la humedad, por todo. En un sitio en el que, realmente, a lo mejor entran diez personas al año, por decir algo. Es que no hay nada que ver». Me repetí a mí misma: «Ágatha, te estás volviendo ya tarumba con lo de las exposiciones».

La primera en Latinoamérica fue en Medellín. Me robaron los trajes en el tránsito de mandarlos allí. He estado en Perú, en México… En Panamá fue de coña marinera. Estábamos en el Museo de Arte Contemporáneo del país, donde había unos viejos comederos de gato porque los felinos entraban sin problema. Uno de ellos podría haber destrozado todos los trajes. «¿Qué es esto? Acabaré muy mal si sigo por este camino», me dije. Ya solamente monto exposiciones si insisten tanto que no puedo negarme.

Quiero mantener un legado, el problema es que crear una fundación, como yo he hecho, es relativamente fácil, lo que cuesta es mantenerla. La mía es como un almacén en el que tengo todo guardado. Está en la finca de Brea del Tajo. Puedes ir abriendo puertas de armarios escondidos, blanco sobre blanco, y encontrarte con mis grandes éxitos. Guardan un orden perfecto y se mantienen resguardados, como de moral victoriana. Hay muy pocas fundaciones de moda en el mundo. La mía es una de ellas.

No sabría decir si me gusta más organizar desfiles o exposiciones. Pero me parece más divertida una exposición que un desfile. En una muestra, tanto de arte como de moda, si eres bueno, te vienes arriba, y si eres malo, te vienes abajo. Porque los que han ido creando sin estilo, al hacer una retrospectiva se delatan. Sin embargo, hay trajes míos que me parecen mejores treinta años después de diseñarlos. En mi caso hay un discurso. Gustará o no, pero hay un discurso.

Recuerdo mi primer diseño. Era un traje como…, como un burka, fue premonitorio, ya que con un burka fui a firmar el divorcio. Era en verde, no sé ni dónde estará. De todos los que he hecho, es de los pocos que no me ha gustado.

Antonio Miró escribió con motivo del desfile de las Atarazanas de Barcelona, en marzo de 1984: «Ya en el primer desfile de Ágatha Ruiz de la Prada me sorprendieron su concepción de los volúmenes, la elección de colores y, por así decir, una especie de negligencia respecto a la racionalidad de la moda que tanto exaspera a veces. No me gusta profetizar, pero creo que llegará lejos. Si algo le sobra es esa tenacidad que tanto se necesita en el sinuoso camino de la moda». Antonio era como nuestro Miuccia Prada, el más intelectual de los diseñadores españoles. Fue un tipo colosal. Tenía todo lo que me gustaba, formaba parte de la *gauche divine*, el encanto de la Barcelona de aquel momento.

Creo que en las Atarazanas pinté yo a todas las modelos. Me dio un ataque de locura. Era la época en la que maquillé a Umbral, cuando yo iba con toda la cara hecha un cuadro. El señor de Freixenet puso el cava. Conocía a la gente bien de Barcelona porque la mitad eran parientes míos… Fue un exitazo de público inimaginable.

Todas las modelos llevaban unas zapatillitas que eran las más baratas de España, negras, como de ir a clase de gimnasia, con una tira elástica… Ya ven. Para mí siempre han sido muy importantes los zapatos. Queda de muy poca categoría no presentar un calzado a la altura. En muchos lugares de Latinoamérica dicen a las modelos que lleven su propio calzado. El resultado es de una cutrez flipante.

En mi biografía de moda existen cinco años en los que no hay sombra del innombrable. Es una época en la que trabajé como una bestia. Mi primer desfile importante fue el de Local. Y, luego, el de las Atarazanas. Pero también hice unos pequeños en Barcelona, en casa de Merceditas Milá, bueno, en un jardín de los Milá en Esplugas. Y en Sevilla, en la calle Dormitorio, en casa de una tía mía, Inés Moxo. Fueron legendarios. En Sevilla tuvimos un gran éxito, lo pasamos mejor que nunca, pero no se vendió nada. Me lo dijo Juana de Aizpuru: «Ágatha, en Sevilla no compran nada». Ella tuvo una galería espectacular y no se vendía nunca nada. No sé por qué. Debe ser porque allí tienen la Feria, el Rocío, la Semana Santa…

Cuando escribo esto, Tristán está buscando un local nuevo para mi tienda. Está muy obsesionado con Inditex como concepto. Pero nosotros no somos Inditex. No quiero ser Inditex. Ni puedo. Hace poco murió Toni Miró. Cuando yo era joven fue el diseñador que más vendía de España. Su padre se ocupaba de la caja y estaba todo el día dándole a la palanquita porque todo el mundo iba a comprarse algo a la tienda de Toni. Él se metió, como Adolfo Domínguez y como otra gente, a copiar a Inditex, y abrió bastantes tiendas. No podía ser. Por eso muchos nombres se fueron al garete. Yo soy dueña de mi empresa al cien por cien. Y, bien o mal, hago lo que me da la gana. Pero cuando estás en bolsa, pasas la mayor parte del trabajo dando explicaciones. A mí me llaman y me proponen hacer una foto o un programa de televisión y no tengo que convocar a un consejo para pedir permiso.

Me acuerdo de que cuando abrí mi tienda en Nueva York, al día siguiente me llamó José María Castellano, que fue consejero delegado de Inditex, y me preguntó: «¿Cuánto vendisteis ayer?». En Inditex, al abrir una tienda calculan lo que van a vender con los datos de facturación del primer día. Más o menos.

# LOS JUEVES,
# MI DÍA DE RECIBIR

Tuve cierta querencia por los cónclaves de intelectuales. Los jueves, en la tienda de Marqués de Riscal, nos juntábamos gente de todo tipo, entre ellos artistas y sinvergüenzas de distinto pelaje. Era mi manera de recibir. Me ha hecho bien alternar con gente lista. Lo que yo llamé «Los jueves de Ágatha» comenzaron hace treinta años, en 1992. Entonces entraron dos personas nuevas en mi equipo. Una fue Cristina Palomares, que ya no trabaja con nosotros pero que se quedó treinta años, y otra, Isabela Mora, que está ahora en el mundo del arte y era requetesocial.

A la tienda de Marqués de Riscal no venía ni el gato y se nos ocurrió hacer unas fiestas. Conseguimos un patrocinador, Tanqueray. Yo ahora, siempre, vaya donde vaya, pido Tanqueray. Treinta años después. Porque fue mi gran *sponsor*. Tuve dos. Otro fue el vino Marqués de Riscal. La publicidad decía: «Marqués de Riscal 8, los jueves a las ocho vente a tomar una copa de Marqués de Riscal». Fue una locura total. Decidimos cambiar de temática cada vez. Una vez hicimos un jueves con un artista que era tan horrible que decidí esconder los cuadros poniéndoles encima unos papeles. Era mucho más bonito que hubiera que levantar esos papeles para verlos porque creaba ansiedad, misterio.

Así la liábamos cada semana. En otra ocasión vino un autobús de *drags queens* y *trans*, de Valencia. Se montó tal pifostio que mi padre llamó a la policía. Mi padre nos tenía amenazados. Vivía en el primer piso y veía las colas que se formaban. También vinieron Mario Conde y Zaplana. Aparecían desde la gente más rica de España hasta yonquis. Para mí era una gozada porque subía a mi casa, me bañaba, me ponía un taconazo, veía a los niños y ya estaba preparada. En los jueves no ligaba nada. Lo que hacía era presentar a unos con otros. La gente iba, se tomaba tres copas y luego se marchaba a Archy, a Pacha, a Joy o donde fuera. A veces me coincidía con cenas y lo odiaba, porque me involucraba tanto en mis jueves que acababa reventada.

A la mañana siguiente, todos estábamos con una borrachera y un dolor de cabeza que para qué. Cuando me fui a vivir a París, cogía un avión el jueves por la mañana, venía a Madrid, veía a ochenta personas, me enteraba de todo lo que pasaba por aquí y me volvía al día siguiente. Era una manera de no perder el contacto con Madrid. Umbral vino muchísimas veces; Raúl del Pozo, también. En uno de los jueves vestí de carcelarios al «sindicato del crimen», que así llamaban al grupo en el que estaban Pablo Sebastián, Martín Prieto, Raúl del Pozo y Umbral. Vestidos de rayas de Ágatha Ruiz de la Prada.

# LA DISEÑADORA OFICIAL
# DE MONCLOA

Fernando Vijande fue también uno de esos galeristas cuyo personaje traspasaba los cuadros que exponía. Su ansiado hedonismo, el glamur, su buena cuna catalana, todo se unió para que aquella personalidad se convirtiera, con chaqueta y corbata, que era una manera vanguardista de vestir lo pijo, en el emperador de la Movida. Todos querían exponer en su galería y él sabía muy bien qué es lo que tenía que mostrar para ser el número uno.

Compré ciento veinte metros de seda para que las pintara Enrique Vega. Las telas de Enrique eran como cuadros, y hasta tenían pegotes de pintura y yo imaginaba más bien algo que se pudiera poner. Aquellos trajes los fotografió Javier Vallhonrat. Inauguramos allí la exposición titulada «Ágatha Ruiz de la Prada, Enrique Vega, Javier Vallhonrat». Eso fue en junio y en octubre expuso allí… ¡Andy Warhol! Yo tenía veintidós años. Se trataba del comienzo de la convivencia de mis trajes, de mis objetos, de mí misma con los museos y centros de arte. Algunos creen que la moda solo se entiende en la espiral del eterno movimiento, pero yo intenté que la sintieran también cuando estaba inerte y, sin embargo, viva.

Mientras tanto, la ciudad se renovaba cada noche con la sangre de los jóvenes. Tenía relación con muchos de la Movida, pero yo trabajaba, no me pasaba las horas en Rock-Ola. Cuando estuve con Pepe Rubio todos sus colaboradores iban ciegos, menos yo, que estaba alucinada, pero sin tomar drogas. Bastante tenía con mi propia personalidad y todo lo que quería hacer, ya me hervía la cabeza y no me interesó.


Si la exposición de Vijande fue la pera limonera, luego la lie gorda en Juana de Aizpuru —volví a repetir la misma historia con Gloria García Lorca, sobrina del poeta—; era el año 1983 o 1984. Los socialistas habían ganado las elecciones en 1982. Carmen Romero, la mujer de Felipe González, estaba un poco despistada. Su secretaria la llevó a la exposición. Habíamos hecho cuatro modelos, no más, pero Juana tenía mucha capacidad de convocatoria. Las invitaciones las preparé a mano. Tenía unos ficheritos verdes y me pasaba todo el día con las fichas. Cada quince o veinte días me escribía unas mil cartas. Todo el rato invitando a cosas. Diego Lara, que al poquísimo tiempo se murió a causa de las drogas, hizo un montaje maravilloso. El día de la apertura fue tanta gente que no se cabía. Juana no quería que la policía interviniera, por lo que la exposición la vieron apenas cien personas. Fue un éxito impresionante. Juana recibió a Carmen Romero y esta me preguntó si me podía ir a visitar. Lo hizo al día siguiente. Se compró treinta trajes. Y me dijo: «Pero yo te pago».

Carmen empezó a ir vestida siempre de Ágatha Ruiz de la Prada. De hecho, yo fui a La Moncloa y estuve con Felipe González…, quién me iba a decir que luego en mi casa se viviría una guerra a muerte con el presidente. Desde entonces los periódicos me prestaron más atención, me convertí en la diseñadora preferida de Moncloa.

Más tarde hice el desfile «Ágatha for President», el que en teoría iba a ser el de mi despedida tras arruinarme, y después uno al que llamé «Bueno, bonito y barato». El primero se celebró en el Museo del Ferrocarril. Había tanta gente que quería entrar que estuvieron a punto de romper las puertas. Tocaron Los Nikis en directo.

Fue una época muy mágica. Tuve la suerte de que salí del cascarón en plena Movida madrileña y todo era muy mediático. No ganaba dinero. Cuando empecé me dije que iba a estar diez años sin beneficios. En ese momento nos daba igual, queríamos ser famosos.

Un día llamaron al estudio y preguntaron: «¿A cuánto está la licencia?». La gente tiene una enorme confusión entre lo que es una franquicia y una licencia. No he tenido ninguna franquicia, que es replicar lo que es una de mis tiendas, y nunca la tendré. Una licencia es que das autorización a empresas de sábanas, de azulejos, de lo que sea, para que usen tu marca. No exagero si digo que he tenido quinientas licencias en muchos países. La primera fue la de las medias, luego vino la de las sábanas, y la tercera creo que fue con Bidasoa, con las vajillas. La gran diferencia entre mi marca y Pierre Cardin, que ha sido el rey de las licencias, es que yo he controlado en todo momento el producto. No puede haber nadie que piense que se ha comprado algo de Ágatha Ruiz de la Prada y que le ha decepcionado. Yo estaba detrás.

Hoy no son tan rentables como antes. En cualquier caso, no voy a prostituir mi marca en este tiempo en que van a prohibir la prostitución. Ágatha es mucha Ágatha, como para que me vendan en la esquina unos pañuelos. Me encanta conceder una licencia, pero si no me complace también estoy feliz al decir que no y dormir la siesta para que se me estire la piel y estar bien para la sesión de tarde. A través de las licencias el universo Ágatha ha llegado a mucha gente, y esto es fantástico, pero hoy deseo, sobre todo, que me entiendan. Ágatha Ruiz de la Prada no es Armani. Y les digo, afortunadamente.

La primera licencia surgió de una manera digamos que curiosa. Teníamos un pisito en Ibiza. Una amiga de mi madre vivía allí con sus dos hijas. Una de ellas se iba a casar en la isla con su novio de Barcelona. Al poco tiempo rompieron. Él llegó en un coche con palos de golf, raquetas de tenis, de todo. Le preguntamos en qué trabajaba y nos dijo que hacía medias. Su hermano era el presidente de Gassol, los que fabricaban medias Glory y medias Mimi. Ahí se creó una relación tan estrecha que al poco tiempo cogía el puente aéreo dos veces por semana. Me quedaba en casa de mi abuela y el presidente venía a buscarme y me llevaba a la fábrica en Mataró. Me pasaba todo el tiempo en Barcelona. Había en la fábrica un señor viejito al que adoraba y que me adoró. Hacía las medias de Balenciaga, Christian Dior... Contaban en ese momento con el 54 por ciento del mercado español. Patrocinaron el premio «La sonrisa vertical». El presidente del jurado era Luis García Berlanga, un enamorado de las medias y de otros fetiches.

El segundo contrato vino por parte de un íntimo amigo de mi madre, José María Juncadella, hijo de la escritora Mercedes Salisachs. Eran los propietarios de Industrias Burés, los que fabricaban Burrito Blanco. Diseñé unas sábanas que presenté en Juana de Aizpuru. A Juncadella lo conocía desde que tenía tres años. Era íntimo amigo de mi tío Santi. La casualidad tuvo mucho que ver. O no.

La primera colección de medias fue maravillosa, pero pinchó en lo comercial. No lo hicimos bien. Con la segunda, que realicé mucho después, en 2000, vendimos como locos. Hubo un momento en que hiciera lo que hiciera todo se vendía. Desgraciadamente no duró para siempre y las licencias hoy no son tan rentables.

Cuando vivía en París y venía a mis jueves, en el aeropuerto me topaba con muchas niñas vestidas con mis diseños. En El Corte Inglés vendimos setecientos mil trajes para ellas muy baratos. Causaba no pocas suspicacias. Antonio Alvarado me insultó en *La Luna*: «Ágatha es como la Preysler, es lo peor». Al final no le faltó razón al hombre.

# UNA LECCIÓN DE MODA

Me reconforta que las casas sean las mismas, pero que a la vez vayan cambiando. Ahora paseo por mi dúplex de la Castellana, donde vivía con el innombrable. En el piso de arriba, en el que estaba su despacho, hay un sofá verde delante de una chimenea dorada. Todo está lleno de libros. Los he ordenado de una manera casi obsesiva. De un lado, la Revolución francesa y Francia, por orden cronológico; luego Inglaterra y Estados Unidos; después, filosofía y literatura. Con estas chorradas me entretengo. Tristán hizo tres cosas muy guays. Una, comprar una televisión enorme para el piso de arriba; otra, comprar un caballo, y, una más, comprar, a medias conmigo, el sofá verde que está ante la televisión. Yo, feliz, porque eso suponía que Tristán se quedaba en casa. Disfruto de las vistas. Una casa es lo que hay dentro de ella y también lo que hay fuera, lo que se ve desde ella y lo que los demás ven. Entre los libros, y dispuestas en las estanterías, he dispuesto algunas fotos. Abajo, enmarcada, la de la piscina de Mallorca.

De camino a la planta de arriba, un catálogo de la exposición que presenté en el Museo Correr, en la plaza de San Marcos de Venecia…

Por allí descansa un libro sobre mis treinta años de carrera con mis treinta trajes favoritos. Demuestro que un diseñador siempre hace lo mismo, como un pintor. Son trajes que he llevado haciendo toda mi vida. El vestido de los michelines, el caramelo, el vestido ensaimada, los reciclados, los inacabados… Lo mismo, treinta años después. Hay una imagen de mi primer desfile en París y un traje que me pidió Lady Gaga y nunca más supe de él. El traje boca, el traje paraguas, los pianos que he hecho siempre, los tacatacas, las Meninas, el desfile de las flores… responden a otras tantas obsesiones. He diseñado ropa para liberar a la mujer, pero también jaulas, he hecho muchas jaulas. Al cabo de treinta años siguen siendo igual de modernos. Lo que nadie se atrevía a ponerse hace treinta años se lo puso Miley Cyrus.

Creo que hay dos maneras de llegar a la moda. Una, por la costura, que era la forma tradicional en España, a través de las costureras. Yo era muy amiga de Elio Berhanyer y él decía que era un costurero, un modista. Caprile es un modista y va de eso, coge unas telas y empieza a modelar sobre una mujer, un maniquí o lo que sea. Y hay otra manera, la mía, que es dibujando. Para mí lo importante es la sensación. Que cuando una persona entre en una estancia provoque una sensación. Eso es lo que a mí me interesa, y se consigue con el dibujo.

Yo reconozco un cuadro a un kilómetro de distancia. En cambio, me encanta la música pero no puedo decir «ahora entra tal instrumento…», de la misma manera que no me resulta fácil juzgar un vino. Una vez fui jurado de un concurso de churros. El primero me sentó a gloria, pero cuando llevaba doce ya no podía más y no distinguía nada. Hay gente que tiene sensibilidad para una cosa y gente que la tiene para otra.


Lo más importante es tener un estilo. ¿Cuál fue el mío? Traducir el arte contemporáneo a la moda. Aquí están el pop y el surrealismo. Si entiendes el mundo del arte resulta chupado. Pero ¿quién tenía los huevos de ir así? Porque, claro, la tendencia era vestir una mujer objeto. Apretadita, acentuando las caderas y el escote. Luché como una bestia contra eso. ¿Por qué una mujer no puede ir vestida de Michelin? Nadie se atrevía a vestirse de Michelin, solo yo. Ya sé que soy flaca, pero, coño, no voy a ser flaca todo el rato. Es que si voy en un avión no quiero que el señor de al lado piense si soy sexi o no. Esa es la guerra que he tenido toda mi vida: hay momentos para ser sexi y momentos en los que no. Yo me visto para ir a trabajar y lo que quiero es que no me duelan los pies. Por eso hice el libro *La moda cómoda*.

Pueden pensar que hay una contradicción en lo que estoy diciendo porque también diseño vestidos que son casi imposibles, como objetos de una galería, no para llevarlos puestos en cualquier momento. Lo explico. En la vida hay algo muy importante que es el teatro. En la fiesta de mis jueves nunca fui sin pasar por la bañera. Había en ello algo de purificación. Pensaba: ahora vamos a jugar al teatro porque la gente que viene a verme se tiene que ir bastante flipada. Por un lado, se trata de estar supercómoda porque me encanta trabajar, y luego hay un tiempo para el teatro, para el carnaval, para Venecia y los trajes del domingo. Todo el mundo ha tenido un día especial, por muy pobre que sea, en el que se ha arreglado.

Escribí *La moda cómoda* en 1984 o 1985, y creo que esa ha sido la gran revolución del siglo xx. La mujer más rica del mundo, Melinda Gates, sale de casa con unas deportivas. Es tan rica que lo que quiere es ir cómoda. Luego están las que van de tías buenas o que lo intentan. Es que ves a una en el avión y dices: «Esta mujer estará muy bien, pero es una petarda y, además, una hortera de bolera, y encima no tiene un duro porque si a Melinda Gates se la ve en pijama con unas chanclas es porque tiene dinero y dos dedos de frente». No se dan cuenta de que no pueden ir con unos tacones tremendos. No digo que no se los pongan un día, que es divertido, pero no pueden ir con ellos en un avión trasatlántico.

La moda es una manera de expresarte. La indumentaria manda clarísimamente un mensaje. Puede ser sexual, de poder, de dinero. Hoy está de moda la horterada. En los últimos años, cuanto más hortera, mejor. No tenemos más que ver a la reina de España. Es decir, antes, cuando yo era pequeña, la familia real era lo más elegante. Ahora es una familia hortera. Si yo fuera la reina estaría todo el día cuidando animales, plantando árboles, todo el día ayudando a los artistas, en el teatro, y no pensando en la apariencia. Creo que es no entender el significado de lo que representa una casa real. Pero, en fin, son cosas mías. La de Inglaterra —por eso estuvo tan de moda siempre— se ponía su pañuelito y se la soplaba treinta y tres.

Me preguntan a veces una cuestión muy de hombres: si las mujeres se visten para ellos o para las otras mujeres. Yo me visto para mí. Me da igual si son hombres o mujeres los que vayan a verme. Con diecisiete años me iba a Nueva York y me preparaba el modelazo. «Soy la más neoyorquina del mundo», me decía. Me vestía porque tenía mi mensaje que dar. Si tengo que ir al Palacio Real llevo el traje más despampanante que pueda. Es mi manera de ver la vida. No me lo pongo ni para los hombres ni para las mujeres. La moda ha estado muy dirigida por los hombres y por lo que se imaginaban que eran las mujeres. Para mí, la persona más influyente de la historia de la moda fue una mujer: Coco Chanel. Mary Quant fue otra, quien dijo: «A tomar por saco, me pongo una minifalda». Elsa Schiaparelli o Sonia Delaunay, que eran artistas, pensaron tal vez en llevar un cuadro andante. A mí las que prefieren cuatro tallas menos me han horrorizado toda la vida. Pero ahora es lo que está de moda, la ordinariez brutal, la hiperordinariez.

Di una conferencia en la Universidad de Princeton. La profesora Rhonda K. Garelick me regaló su libro sobre Coco Chanel, *Coco Chanel and the pulse of History*. Me entusiasmó. Habré leído cinco o seis biografías sobre ella. Era muy interesante. Si lo era su ropa, más lo fue su postura ante la vida. Tuvo malas cartas. Estuvo en un orfelinato porque su padre era un desastre y fue ascendiendo a través de hombres poderosos a los que maneja. El duque de Westminster le dijo: «¿Te quieres casar conmigo?». Y ella respondió: «No, porque si me caso contigo sería la XXVII duquesa Westminster y así soy Coco Chanel, que no hay otra». No creo que la anécdota sea cierta, pero en fin.

Vayamos a las antípodas: no hace mucho vi en París una exposición de Thierry Mugler, una manera de entender la moda absolutamente sexual. Mugler tenía obsesión por el sexo. Cogía a unas modelos y convertía en realidad sus fantasías, que, además, eran las de un hombre al que no le atraían las mujeres. Su ropa está muy bien hecha, bien cosida —eso es lo maravilloso de Francia, que hay una gran profesionalidad en la costura—, pero tenía fijación por una mujer con unas braguitas debajo de un abrigo de piel. Es entretenido verlo, pero me gusta más Coco Chanel.

En esta vertiente sexual siempre me ha espeluznado Versace, que es un hortera. En la moda ha triunfado tanto lo hortera que ya llega a ser divertido. Georgina Rodríguez es un personaje simpático. Resulta tan exagerada que me parece graciosa. Cristiano Ronaldo necesitaba en ese momento una mujer por lo que fuera, y ella estaba ahí.

Una de mis firmas favoritas es Prada. Mucha gente de fuera me confunde con ella por el apellido. Una vez me invitaron a hacer un desfile en Atenas y me dieron un cuarto más grande que mi casa, estaba en el mejor hotel y desde la cama veía el Partenón. Pensé: «Estos se han creído que yo soy Miuccia Prada». Porque, si no, era difícil de entender. Menos mal que pensaban que era Prada y no Versace o Cavalli, porque si me confundieran con este último estaría muy jodida.

Por un acuerdo de derechos, en mis productos tengo que poner Ágatha Ruiz de la Prada y no solo Prada. Una vez en Belgrado participé en una Fashion Week junto a grandes de Italia: Fendi, Gucci. Una Gucci iba a dar una conferencia, yo creí que era la asesina y me acojoné, pero resultó ser una de las hermanas. Pusieron en tipografía generosa Gucci (y en letras más pequeñas Patricia), Fendi (y debajo Anna) y luego Prada (y en chiquitín Ágatha Ruiz de la), con lo que la confusión estaba servida. Prada —la italiana— me entusiasma. Diría que es una diseñadora que, sobre todo, llega por el intelecto. A veces ha apostado por el feísmo, pero el feísmo bien hecho, a conciencia, puede ser una cosa maravillosa. En el arte contemporáneo también hay mucho feísmo.

El mundo de la moda que a mí me interesa es otro, es el del director artístico, que lo puede ser de un museo, de una ópera o de una casa de modas. Un director artístico es muy distinto a un modista, que llega desde la costura. Cuando era pequeña, íbamos muchísimo a la modista a comprar tela, a probarnos, para ir todos iguales vestidos, los cinco hermanos. Era odioso cómo olía aquella casa y cómo era todo de horrible. Yo he manejado siempre el concepto de director artístico, sin embargo. Lo está haciendo muy bien el de Loewe. Pone de moda los objetos populares, aparte de que a Ágatha Ruiz de la Prada le hace muchos homenajes.

No tenemos nada que ver, pero adoro a Caprile, es un hombre inteligente y muy culto. Durante años me ha escrito por mi cumpleaños y felicitado por mis premios. Es un tipo original y muy refinado. Vive en un hotel. A mí me da un poco de asco la cocina de un hotel, pero ese es otro tema.

Si eres una novia y te vas a casar, ponte un corazón. ¡Un corazón que salga, que se rompa en miles! Pero no te vistas de princesa ¿Qué tiene la mayoría de princesa? Me parece algo cursilísimo. Es la inseguridad social. Qué poca gente, en el caso de las bodas, se atreve a hacer un acto de creatividad. Ellas, apretaditas, que marquen la cadera. Pero, chica, ¿a quién le vas a enseñar la cadera? Es absurdo.

Considero que tengo buena facha. Hay que tener en cuenta la forma de andar, de torcer el cuello, no es solo tener unas medidas determinadas. Esas medidas se tienen o no se tienen. ¿Debo estar todo el día enseñando las pier-

nas? No. Acabo reventada y aburrida. Mi concepto es que
en una boda, por ejemplo, entre un vestido con forma de
gusano por el que aparezca la novia. Eso no tiene huevos
de hacerlo nadie. O un traje de pelotas que cuando entre
la novia todas salgan botando. Sería divertido y bello. O, algo más sencillo, un traje con flores que durante la noche se
vayan cayendo. Incluso, al final, se podría plantar el traje, se
convertiría en ecológico. Sin embargo, todas van vestidas
de lo que no son. Eso es lo que le gusta a Caprile y es lo
que quieren las novias.


Yo estoy en un momento en el que me planteo volver a
mis orígenes, pasármelo de puta madre y no tener ninguna
preocupación económica. Para qué me valdría empeñarme
en abrir, por ejemplo, una tienda en la Quinta Avenida.
Una vez me llamaron para nombrarme «la mejor empresaria de España». Me fui a comer con ocho señoras y les dije:
«Chicas, mirad, yo no sé ni lo que es el debe ni el haber, o
sea, que no me nombréis la mejor empresaria de España.
Ni se os ocurra porque me la sopla, es que me da vergüenza,
no quiero ser empresaria, no lo soy». Se quedaron espanta-
das. Pero ¿qué empresaria ni qué niño muerto?

Algunos libros detallan mi trayectoria arte-moda, como
*Greatest hits*, editado por la Asociación de Creadores. Ahí
están los textiles acrobáticos, los vestidos caramelo, los es-
pirales, los corazón. Entonces los llevábamos mis hermanas y yo con los labios pintados del color del traje; nosotras

éramos el vestido, solo era necesario meterse en ellos para que nos transformaran.

Una de las claves es la actitud. Yo llevo un vestido de mi marca como una segunda piel y porto bien el recuerdo de mis grandes osadías, como la colección homenaje a Chillida, del año 1996, que presenté en el Reina Sofía, la única que combinaba el beis y el negro; o lo que sucedió después de que una varita mágica me llevara hasta el Museo de Arte Moderno de París, en 1994, en el que fue mi primer desfile en aquella ciudad y el comienzo de tantas cosas, como la colaboración y la amistad con Christopher Makos, el hombre que enseñó a Warhol a utilizar una cámara fotográfica. Mi moda empezó a viajar por todo el mundo, de Berlín a Kioto, y me convertí en una diseñadora internacional.

# EL GENIO DESCONOCIDO
# DE EL CORTE INGLÉS

A Isidoro lo conocí a través de Tina Múgica. Me llamó por teléfono y, como no paraba de hablar, me puso tan nerviosa que le dije «¿Por qué no quedamos?». «Venga, vente para mi casa», respondió. Llegamos allí y la encontramos en la cama, que es donde solía estar. Estaba como una chota, pero me resultó muy simpática. La casa rebosaba de libros sin ordenar. Nadaban en el caos. Se amontonaban en las escaleras, por el suelo… Quería verme para decirme: «Tú no sabes quién es el hombre más importante de España. Es Isidoro». En esa época nadie sabía quién era Isidoro. Y fue la que me presentó a Isidoro Álvarez, el presidente de El Corte Inglés. A los tres días, llamó a Isidoro y le dijo: «Voy con un genio que te va a encantar». Fuimos las tres hermanas con Tina y estuvimos en su despacho.

Al innombrable todas las Navidades le llevaba un regalito Ángel Barutell, que fue responsable de Relaciones Externas de El Corte Inglés, aunque el innombrable no sabía quién era Isidoro. En esa época, este fue, como durante un tiempo Amancio Ortega, un personaje anónimo. Le propuse al innombrable: «Cuando venga Barutell, tú di que no quieres regalitos de El Corte Inglés, di que quieres conocer a Isidoro».

Al poco tiempo organicé una exposición de vajillas en Juana de Aizpuru que resultó espectacular. Salí a toda página en el periódico *El Independiente*, de Pablo Sebastián, con este título: «Mi sueño es vender en El Corte Inglés». Me llamó Barutell, me preguntó si me podía ver. Me encontré con un señor grandullón, achaparrado, con chaqueta y corbata. Me dijo que teníamos un amigo en común que hacía música con campanas, Llorenç Barber. Y yo pensé: «¿Llorenç Barber, que está como una cabra?». «¿De verdad quieres trabajar para El Corte Inglés?», me interrogó. «¡Sí!», le contesté.

Al día siguiente me vinieron a buscar él y Juan Hermoso, que era el número dos del grupo. Los dos siguen siendo buenos amigos. Me llevaron a Induyco, allí no me querían porque, como he dicho, según sus test tenía problemas psicológicos. Entré a trabajar en una marca, Tintoretto, pero no funcionó. Hasta que Isidoro me aconsejó: «Lo que tienes que hacer es ropa de niños». Yo no sabía, porque muy poca gente lo sabe, que El Corte Inglés nació como una tiendecita infantil, y desde ahí creció hasta ser un emporio. No me hizo ninguna ilusión, pero me dije: «No le voy a poner pegas a este hombre». Fue un exitazo. Otro día me animó: «Tienes que hacer joyas». Vendimos seis millones de euros al año solo en joyas. Increíble. Era un hombre con una capacidad de ver el negocio muy por encima de cualquiera. Y todo empezó por Tina Múgica.

Tina, para su debut como diseñadora en la pasarela de las Atarazanas, en 1985, ideó algo intelectual: «Mediodía en San Sebastián», «Atardecer en Vizcaya», «Amanecer en Salamanca», cosas así. Fui a ayudarla y me encontré al llegar con toda su ropa tirada por el suelo. Tina se presentó con un bolso enorme, el abrigo sobre los hombros, un vaso de güisqui, no se me olvidará en la vida. Le pregunté: «Tina, ¿qué hago?». «Haz lo que te dé la gana, Ágatha. Vístelas», me respondió señalando a las modelos. «¿Qué les pongo?». «Lo que quieras», me contestó. Ya me había pasado algo parecido con Pepe Rubio. Me vi por segunda vez en una situación brutal. No había zapatos, no había nada, toda la ropa estaba por el suelo, muchas cajas sin abrir. Y eran las cinco de la tarde. El público y los periodistas empezaron a cuchichear. Pasó el tiempo, el desfile se celebró, pero hubiera sido mejor que no. La única explicación que tengo es que Tina no estaba atravesando un buen momento y se vio desbordada. Renée López de Haro, en *El País*, lo describió como un «tragicómico desfile-fiasco de Tina Múgica». «Aún no se comprende —decía— cómo pudo llegar a ocupar la pasarela por la total incongruencia de sus prendas, desprovistas de elementos fundamentales como medias y calzado, es hora de que la moda esté por encima de la política». Su marido, Enrique, se fue del desfile a la mitad.

Yo cuando presento una colección, la noche antes duermo como Dios porque lo tengo todo preparado con una semana de antelación. Lo de las Atarazanas resultó un escandalazo. Fue una de las experiencias más locas de mi vida. Pero a Tina, a pesar de todo, le tengo que agradecer en el alma que me presentara a Isidoro.

Isidoro nos invitó muchas veces a su casa. Su mujer era de las dos o tres personas que mejor recibía en España. Angulas, perdices... Todo era bueno, impecable. Las mejores cenas de mi vida han sido en la residencia de Isidoro. Vino también mucho a mi casa. Nos hicimos muy amigos. Además, durante años fui la marca de El Corte Inglés en un momento en el que en los grandes almacenes no había diseño.

Cuando Isidoro murió, la primera que apareció en la Fundación Areces fui yo. Allí estaba Florencio Lasaga, importante nombre en el organigrama de la empresa. Me preguntó: «Ágatha, ¿dónde quieres que pongamos el féretro?». Lasaga vivía en una casa diseñada por mi padre. Sabía que yo adoraba a Isidoro. Y es que era un genio. Me quería tanto, me ayudaba tanto, me protegía tanto...

Todo empezó con Tina y siguió con su hijo Daniel Múgica, el primer novio de mi hermana Isa, que escribía en *ABC* en unas páginas que se llamaban «Gente y aparte». Allí estaban las plumas de la Movida, la modernidad del momento, que le daban impronta vanguardista a un periódico centenario. Ya lo dirigía Luis María Anson. Desde allí y desde muchos organismos se intentó que la moda espa-

ñola funcionara. Yo solo triunfé por El Corte Inglés. Se lo
debo todo. Mi éxito fueron los niños. Las madres tal vez
no se veían, o creían que no tenían edad para llevar un traje de Ágatha Ruiz de la Prada, pero estaban encantadas de
que lo hicieran sus hijas. Las niñas estaban felices de llevar
trajes de colorines.

Se lo debo todo a El Corte Inglés y también al perfume.
Quería haber estado con los Puig y acabé con Gal, que
como era una empresa que no tenía mucha marca, apostó
absolutamente por mí. En una exposición en el Reina Sofía me encontré con Antonio Puig, que ya era un señor
mayor, viejito. Le dije: «Soy Ágatha Ruiz de la Prada y estoy, la verdad, bastante enfadada con vosotros porque no
me estáis haciendo ni caso». Respondió: «Vámonos a cenar
tú y yo». Era la época del innombrable y teníamos tres
coches con escoltas. Entramos en uno, con sus correspon-
dientes guardaespaldas, y nos fuimos al hotel Ritz. Me dijo:
«Ágatha, te voy a contar un secreto que no sabe nadie…».
Habían firmado un acuerdo para quedarse con Gal, pero
no lo podían hacer público todavía. O sea, yo estaba con
Gal y la habían comprado los Puig.

Las tres personas más poderosas en el mundo de la moda eran Isidoro Álvarez, Amancio Ortega, que me ha ayudado infinito, tanto en la época de Castellano como en la de
Pablo Isla, y Gonzalo Hinojosa, que fue el dueño de Cor-
tefiel. La que sería mujer de Gonzalo vivía en el edificio

donde yo resido ahora, también las hermanas Koplowitz. Gonzalo se pasaba todas las tardes esperando a la que entonces era su novia abajo, en el portal, porque la familia no le dejaba subir al piso, que estaba en el quinto. Eran los años cincuenta.

En uno de mis viajes a Mallorca coincidí con Roberto Díaz Rincón, un amigo de La Coruña que se ofreció a presentarme a Amancio Ortega. Al vernos dijimos a la vez: «La ilusión de mi vida era conocerte». Más tarde fui a su fábrica, a la que entré como la que accede a una catedral, porque, de alguna forma, Amancio es uno de los dioses de este siglo. No pudo ser más amable y, lo que más me impresionó, no pudo ser más normal, en el buen sentido de la palabra. La afectación es un demonio que no tienta al fundador de Inditex. Su empresa siempre me ha ayudado muchísimo. El día que José María Castellano dejó el puesto de consejero delegado, en 2005, de las últimas cosas que dijo una fue: «Por favor, seguid ayudando a Ágatha».

José María Castellano forma parte de mi fundación. También está Pablo del Bado, que es el que llevaba, sobre todo, la marca Pull&Bear, igualmente del grupo Inditex. Aprendí mucho con ellos sobre la comercialización. Lo que pasa es que me preguntaba: «¿Qué puedo hacer yo?». Nada. Te podrán enseñar todo lo que quieran, pero te vienes abajo cuando te comparas con sus estrategias y sus datos. Tristán trabajó para la empresa durante siete años. En el primero estuvo en responsabilidad social corporativa. Luego, en París y, después, tres años en la India y dos en China.

Me propusieron un proyecto para decorar las tiendas de Bershka, también del grupo. Lo intenté, pero no salió adelante. Tardé en entenderlo. Ellos fueron más listos. Luego me quedé con su arquitecto, que fue el que hizo mis tiendas de Madrid, Barcelona, París, La Haya y Nueva York.

Luis Eduardo Cortés, responsable de Ifema en aquel momento y dueño de Jockey y del Club 31, que sentía un poco de complejillo no sé por qué —yo no tendría complejo de ningún tipo porque para mí Jockey era la leche—, me invitó a comer y me dijo que podíamos intentar que Inditex patrocinara la pasarela de Madrid. Le hice la pregunta clave: «¿Cuánto costaría eso?». Me contestó: «Trescientos mil euros». Al salir, en el coche, llamé a Pablo Isla, que ya ocupaba el puesto de consejero delegado, y me dijo: «De acuerdo», y a los tres días se firmó el patrocinio. Eso lo conseguí yo, y encima Pablo me dio las gracias. «Me alegro mucho de haber hecho esto», dijo. Pablo ha sido uno de mis grandes amigos, al igual que Castellano, pionero de mi fundación. Después de la separación me sinceré con José María Castellano y con Federico Jiménez Losantos.

# HERMANA MAYOR

Nací el mismo día que Rose Elizabeth Fitzgerald Kennedy, la madre de JFK, un 22 de julio. Soy una mujer de clan. Para mí la familia unida es lo más importante. A mi alrededor, a poco que me hubieran dejado, y me esforcé, hubiera crecido toda una estirpe que vagaría por el mundo casi como un pueblo elegido. Por eso intenté cuidar de mis hermanas, tuve dos hijos, quise que la familia continuara junta. Quien no tiene una familia es huérfano de vida. Uno intenta explicarse entre los antepasados y los descendientes. Quién soy yo sin mi madre y mi abuela, quién sin Tristán y Cósima. Decidí no estar sola porque era la mejor manera de olvidarme de mí. A veces uno se comporta como un Kennedy y otras como un Corleone. Por mucho que me hayan educado en un colegio de señoritas sería capaz de poner una cabeza de caballo en la cama del rival si de eso dependiera mi prole, y no hay nada que pueda amar más que un caballo o un perro. Soy la idiota de la Naturaleza. A los animales los quiero tanto que los como con decoro. He conocido más perros buenos que personas, y eso que he tratado a muchas. No demasiadas. Nunca se conoce a demasiada gente.

Mi nacimiento supuso un momento de gran felicidad para mi madre; además, antes había tenido un aborto. Venían mis tías a cuidarme, mis abuelos, todo el mundo: «Qué maravilla, qué maravilla», decían. Luego llegó Manolo, pues también: «Un chico, qué maravilla, qué maravilla». El nacimiento de los demás le cogió a mi madre ya medio deprimida. Primero Ana Sandra, Félix, al que, la verdad, le dedicó poquísimo tiempo; no estaba ya para ocuparse de nadie. Félix notó un gran vacío y una enorme soledad. Y luego, Isa.

Yo era la mayor de los cinco hermanos y me encargué de ellos. Creía en la importancia total de la familia. Me convertí en la líder de nuestro particular Camelot. Según mi padre, la última nació de milagro, milagro de los milagros. Era Isa, ideal de mona. Por ser la mayor, con la que más tiempo estuvo mi madre fue conmigo. Pero cuando la relación con mi padre le pareció insufrible, mi hermano Manolo se convirtió en el gran amor de su vida. Como no tenía un chico, el suyo fue él. Manolo, un aprovechado desde pequeño. Creo que no leyó un libro jamás. Al pequeño, Félix, Manolo le pegaba unas palizas tremendas. En el coche, cuando iban a buscarnos, se declaraba una guerra, unos contra otros. El chófer se resistía a ir a por nosotros porque le resultaba horrible conducir con esas fieras. Mis padres se separaron y los hijos se repartieron como ya he contado: los chicos con mi padre, en Madrid; las chicas con mi madre, en Barcelona. Al principio, en casa de mis abuelos y después, en un barrio peor, el de Sarriá, en la calle San Juan Bosco. Pasamos de tener la casa más bonita de Madrid, un barco, chóferes, a ser los «pobres» de la familia. Lo digo y lo repito: fue traumático.

Mi madre repartía el tiempo entre las amigas y las niñas. En cambio, mi padre enlazaba una conquista con otra. Fue tremebundo cómo aprovechó la separación. Era uno de los galanes de Madrid; todas las noches una cena y un plan. Tenía los niños a su cargo pero no les hacía caso. Yo estuve entre Barcelona y Madrid. Enseguida me fui a estudiar a París. Vivía un poco donde quería. Mis hermanos cambiaron de colegio y entraron en el San Estanislao de Kostka, que a mí me parecía la bomba, pero a ellos no les gustó y volvieron al Rosales. Los fines de semana también iban al campo, que era propiedad de mi madre, les recuerdo en los autobuses Ruiz. Les encantaba el campo; de hecho, Félix es ingeniero agrónomo y Manolo se dedicó toda su vida al mundo rural. Pasaron de tener chófer al autobús que tardaba medio día. O se iban a esquiar con el club Amistad, que los recogía, los llevaba y traía de vuelta. Yo odiaba todo eso, pero ellos estaban muy solos.

Félix se quedó bastante desprotegido. De chiquitín, aunque luego se transformó en guapete, le llamábamos cabezón; sufrió muchísimo por eso y por tener de hermano mayor a Manolo, con el que dormía en la habitación. Se casó con una chica de Bilbao, cariñosa, de una familia muy burguesa, rica, que fabrica eslabones de barcos tan grandes como mi casa. Son los mejores del mundo. Una familia totalmente contraria a la mía.

Me llevaba bien con mis hermanos, aunque hay que apuntar que por aquel entonces tampoco los veía tanto. Cuando me fui a Madrid, mis dos hermanas se trasladaron también para trabajar conmigo, o sea, que tuve una relación bestial, verdaderamente bestial de buena con ellas.

# MIS CUATRO HERMANOS

La separación de mis padres dejó una familia descompensada, desnortada, que daba tumbos como marineros insomnes. Ahora está de moda decir que uno elige a la familia que tiene entre los amigos, aunque no estoy del todo de acuerdo. Quiero a personas que no llevan mi sangre, pero la familia es como el bombo de una lotería, los que salen se dispersan y a mí me hubiera gustado tenerlos a todos a mi alrededor como una gallina. Quisiera ser el centro de una de esas fotos de grandes sagas si bien la instantánea que puedo ofrecerles es más bien el desmantelamiento de un engaño.

Mi hermano Manolo se mostró desde la infancia como el listillo. Iba a la compra con mi madre… cogía chucherías, Bony, Pantera Rosa, regaliz… Las escondía en un cajón de su cuarto, y luego nos las vendía cuando nosotros teníamos hambre. Yo, en cambio, era como la madre, la que los protegía porque veía que la mía no podía y que mi padre pasaba treinta y tres. Siempre fui la hermana mayor, la que quiso controlarles, ayudarles. Manolo, sin embargo...

Hubo un momento de descontrol total que fue cuando yo tenía quince, dieciséis años. Ahí mi madre se encontraba muy mal con su depresión. Y mi padre también, a su manera, no ejercía. Nadie cuidaba de los niños. El único que hizo una carrera fue Félix con mucha fuerza de voluntad. Manolo empezó dos o tres, pero creo que no aprobó ni una asignatura. Decía: «Voy a pegar un braguetazo». Parecía su objetivo y finalmente lo consiguió al casarse con una de las herederas de Danone.

Manolo se ha dedicado toda su vida a heredar. Cuando alguien pone todo su esfuerzo en heredar, durante cuarenta años, acaba heredando. Cuando murió mi madre, se llevó un gran disgusto porque él pensaba que iba a ser el *hereu*. Siempre tuvo mentalidad de *hereu*. Pero en su testamento, mi madre dejaba claro que quería hacer una división exacta entre sus cinco hijos. Otra cosa que subrayaba en el primer apartado no dejaba lugar a dudas: «No quiero que vaya ni medio céntimo para Juan Manuel Ruiz de la Prada», o sea, a mi padre.

Al final de sus días, mi padre pierde la cabeza, como la habían perdido todos sus hermanos, total y desmesuradamente. Manolo fue a una notaría y, al parecer, obtuvo un poder de ruina, es decir: mi padre le otorgaba un poder de representación en actos y negocios jurídicos. Félix, que es muy honrado y buena persona, no quería pelearse con Manolo; había sufrido tanto con él que le daba miedo. La querella, por todo este asunto contra Manolo, nos la admitieron, pero ahí se quedó y ahora la estoy retomando.

Hubo una época en la que Isa, mi hermana pequeña, estuvo muy de moda, rodó algunas películas como actriz, cuando empezaron Penélope Cruz y Ariadna Gil. Isa siempre fue la más especial de los cinco hermanos. Sin saberlo del todo, nos dábamos cuenta de que algo en su cabeza la atormentaba. Pasaron un par de cosas extrañas pero pensamos que Isa, que era ideal, estaba mal educada por ser la pequeña, muy mimada. Todo lo que hacía Isa lo asociábamos a que estaba consentida. La verdad es que no me di cuenta de la realidad hasta muy tarde. Isa se fue un año a vivir a Estados Unidos con una familia. Recuerdo que viajé a Nueva York, cogí un autobús. Mi madre no lo hizo, ni mi padre, ni nadie, solo yo, corrí a visitarla, estaba con una gente que a mí no me gustó nada. Aquel día de Acción de Gracias comimos, comimos y comimos. Empezamos a las once de la mañana y acabamos a las ocho de la tarde. Yo no había comido así jamás en toda mi vida. Luego, ella volvió a ir a Estados Unidos. Se hizo muy amiga de Richard Gere, que estuvo en mi finca, la que fue de mis abuelos y de mi madre, la de los edificios en cubo, donde está mi fundación.

Cuando no te lo esperabas, Isa hacía cosas raras. Una vez montamos una exposición en la galería de Juana de Aizpuru y mi hermana se puso a llorar en una esquina. No sabíamos por qué. Estas escenas se repetían a veces. Mi madre sufrió mucho por su pequeña, la desvalida Isa, la sensible Isa, la chica guapa que pudo ser la dueña de las portadas y se conformó, sin remedio, con ser un pie de foto cortado al bies, con las líneas que ahora le dedico. La que tanto se pareció a mí, o yo a ella, en aquellos años en los que íbamos juntas las tres hermanas. Cuando la «jefa» se murió ya había entrado en la mente de Isa y se había dado cuenta de que no podía hacer nada para evitarle sufrimientos. Mi madre, una especialista en sufrir, sabía que Isa tampoco era capaz de ser feliz. Ella siempre me decía: «Tenéis que ayudarla porque Isa es muy sensible». En esa época, me convertí en la guardiana de mi hermana. Aunque no era convencional, yo tenía chófer, casa, unos niños, un servicio; me hice un poco burguesa. Mi madre notaba, por su parte, que Isa no era como las demás, y cuando lo asumió poco pudo hacer. Isa siempre será la chica de los nervios al aire, que tan pronto ponía la cara de Jean Seberg en *À bout de souffle*, cuando estaba inventado algo y repartía el *Herald Tribune* por las calles de París, como se le retorcía el gesto como en un retrato de Bacon.

Mi hermana Ana era extraordinaria, una niña lista que lo pasaba fenomenal en nuestro estudio. Sentía un odio visceral hacia los hombres por culpa de mi padre, que la llamaba «la indiferente nenita». Yo también lo pasé mal, pero otros estuvieron mucho peor. Manolo y yo, al cabo, tamizamos las circunstancias por el filtro de la frivolidad porque éramos los mayores. Los pequeños tuvieron muchos más problemas.

Nunca he creído en el matrimonio, jamás. En cambio, sí profundamente en la familia. Mi madre pensaba que eso la protegía y se desilusionó con sus hermanos, porque para ella eran dioses y no demonios. Yo pensaba que las tres hermanas juntas seríamos invencibles. Cuando me traicionaron de la forma brutal en que lo hicieron me dejaron de alguna manera desnuda ante mi propia conciencia. ¿Qué pasó?

Para el trabajo elegí a mis hermanas. Las convencí para que vinieran a Madrid. Luego llegó mi madre y se quedó para siempre. Éramos como las tres mosqueteras. Mi madre hacía un poco de cardenal Richelieu: no le hacía gracia que nos lleváramos tan bien. Mis hermanas me ayudaron mucho, sobre todo, Ana. Isa era más desordenada, pero Ana todo lo hacía bien y era muy trabajadora. Le gustaba todo: hacer las cuentas, recoger, vender... Era el piso de Marqués de Riscal. Yo estaba obsesionada con que las dos tuvieran novio. Ese es un problema que siempre hay que tener solucionado.

Todo lo hacíamos juntas. Nos llamaban «las agathitas», inconfundibles por nuestros cortes de pelo a trasquilones, el maquillaje imposible y nuestros trajes. Éramos clones de nosotras mismas. Yo llevaba la voz cantante. Preparábamos un desfile, vendíamos, nos ocupábamos del control de calidad, mandábamos las facturas, atendíamos a los periodistas, limpiábamos, hacíamos todo el trabajo que requería el estudio. Carlos García-Calvo, tan ingenioso siempre, paraba su coche en el estudio y me decía: «Agathona, vas a conseguir que tus hermanas se casen mal».

Pero llega un momento en que la envidia y los complejos se vuelven contra el sistema. El sistema era yo. Ana debió tomar un veneno contra mí, o tal vez tuvo un mal viaje. Fue cuando se casó. Coño, pero si, encima, la que quería que tuviera una pareja era yo. Me fui de viaje a Barcelona y, en esos días, Ana se casó sin decirme nada. Creo que Ana siempre tuvo envidia de mi éxito, aunque no lo parecía o nadie se lo pudiera imaginar. Le susurrarían en la oscuridad, como en un libro de Lovecraft: «Ágatha es imbécil», «Tú eres mucho más trabajadora», «Más alta», «Tú eres mucho mejor». Escenas pesadillescas tipo Hitchcock, en las que suenan voces que atormentan a las heroínas, solo que Ana no tuvo la elegancia de Grace Kelly. Llegó un día en que empezó a pensar en su conclusión: «La que trabajo soy yo». Era julio, íbamos a hacer un desfile en Berlín. Me fui con una chica que trabajaba en mi estudio que resultó ser otra traidora. Me dijo: «Yo he venido contigo, pero si tuviera dinero lo invertiría con tus hermanas, que son listas, trabajadoras y valen la pena…». Por lo menos fue sincera.

Yo, sin embargo, les contaba todo: «He salido con fulano, me ha tocado la mano y me ha dicho tal cosa…». Todo lo que pasaba en mi vida se lo contaba a ellas. Tuvieron, las tuvimos todas, pero ellas las acusaron más, crisis con los hombres. Ana veía a mi padre y torcía el gesto. Notaba que la había abandonado.

Ana se acabó casando con un poeta, Pedro Casariego, que era bueno, pero estaba loco. No salía de su habitación y acabó engordando la lista de los poetas suicidas. Una vez que estuve en la casa donde vivían, que era de mis abuelos, me puse a curiosear los libros de la estantería: *Cómo suicidarse*, *El suicidio y la poesía*, *El suicidio y el arte*, *Cómo suicidarse en diez minutos*, *Métodos para suicidarse…*, algo tremendo. Eran libros que leía Pedro Casariego. Había unos treinta con estos títulos.

Yo creo que él no quería tener hijos y mi hermana se empeñó. A Ana la removió mucho, no sé por qué, el nacimiento de Tristán. Entonces empezamos a separarnos. Luego tuve a Cósima y afirmó: «Quiero tener una niña». Y Pedro le decía: «No, no, no, yo no puedo tener un hijo, estoy fatal». Y tenía mucha razón el hombre. Cuando Ana tuvo a la niña, quiso lo que quiere todo el mundo: un piso, una muchacha, un biberón, una cuna... Ana se quiso aburguesar. Yo, la verdad, me aburguesé bastante con el innombrable. Nunca me quise casar, pero era más burguesa que si me hubiera casado. Casariego se dijo: «Yo no quiero esto, de verdad», y fue cuando acabó con su vida. A pesar de que él adoraba a la pequeña Julieta.

Estaba como las maracas de Machín, aunque era un gran artista, aplaudido por la modernidad del momento. Cuando tienes un hijo te conviertes en un burgués y a un poeta lunático no le apetece nada. Recuerdo que una re-

vista me invitó a Disneyland París. Fui con Tristán. Estuvimos
en el mejor hotel, obra de Richard Rogers. Yo llamaba al
innombrable por las tardes. El segundo día, 8 de enero de
1993, recién pasada la festividad de los Reyes Magos, me
dice: «Ha pasado una cosa horrible, Pedro Casariego ha
tenido un accidente y ha muerto». Se había matado. Se ti-
ró al tren. Poco antes había terminado *Pernambuco, el elefante blanco*, dedicado a su hija Julieta. Casariego escribió: «Soy
el hombre delgado que no flaqueará jamás» o «Te quiero
porque tu corazón es barato». Buena parte de su poesía se
recopiló en *Poemas encadenados*, que reeditó Seix Barral
en 2020, el año en que hubiera cumplido sesenta.

El día que se casó y no me dijo ni pío, Ana volvió a
trabajar al estudio, como si no hubiera pasado nada. Al mes,
en julio de 1989, descubren que mi madre tiene cáncer. La
relación de las tres ya estaba rota completamente. Y nos separamos un 31 de julio. Qué tonta fui. La separación de
mis hermanas fue para mí la mayor tragedia de mi vida.

# UNA FAMILIA FRACASADA

A los veinticuatro años decidí que ya había trabajado mucho y que me iba a jubilar. Fue una idea un tanto extravagante pero así se desenvolvía mi cabeza. Estaba entonces con un hombre mayor que yo con el que visité la costa de Levante, que no tenía nada que ver con la del Sol, a la que odiaba, el repelús de Marbella que en ese tiempo se circunscribía a Gunilla y Khashoggi. Compramos una casa en Polop de la Marina, en Altea. Cuando lo dejé con él, le devolví hasta el último céntimo por la casa. Y cuando mis hermanas y yo rompimos canjeé el 33 por ciento que poseía cada una de mi empresa por la casa, que se quedaron ellas.

Un amigo de mi primo Caco, medio *hippie*, le pidió que intercediera para poder irse a vivir a esa casa, ya propiedad de Ana e Isa. Ana, tonta de ella, le dijo que sí. Entonces, Ana un buen día se encuentra allí con el medio *hippie*. Viven juntos e, imagino que fruto de la pereza por no buscar en otro sitio, se casó con él. Ya era viuda de Pedro Casariego. En un tiempo fui mucho a esa casa, de pueblo, con un patio, un jardincito, un piso por aquí, otro piso por allá. Iba en verano con el innombrable. Como Ana ya tenía a Julieta, con ese chico adoptó a una niña india.

Al final, la culpa de que Manolo hiciera lo que le daba la gana la tuvo Ana porque si ella no lo permite, no pasa. Ana parecía muy buena, pero le salió todo el odio, el rencor que guardaba desde pequeña. El desencanto de los Panero también en esta familia. Creo que mi vida con el innombrable —aquello de «nos vamos al Palacio Real, a Londres, a Nueva York, a veranear, a una fiesta»— acabó jorobándola.

Siempre he ido a ver a Isa con alguien, o con una muchacha que tuve sesenta años en mi casa, o con una amiga. Nunca fui sola. Me acuerdo de que íbamos a comer a Aranjuez, a Casa Pablo, y me decía: «Paga tú, que invito yo». ¿Cómo? Creo que era porque mi hermano, al parecer, le controlaba el dinero. Yo no tenía ningún poder sobre sus cuentas. Ana vendió la casa de Polop en el momento de esplendor de Zaplana, cuando en la Comunidad Valenciana tocabas algo y se convertía en oro, era un momento de fábricas, de la Feria del Mueble, yo iba a mil, la del juguete, a todo, y se compró la del pueblo de Segovia donde acabó mi padre viviendo. Al final, aquel horror se lo vendió a Isa.

La traición de Ana fue de las cosas que más me han dolido. Después de aquello, lo del innombrable me afectó menos porque, tal vez inconscientemente, esperas más que te traicione un hombre a que lo haga una hermana. Lo que no entiendo ahora es cómo no me imaginaba que me podía pasar eso, que mi pareja me abandonara, cuando todas mis amigas estaban divorciadas. Todas. ¿Qué pensaba? ¿Que a mí no me iba a suceder? Que me cogiera de sorpresa supuso un *shock* que me hizo perder dieciocho kilos. Casi me volví transparente. Le llaman «Shock Diet».

Después de la ruptura con mis dos hermanas, seguí con mis colecciones como si no hubiera pasado nada. No paré. Fue la época en la que a mi madre le detectaron el cáncer. La operaron dos veces. Creíamos que se moría. Recuerdo el paseo que di con ella, pensé que sería el último, por la finca, por un camino que se llama Los Olivillos. Al final no se murió de la enfermedad. Aguantó doce años más. Se subía a la camilla y por uno de los bolsillos de la camisa le salían dos paquetes de tabaco. Tenía cáncer de pulmón. Yo también fumaba muchísimo, como una carretera, pero lo dejé con el embarazo de Tristán.

Sé que todo esto que cuento son las mismas historias de las familias muy desestructuradas. Y, sin embargo, yo había luchado mucho, una burrada, para que hubiera una unión. Para mí era vital. Por eso me molestó tanto lo del innombrable, y me sigue molestando. Sobre todo cuando me dijo: «Yo quiero ser feliz». A ver, ¿cómo que quieres ser feliz? Tenemos una casa en Madrid que te mueres, que no la tiene nadie; una casa en Mallorca que para mí es la más bonita de España; una finca en la provincia de Madrid; casa en Londres, en París, en Nueva York, en Milán; nos invitan a todo; nos regalan cosas que nos salen por las orejas; nos encantan nuestros trabajos; tenemos a Tristán, a Cósima... ¿¡Qué más quería este hombre!?

Para mí lo más importante eran mis hijos, en ese y en todo momento. Debo protegerlos. También me preocupaba por el estudio de diseño porque la crisis de 2008 tuvo un impacto bárbaro. Me pasaba todo el día trabajando porque me decía: «¡Que se me va esto al carajo!». Veía que se iba todo a la mierda.

En la Navidad después del divorcio me sentía fatal en casa, pero a pesar de ello me puse a preparar los regalos. Me dolía todo como un mundo entero, me costaba levantarme. Podría haber pensado: «Este año no regalo nada, ¿qué más da?», pero me sobrepuse para que la familia no acabara en el precipicio.

# EL SUICIDIO DE LA JEFA
# Y LA MUERTE DEL JEFE

Me acuerdo de que la noche antes de la muerte de mi madre, un jueves, se había estrenado en el Festival Mozart de La Coruña la ópera *Don Giovanni*, para la que hice todos los trajes. José María Castellano dio en mi honor una fiesta espectacular en su casa. El domingo tenía previsto cenar con Clinton en Mallorca. Esa era mi perspectiva. El viernes ya estaba en Madrid. Me llamó Cristina Palomares, mi colaboradora de toda la vida, a la que había llamado a su vez Fran Garrigues para que me avisara de que fuera rápidamente a casa de mi madre, que había pasado algo grave.

Mi madre se había suicidado. Con pastillas.

Llego ahí, estaba sola. «¿Esto qué es? ¿Qué ha pasado?», me decía. No me lo podía creer. No me atrevía ni a mirarla del miedo que me daba. Llegó el juez. «¿Qué le pasa a su madre?», me preguntó. «Tiene psoriasis, depresión, cáncer, tiene, tenía mal una pierna…», no sabía ni qué decirle.

Llamo a Manolo: «Que se ha muerto la jefa», le comunico. Me responde: «Ya lo sabía». Él estaba en Ciudad Real, en una excursión en moto con unos amigos.

Apareció mi padre. Llamé a mis amigas. Llegó un empleado de la funeraria, que me preguntó: «¿Hora del fallecimiento?». Yo dije: «Serían las diez y media o así». No sé ni lo que respondí. Mi padre me contradijo: «Mentira, pero si me ha llamado a mí esta mañana». Según él, que ya tenía la cabeza en otro mundo, habían discutido y luego se tomó las pastillas. Mi madre dejó escrito en un cuadernito que lo sentía y revelaba dónde estaba su testamento. Le di el cuaderno al juez.

Decidí llevarla a Barcelona, al panteón de mis abuelos. Manolo insistía: «Qué chorrada ¿Qué más da? Si se ha muerto, pues que la quemen», argumentaba. Quise que nos fuéramos todos en coche a Barcelona, incluidos sus nietos, pero no lo hicimos. El domingo estaba cenando con Clinton con la expresión ida.

A los pocos días Manolo me comentó: «Hay una joya de la jefa que ha desaparecido». Una amiga mía, Alicia, y yo la buscamos por el apartamento de mi madre. En tres días lo desmantelamos todo. Empezaron a aparecer píldoras por todas partes, cajas, blísters…, pero no encontramos la joya. Luego apareció en la finca y no sé quién se la quedó. A mí no me la ofrecieron nunca.


En un principio, tras la muerte de mi madre, defendí a Manolo totalmente. Era el año 2005. Él se había ocupado del campo, de El Robledal. Me pareció bien que se quedara con la casa buena de la finca. También fue para él el piso en el que vivía, en La Rinconada. Yo me quedé con tres cuartas partes de la finca, pero de suelo. Manolo, por otro lado, consiguió una finca aparte y un proindiviso con la casa incluida… A mí no me dieron nada. Manolo se portó muy mal, a pesar de que le había apoyado. Se quedó con todo lo importante.

Una de las cosas que tenía mi abuelo, de ascendencia casi medieval, eran los censos. En Barcelona, los censos consistían en que el dueño de unos terrenos en los que se construye un edificio, cuando se vende el citado edificio, cobra un tanto por ciento, creo que el 2 por ciento. Que un señor vendía un piso, pues el 2 por ciento era para el dueño del censo. Una cosa que en Madrid no existe, pero en Cataluña sí. Mi abuelo vivía muchísimo de los censos. Cuando se muere mi madre, que tenía derecho a una parte de esos censos, digo: «No quiero pisos porque tengo ya muchos y no quiero dinero, pero prefiero tener más campo», la tontería más grande que he hecho en mi vida, pero bueno. Mis hermanas se quedaron con los censos de mi madre.

Manolo me comentó: «Hágamoslo todo deprisa, deprisa». Y yo me fie de mi hermano. Valoraron los censos en unos tres millones de euros, pero entonces, vino la crisis, como dije, de 2008, y los censos se vendieron por menos. En el contrato Manolo había puesto que si la venta no llegaba a los tres millones, él, Félix y yo tendríamos que poner la diferencia. Me manda una carta Manolo y me dice que como no llegan los censos a esa cantidad, tenemos que poner ciento cincuenta mil euros para cada hermana, y que había que pagar cinco mil al mes. Empiezo a ingresar el dinero. Pasado un tiempo me pregunto: «¿A que estos no lo están pagando?». Llamo a Félix y me informa de que, efectivamente, él no lo hacía. Firmé que aceptaba la deuda y me di cuenta de que no la estaba saldando nadie. Manolo intentó confundirme: «No, lo he pagado del tirón».

Mientras tanto, la salud de mi padre se deterioraba cada vez más. Se perdía por la calle. Era la época en la que estuvo con Mari Pili, la cajera de un banco. Ella se dio cuenta de que ir con mi padre resultaba aburrido y creo que empezó a salir con un hombre más joven. Mi padre empezó a estar muy solo y sin cuidados. Cuando pierde totalmente la cabeza, Manolo puso una cerradura nueva, lo cambió de casa y contrató a una cuidadora, amiga de mi hermana Ana. Ana, está escrito algo más arriba, se compró una casa sin ningún interés en un pueblo de Segovia, cerca de Riofrío. Se les ocurrió la idea de alquilar la casa a Isa y mandar allí a mi padre y a la cuidadora, quien tuvo un bebé. En fin, en aquella casa de Riofrío convivieron mi padre, que ya no regía (creía que el bebé era suyo), la cuidadora, su pareja y dos niños. Se convirtieron en un grupo familiar de seis personas.

No sé cómo, en un momento dado, el testamento de mi padre cambió. Él había dicho un millón de veces: «Los pisos estos van a ser para Mari Pili». Manolo, con dos cojones, que los tiene como el caballo de Espartero, le dijo que había que hacer un testamento nuevo.

Estaba yo de viaje cuando se avivaron los rumores de que iba a desaparecer la bonificación del impuesto de sucesiones. Manolo de nuevo me metió prisa para firmar. Fueron al notario y como yo estaba de viaje, Ana lo aceptó en mi nombre. No me fiaba un pelo de mi hermano, por eso le pedí a mi abogada y al notario que se lo miraran con lupa. A los dos se les pasó la trampa.

El día que murió mi padre, yo acababa de hacer un desfile. Tristán había vuelto de un viaje y teníamos un perro nuevo que se llamaba Jota (sí, Jota). Nos íbamos a la finca, pero Cristina Palomares me comentó que había estado con mi cuñada y que esta le había dicho que mi padre estaba fatal y tendría que ir a verle. Me fui con Jota y Tristán en coche, en vez de una hora tardamos tres en llegar al hospital de Segovia, no sé ni cómo lo hice, pero logré estar con mi padre.

Dormía de la mano del marido de la cuidadora. Si mi padre, con lo que había sido, hubiera sido consciente de que estaba todo el día con ese hombre que era quien lo limpiaba, le habría dado un ataque, pero, en fin… De ahí nos fuimos a dormir a la finca. Al despedirme le hablé: «No te preocupes, jefe, que te vengo a ver el lunes». Pero el domingo por la noche hablé con Félix, que ya me advirtió de que mi padre estaba en las últimas.

Todas las noches apago el teléfono, pero esa vez lo dejé
encendido, con la mala suerte de que le quité el sonido sin
querer. Me levanté a las seis de la mañana y vi cuarenta llamadas perdidas. Había muerto mi padre. Llamé a Félix para que me viniera a buscar y nos fuimos los dos solos al
hospital. En ese momento, Manolo se fue con Ana a retirar
el dinero de todas las cuentas corrientes. Fue el colmo. Allí
solo estábamos Félix y yo y la pareja de cuidadores.

# RACHEL, MI HERMANA SECRETA

El mismo día de la muerte de mi padre me enteré de que tenía una hija secreta. Se llamaba Rachel y llegó pidiendo lo que le correspondía. Aunque hacerlo tan pronto me resultó de mal estilo. Mi padre acababa de morir. La ansiedad por el dinero cuando alguien está todavía casi en este mundo no revela elegancia.

Me ocupé de la organización del funeral. A Rachel no la llamé, no tenía su teléfono. Ese día fue duro. Desde hacía treinta años me preguntaba cómo moriría mi padre. Fue tan egoísta el hombre que suponía que moriría solo. Antepuso las mujeres a todo. Su última amante lo apartó del resto del mundo. Se la presentaba a alguien y esa persona no quería volver a verla porque, realmente, no aportaba nada. Como había sido tan solitario, tan despegado y le daba importancia solo a ese tema, yo me preguntaba cómo terminaría sus días. Sentía curiosidad y a la vez me angustiaba. De alguna manera, cuando los hijos presentimos el fallecimiento de nuestros padres estamos anticipando el nuestro propio. Nunca se está más cerca de la muerte que cuando fallecen los padres.

Y lo hizo en mejores circunstancias de lo que imaginaba gracias a un matrimonio que lo cuidó. Mi hermano Manolo hizo una cosa muy buena, la verdad. Como era muy rata, le pesaba muchísimo pagar al servicio. Según él, a los cuidadores «les sobra tiempo» y se le ocurrió la «buena y gran idea» de poner también a nuestra hermana Isa bajo el cuidado de esa pareja. Mi padre, que tenía unas casas cojonudas, acabó en la de mi hermana, en un pueblo segoviano que ni conocía. Formaban una familia pequeñita, los cuatro más el bebé y, luego, otro niño más. Mi padre estaba zumbadísimo, con Alzheimer, que era herencia de su familia, pero de esa manera estuvo acompañado. Y mi hermana Isa, que vivía en otro mundo, también estaba acompañada de una señora muy lista, que es la que estaba pendiente de todo.

La cuidadora nunca me dejó estar a solas con mi padre. Yo siempre iba con alguien. Creo que mi hermano tenía mucho miedo de que yo grabara algo en caso de que mi padre se mostrara mal. «Ágatha, ¿has venido a verme?», decía. «Sí», le respondía yo. «¿Te quedas a dormir?», preguntaba. «No, he venido a verte». «Pero ¿no te quedas a dormir?», insistía. «No, es que he venido a verte», repetía yo. «Pero ¿por qué no te quedas a dormir?». «¿Por qué me voy a quedar a dormir si he venido a verte?». Así podíamos estar manteniendo una conversación de cinco horas. No sé si existía algún tipo de complot por parte de mi hermano o si yo hubiera podido demostrar en qué estado realmente se encontraba mi padre.

Al final, acabó solo. Lo metieron en un cuartito del hospital, le pusieron el aire acondicionado y cerraron con llave. Luego fuimos al crematorio, mi hermano Félix, yo y un fotógrafo de un periódico de Segovia. Manolo no fue porque para estos asuntos es muy descreído. La imagen fue impactante. A mi padre, que era el hombre con el mejor gusto de España, un esteta, lo colocaron en un ataúd de lo más hortera. Lo metieron en el horno y luego nos dieron las cenizas ¿Las cenizas de qué?

Antes tuvimos que esperar unas cuatro horas. Fui a la catedral con Félix a rezar. Como teníamos tiempo, dimos un paseo y comimos en La Granja. Nos ofrecieron las cenizas en un paquetito con un asa. Se lo di a mi hermana Ana, que llegó en ese momento. Cada uno se fue para su casa y santas pascuas. Fue de una frialdad que quemaba. No sé lo que haría Ana con las cenizas. Albert Camus en *El extranjero* se quedó corto. Solo que yo nunca fui existencialista. Tengo muchas ganas de vivir como para pensar de dónde vengo y adónde voy. Adónde voy a ir…, a un plan.

Mi padre, ya saben, tuvo muchas amantes. La madre de Rachel, mi hermanastra hasta entonces desconocida, fue su secretaria, Mari Carmen, joven, muy delgada, con un punto muy *fashion*. Cuando me mandaron a París con quince años, Mari Carmen me escribía todas las semanas dos cartas contándome las tiendas en las que había estado así como otros detalles cotidianos. Mari Carmen fue más que un caprichito de mi padre. Se lo gastaba todo en ropa, porque era lo que le divertía. Mi padre debía tener en esa época cuarenta y cinco o cuarenta y seis años, y ella, veinticinco. La que limpiaba la casa de mi padre, Vicenta —que estuvo cuarenta años a su servicio—, decía que se encontraba las bragas de cualquiera por aquí y por allá. A lo mejor fue una de las razones por las que explotó lo de la separación de mis padres. Mari Carmen era mi amiga.

Lo recuerdo de nuevo: siempre fui amiga de las novias de mi padre. A Selina le decía: «Quiero ir a Londres», y ella organizaba el viaje y obligaba a mi padre a pagarlo. Selina iba en un BMW descapotable, rojo, con un abrigo de piel hasta los pies. Era guapísima. Todo el día de punta en blanco, y era pesadita, porque siempre estaba peleando con sus hijos, pero, por lo demás, resultaba ideal. Estaba divorciada de un cubano, riquísimo.

Mari Carmen fue secretaria de mi padre, pero tuvo muchas otras, sobre todo en la época en que contaba con más de cien arquitectos en su equipo. Creo que se quedaba a dormir en el estudio, que era parte de nuestra casa de 1.500 metros cuadrados. Mi padre cerraba con llave el estudio por la noche. Había una escalera maravillosa que unía la parte de Zurbano, de 500 metros, con la de José Abascal, de 1.000 metros, divididos, como ya comenté, en 500 metros de estudio y 500 de museo. Y él ahí hacía lo que le daba la gana.

Mari Carmen, al quedarse embarazada, se echó un novio y al poquísimo tiempo se casó. Se fue a vivir a La Coruña. No la volví a ver hasta un día que me la encontré por la calle. Nunca me contó que tenía una hija. Mi hermano Manolo sí lo sabía. Yo no. No me dijo nunca nada. De hecho, estuvo un poco cortada ese día que la vi en aquella ciudad. A mí me dio pereza indagar y también un poco de pena porque, en el fondo, Mari Carmen no se portó bien con mi madre, que estaba en el mismo piso. Mi madre era mi madre.

Llamé a Rachel porque en el *¡Hola!* me pidieron una portada con mi hermanastra. «¿Qué te parece?», le pregunté. Ella me dijo: «No, soy una persona muy seria, nunca he salido en ningún sitio». «Bueno, voy a La Coruña y aprovecho para visitar Inditex», contesté. Al poco tiempo me llamó porque quería vender un piso de la herencia de mi padre en la calle José Abascal, del que ella tenía el 60 o el 70 por ciento, y necesitaba mi firma. Le dije: «No, lo siento mucho pero esto es proindiviso, no puede dividirse. Te pedí un favor y me dijiste que no. Para ti es importante esto y para mí era importante lo otro». A ella le venía bien vender el piso y coger 700.000 euros o lo que fuera, no lo sé. «Es que yo no he recibido nada», decía. El marido de Mari Carmen se había ocupado de Rachel durante toda su infancia, la había cuidado, le había dado su apellido, la había querido… Entonces, ¿a qué venía ahora tanto Ruiz de la Prada?

Rachel se cambió el apellido porque ganó un juicio. Pero me pregunto, si el marido de su madre se portó bien con ella, la aguantó, le cambió los pañales, le dio su dinero, le pagó el colegio, ¿por qué quiso cambiar su apellido por Ruiz de la Prada? Primero dijo: «Yo soy Rachel Ruiz de la Prada». Y, luego, «Ay, no, yo no quiero salir en el *¡Hola!*». No entendí nada. Si no se hubiera cambiado el apellido quizá me habrían dado más ganas de conocerla. No me parece elegante, la verdad.

Explico lo del piso que reclamaba. Los padres de mi abuela eran riquísimos. Compraron un terreno en la calle Marqués de Riscal de Madrid y, como su hija se había casado con un arquitecto, le encargaron a Manuel Ruiz de la Prada, que era el padre de mi padre, construir un edificio en el año 1929. Mi padre se hizo ahí el famoso pisazo de la pera que conseguí yo de mi tía Conchita.

Él vivía ahí pero tenía su estudio en José Abascal. Allí debía contar con unos 600 metros cuadrados divididos en tres apartamentos. Uno con bañeras vistas, muy de la época, en el que me imaginaba a todas sus amantes. Otro que era donde trabajaba. Y otro bastante bonito, que es por el que se interesó mi hermanastra, donde vivió con su última amante, Mari Pili, la cajera del banco.

Como mi padre estaba mal de la cabeza, lo que hacía era dormir con ella y volver por la mañana a Marqués de Riscal, donde tenía una empleada que se llamaba Emilia. Mi padre se levantaba, iba andando hasta Marqués de Riscal, se metía en la cama, revolvía un poquito las sábanas, se bañaba, se afeitaba, hacía gimnasia…, yo qué sé lo que hacía mi padre, porque era muy presumido. Le preparaban un desayuno bueno y luego se iba andando al estudio. Todos los días de su vida. Doce años después seguía haciendo ese paripé. Iba al estudio. Volvía a comer. Hacía ver a todo el mundo que dormía en Marqués de Riscal. Fue un impostor, como el protagonista de *El adversario*, de Emmanuel Carrère. Era mentira porque nunca dormía allí, pero se metía en la cama el hombre. Que lo hiciera una niña de quince años…, pero un señor de setenta resultaba absurdo.

Ahí fue cuando empezó a perder la cabeza. La perdió del todo. Mi padre era un señor que iba al Teatro Real, a todas las exposiciones, a ARCO, a Puerta de Hierro, a jugar al golf… Mari Pili no podía entrar en Puerta de Hierro porque no era socia, no era nada. Ella debió pensar: «Qué bien. Me voy con un rico mayor» —debían llevarse treinta o treinta y cinco años—, pero, en el fondo, llevaban una vida miserable. Mi teoría es que ella se echó un novio que le dijo: «Pero ¿tú qué haces con ese viejo?».

Mi padre, que había sido el hombre más pijo del mundo, se perdía por Madrid, llevaba la ropa manchada, lo traía la policía. Parecía un pobre. La gente lo veía y no se lo creía. Recuerdo un día que llamé a mi padre y le comenté: «Jefe, vente a pasar la Nochebuena conmigo. ¿Vas a venir?». «Sí», respondió. «Te mando a Tristán», le avisé. Mi hijo fue con un amigo suyo. Cuando vio a Tristán con la barba larga, pensó que lo iban a matar. Empezó a gritar: «¿Tú quién eres? ¡Socorro! ¡Socorro!», chillaba como un loco. Tristán volvió a casa y mi padre pasó la Nochebuena solo. Entonces fue cuando mi hermano mandó a paseo a Mari Pili y se lo llevó al pueblo de Segovia.

En el testamento, mi padre dejaba sus pisos a Mari Pili
Manolo fue al notario, mandó el testamento a tomar por
saco, hizo otro en el que la excluía e incluyó a la niña de
Mari Carmen, a Rachel. Mi padre dispuso: «No reconozco que Rachel sea hija mía ni nunca lo voy a reconocer,
pero como me lo ha dicho el juez, la menciono en el
reparto». Mari Pili se llevó cuatro cositas, cuatro objetos
buenos de mi padre. Manolo cambió la cerradura de la casa. Mi padre había puesto un sueldo a Mari Pili de unos
1.500 euros, pero Manolo también cortó eso por lo sano.

Yo solo pensaba en dónde la colocaba si aparecía por
el funeral. Ella llamó reiteradamente a mi hermano por teléfono y Manolo no contestó. Y un buen día ya no supi-
mos más de Mari Pili. Desapareció. No pidió nada, nunca.
Pensé que iba a montar la mundial porque tenía derecho.
Ella podía reclamar, había estado viviendo unos quince
años con él. Quizá se casó y el otro le debió decir que se
dejara ya de historias con ese viejo repugnante.


El asunto de la herencia tuvo su recorrido judicial. Lo per-
dí yo. Me defendían María Dolores Márquez de Prado y
Javier Gómez de Liaño y no ganamos. Manolo se quedó
con las fincas, con los cuadros, con la cubertería, con los
platos… Con todo. Cuando murió mi madre, que fue diez
años antes que mi padre, ya pude comprobar las maneras
de Manolo. Y, a pesar de ello, me pasó por encima de nuevo. De mi padre me quedé con el célebre piso de Marqués

de Riscal. Lo acepté, tontísimamente por mi parte, porque
al hacerlo reconocía de hecho que mi padre estaba bien al
hacer el testamento, cuando no era así. Dije: «No quiero
nada. Que lo hereden mis hijos. Yo quiero que la herencia
pase hacia adelante»». Se quedaron alucinados. Fue unas
Navidades. El piso es de Tristán y de Cósima y lo tienen
alquilado. Prefieren vivir en mi casa y quedarse con el dinero del piso.

# APARECE EL INNOMBRABLE

Conocí al innombrable en un avión en 1986, cinco años después de empezar mi proyecto de moda. Ya era conocida, para bien o para mal. El periódico que más captó el espíritu de la Movida fue *Diario 16*. Escribía allí Carlos García-Calvo. Tenía una sección en la que salían muchas fiestas de *La Luna*, de Marta Moriarty, de lo que molaba en aquel momento.

Un día iba en un avión, yo llevaba un abrigo de visón (¡qué horror!) de mi abuela. Estaba sacando la maleta y se me acerca un hombre que no conocía de nada y me dice: «Soy Pedro J., ¿tú eres Ágatha Ruiz de la Prada?». Me dijo que era el director de *Diario 16*. Le di las gracias porque me sacaban todas las semanas en el periódico. «Sí, sí, por eso te conozco», me dijo. Era en el aeropuerto del Prat. A los pocos días yo presentaba un desfile en Cibeles, juraría que era «Bueno, bonito y barato». Cantaba Gregorio Paniagua con un grupo que se llamaba Atrium Musicae. Lola Gavarrón era la crítica de moda de *Diario 16*. Tenía una obsesión total por Sybilla y mi trabajo no le interesaba nada. Por eso mis hermanas me dijeron que llamara directamente al hombre que me abordó en el aeropuerto para invitarle al desfile. Me respondió que no podía porque era la hora del cierre y me preguntó: «¿Por qué no quedamos un día para cenar?». Hice el desfile. Lola Gavarrón dictaminó que era una porquería. Me puso verde. Después, el innombrable me llamó y preguntó otra vez si quería ir a cenar. Acepté para vengarme de Lola Gavarrón.

Fuimos a Sacha. Era un hortera. En esa época llevaba calcetines ejecutivo. Su indumentaria no podía ser peor. Pero cuatro días después de aquella noche ya estábamos viviendo juntos. Él fue muy lanzado y yo, como siempre, muy perezosa con los hombres. Desgraciadamente, siempre me han gustado los que responden al mismo perfil que mi padre. Son defectos que ya conocía de antemano, pero es lo que me gustaba. Entonces, sabía a lo que iba, más o menos. Él estaba casado, pero yo lo desconocía en ese momento. Le invité al campo. Era Semana Santa. Luego me llevó a su casa. Allí vivía con su mujer y su hija, en la calle Espronceda. Quiso enseñarme el piso como el criminal al que le gusta mostrar el lugar del asesinato. No me gustó la calle ni el piso ni el portal ni nada de lo que había dentro. Fue una cosa muy rápida. Estuve cinco minutos de reloj. Le costó convencerme. «Tengo que pasar un momento por mi casa —me dijo, íbamos con el chófer—, sube, sube». «No, te espero aquí». «No, sube». «No, te espero aquí. —Así estuvimos un buen rato—. Bueno, pues, chico, subo».

No entiendo esa necesidad que tienen algunos hombres de enseñar sus propiedades. Por mí, no hubiera entrado nunca en su casa; también era la casa de su mujer y me parecía de muy mala educación. Pero él quiso que yo la viera. No sé por qué. Y la vi. Pero no me consideré culpable. No hicimos nada de lo que pudiera arrepentirme.

El innombrable se había casado con una mujer ocho años mayor que él y se repitió el caso de la señora que no se adapta a los designios o la ambición profesional de su marido. El innombrable apenas me habló de ella, lo que sí dijo es que no había estado enamorado nunca y que su padre le había animado a que se casara al saber que estaba embarazada. Me lo creo: «Venga ya, cásate y sienta un poco la cabeza», algo así, ¿no? Vinieron a Madrid desde Logroño y ella, periodista también, vio aquí una ciudad hostil y él, sin embargo, descubrió el poder. Su exmujer se le quedaba corta. Para él, fue como encontrarse con cortinas de terciopelo cuando antes apenas tenía unos simples visillos.

Tuvieron una hija, María. El innombrable llevó muy mal la paternidad. Ella no supo organizarse, no quería dejar a la niña sola y él salía todos los días de su vida. Tuvo una época muy loca. En esas circunstancias aparecí yo con las mías… Enseguida, el innombrable dejó su casa familiar. La señora lo pasó muy mal, aunque él me contó que la relación estaba muy rota. Yo, la verdad, siempre sentí mucho que lo pasara tan mal.

Ahora está muy de moda que salgas con un hombre y no te vuelva a llamar hasta pasados tres meses. La gente tiene miedo al compromiso. El innombrable me dijo, cosa que luego recordé durante el divorcio, que cada siete años un hombre tiene que cambiar de trabajo, de ciudad o de mujer. Y que había planeado cambiar de mujer. Cuando llegó el momento del divorcio pensé que todo formaba parte de un plan vital.

Yo tenía veinticinco años y estaba deseando tener un bebé. Siempre he querido ser madre. Pero en aquellos momentos estaba asustada porque me habían visto unos miomas y no sabía si podría tener hijos. Iba al ginecólogo sin parar. «¿Y si luego no puedo tener hijos?», me preguntaba. Y, bueno, este señor me debió parecer, por instinto, que tenía la capacidad de protección para que yo pudiera tener uno o varios… Y luego, todo fue muy divertido. Él, con treinta y tres años, ya era director de *Diario 16*. No sé si fue sin pensarlo o pensándolo, pero, como he dicho, a la semana de nuestra primera cena estábamos viviendo juntos. Y al año tuvimos a Tristán.


Vuelvo a la mejor amiga de mi madre, Fran Garrigues. Cuando el innombrable llegó a Madrid, los Garrigues le apadrinaron de alguna manera, acogieron a un jovencito de veintisiete años que venía de Logroño. La primera mujer del innombrable se hizo muy amiga de Fran, la vecina de mi infancia. Resultaba que Fran era mi segunda madre. Una de mis mejores amigas, la hija de Fran, superdotada, brillante, trabajaba en *Diario 16* como corresponsal en

Bruselas. Me escribía cada dos por tres... Le conté: «Oye, estoy saliendo con ese hombre del que tanto hablas». Le sentó como una patada. De hecho, dejó el periodismo y se dedicó a la banca. Del periodismo a la banca va un buen trecho.

El primer día dormí con el innombrable en casa de una amiga mía, Maribel Schumacher, en la calle Zurbarán, donde estaba Elena Benarroch; ahí también vivía Isidoro Álvarez. Otro día dormimos en casa de mi abuelo, que tenía un piso vacío que utilizábamos en Zurbano, 73. Luego él alquiló un apartamento que estaba muy bien, con una terracita y la moqueta color salmón en la plaza de la República Argentina. Yo llegaba con lo puesto prácticamente y luego me iba corriendo A la asistenta no la vi nunca. Había salmón en la nevera y él siempre tenía encendida la radio con las noticias de la Ser.

Yo era muy joven y todo me resultaba excitante. Un día montamos una comida en casa de mi madre. Vino el periodista Julián Lago, que estaba casado con Natalia Escalada, también periodista. Yo tenía la cara un poco roja y me dicen: «Tú estás esperando un bebé». Y sí, así fue. El innombrable no quería tener niños y lo aceptó un poco a regañadientes.

Al innombrable no le hacía especial ilusión que yo tuviera relación con su hija María. Él no sentía ese apego familiar y he de reconocer que a mí me convino. Aun así, era yo la que le decía: «Llama a tu hija. Llámala», o «vamos a regalarle un perro que le hará ilusión », o «tu hija tiene que ir al oculista». Pero nunca me sentí culpable de entrometerme en la relación del innombrable y su primera mujer.

Los hijos son fundamentales. Yo tengo una relación con los míos absolutamente cercana. Le pregunto a veces a Tristán por qué no come más con su padre. «Como con mi padre cuando me invita», me dice. Yo es que estoy todo el día encima de ellos. Casi demasiado. Me preguntan todo el rato cosas como «¿dónde están mis calcetines?». Cada día viene alguien a comer a casa y ellos están por medio. Es una relación total, infinita.

El innombrable, por otro lado, no paraba de trabajar, era una máquina. Recuerdo al principio que nos invitó Isabel Azcárate un fin de semana a un velero cuando tenía una relación con Javier de los Arcos, que es por el que cambió a Mariano Rubio, gobernador del Banco de España. Al innombrable no le gustaba ir en barco y se pasó todo el fin de semana escribiendo en medio de un mar de olas impresionantes. Ese importante rasgo de su personalidad me vino muy bien porque si en vez de echarme ese novio me hubiera ido con un *hippie* a Ibiza, pues me hubiera fumado ocho canutos todas las tardes y estaría tan contenta.

Es indudable que el hombre con el que esté ejerce en mí una influencia determinante. Yo ya era muy trabajadora. Los cinco o seis años antes de conocerle no paré. Pero su manera tan brutal de trabajar me sirvió para ponerme más a lo bestia. Está dicho: mi madre había sido muy mala pareja de su marido, desde mi punto de vista, pero él y yo enseguida formamos un equipo, y eso me gustó mucho.

Cuando nació Tristán, se convirtió en lo más importante del mundo y diría que en casi lo único importante del mundo. Estaba más enamorada de Tristán que del innombrable. Es que no me dio ni tiempo a estar enamorada de él. Lo conocí y a los pocos días ya vivíamos juntos. Luego todo vino rodado.

Reconozco que he aprendido con él mucha historia, aunque yo venga de una familia infinitamente más culta que la suya. También él ha aprendido mucho de mí. Cuando lo conocí tenía la Enciclopedia Salvat de Historia. No había leído a Proust ni el *Ulises* ni *El cuarteto de Alejandría*. Pero empezó a devorar la historia. Sí, al final aprendí, a pesar de la pésima memoria que tengo.

Llevábamos una vida muy divertida porque nos invitaban a todo. A la final del Roland Garros o de Wimbledon, a los Juegos Olímpicos, a las tres bodas reales españolas, a la de la hija de Aznar, a pasar un fin de semana en casa de los príncipes de Kent, a la India con el maharajá de Jaipur, a las bodas de las hijas de Sánchez Junco..., todo era muy movido. Siempre ganó más dinero del que necesitaba. Otros se hubieran comprado una finca o un barco, pero él solamente pensaba en su trabajo. Y si alguna vez se tomó vacaciones fue porque yo le obligué.

Nuestra primera casa, digamos que oficial, fue la de la plaza de la República Argentina; luego nos mudamos a un piso en la calle Príncipe de Vergara, que era de la suegra de un hermano de Boyer. Cuando nació Tristán estábamos allí; después compramos una casita, donde nació Cósima, que era una monada, como la de los tres cerditos, en Fuente del Berro. Una como soñada por mí. Fue nuestra primera casa. También estuvimos en el famoso piso de Marqués de Riscal, 8, y al fin en el ático de la Castellana. La época que estuvimos en Marqués de Riscal fue sensacional. Yo estaba en mi estudio, abajo. Si había que ir a buscar a los niños al autobús iba alguien del estudio. Los niños subían, bajaban, todo transcurría a toda velocidad.

# EL HOMBRE QUE PODÍA PAGAR
# EL COLEGIO DE LOS NIÑOS

El primer paso lo dio él. No se me puso para nada en la cabeza pensar en una relación sentimental ni en una relación sexual ni en ningún tipo de relación. Simplemente, me divertía ser amiga del director de *Diario 16*. Pero él tenía otras intenciones y, por lo que fuera, que yo no sé por qué sería, hubo un día en el que estuve abierta a una aventura; a lo mejor otro día no lo hubiera estado. Me vi dentro de aquella historia y, como ya he contado, pensé: «Dios mío, no me vaya a quedar yo sin hijos». Me sorprendí con esos pensamientos que tenemos las señoras, que es verdad que los tenemos.

A ver, era un hombre que me podía proteger, que podía pagar el colegio de los niños —que yo no sabía que iba a ser tan caro...—; era un hombre que sabía de señoras. No recuerdo de qué hablamos la primera vez, pero seguro que fue de cualquier cosa interesante. Bueno, a algunos hombres hay que hacerles un poquito la pelota: «Ay, qué curioso. Me encantan los coches. Los R-27...».Y por dentro me descojono porque qué me importan a mí los R-27 ni los R-5. No sé ni cómo son. Nunca sé si he llegado en un coche blanco o negro. De hecho, tengo uno malísimo. No me quiero comprar uno bueno porque sería ofensivo para mi público que viajara en uno demasiado caro. Me encanta ir en uno ecológico.

El otro empezó a mandarme flores. No sentí un amor platónico por el innombrable, pero tengo que reconocer que fue una historia bastante fascinante. Como he dicho, siempre tuvo más dinero del que usaba. A él le gustaba tenerlo en el banco, eso era su perdición. Muchas personas que conozco viven por encima de sus posibilidades. El innombrable era todo lo contrario y, además, se juntó conmigo, que soy superahorradora. Pudimos comprar el ático de Madrid. Después, el piso de París, la casa de Mallorca, que para mí es la mejor del mundo. Más tarde mandé construir la casa de la finca de Brea del Tajo. En resumen, me compré tiendas y pisos en Madrid, París, Milán y Nueva York. Él compró el piso de Londres.

Pero no disfrutó de todo esto como debería. Si se tiene un piso en Nueva York, un hombre civilizado viaja al menos unas dos veces al año, y va a la ópera y conoce a gente interesante. Ya no eres un turista. Recuerdo el primer día que dormí en Nueva York o en París en mis casas. Es muy distinto a ir a un hotel. Todo eso fue apoteósico. Mis desfiles. En París, en no sé cuántos lugares. Mientras, él seguía muy obsesionado con su trabajo y con otras cosas que yo desconocía y en las que no quise indagar, no me interesaba. Ni le miraba las cuentas, aunque tenía acceso a todas. Yo personalmente se las cuadraba. Luego ya me aburrí y las metí en mi contabilidad. Todas sus cuentas las llevaba mi contabilidad, aunque según he sabido después debía de tener otras que no estaban a mi alcance.

En los treinta años que estuvimos juntos nunca hablamos de dinero. Eso es muy agradable. Otra cosa buena fue que en casa hice lo que me dio la gana y él nunca se metió. Yo le decía: «Tienes muy mal gusto. Eres superhortera», se lo decía así de claro. Veníamos de mundos muy diferentes. Yo estaba acostumbrada a la casa de mis padres, la de mis abuelos, la de los Güell, la de los Bertrand y Serra, La Ricarda… Todas eran palacios, las casas más bonitas de España. Claro, cuando me llevó por primera vez a casa de sus padres pensé: «¿Esto qué es?». Un chalé adosado, una cocinita en la que guisaba su tía… El hogar de una familia normal, vaya. Pero también tenían más dinero que otros a los que he conocido y que tenían categoría pero no dinero. Y él y sus cinco hermanos salieron listos e hicieron una carrera. Creo que una de las decisiones que más gustó al innombrable fue comprar una casa a los cinco días de romper conmigo. Pensaría: «Voy a decorarla como me dé la gana, con todo mi mal gusto».

Se gastaba un dineral impresionante en encuadernar libros, que es de las cosas más horteras que he visto en mi vida. Al principio le compraba toda la ropa, los calcetines, las corbatas. En los últimos años gastó bastante en libros. Yo le preguntaba: «Si tuvieras muchísimo dinero, muchísimo,

¿qué harías?». Contestaba: «Me compraría un periódico». Fue lo que hizo al final.

No derrochó nunca, no le daba tiempo, estaba siempre trabajando, y los viajes se los pagaba el periódico. Yo hablaba a veces con su secretaria y le decía que no sacaran tantos billete en *business*, que no hacía falta. Yo manejaba las pocas finanzas que había que manejar. A él se la soplaba treinta y tres. De hecho, cuando murió su padre le llamaron para que fuera a firmar la herencia y dijo: «No, no, yo no quiero herencia. Quedárosla vosotros, que me da igual». «Pero ¿cómo que has renunciado? ¡Si tienes una hija!», le dije. Los hermanos fueron muy señores y le dejaron rectificar. Realmente, él, hasta ahora, que se ha vuelto superpeseterísimo, no era nada agarrado. Esa sensación de tener más dinero del que necesitas era bastante agradable. Sin ser Emilio Botín, para nada. Y le encantaba leer. A mí también. Los niños leían. Ahí leía todo el mundo.

Cuando me presentó a su jefe, a Juan Tomás de Salas, en *Diario 16*, este flipó conmigo. Se quedó *superepaté*. Se dio cuenta de que estábamos en otro nivel. Era divertido. Nos íbamos a ver al rey y don Juan Carlos hacía referencia a mi indumentaria. El rey había vivido en casa de mis abuelos y conocía a toda mi familia.

Definitivamente, el innombrable y yo no habíamos crecido en el mismo nivel social. Tampoco en el intelectual. La primera vez que fue a ARCO iba conmigo. No es que entendiera mucho, pero bueno. Luego ya confesó: «No voy a volver nunca a una exposición. No me interesa nada». Casi cumple su promesa. Al principio le gustaba mucho viajar. A los diez días de conocernos fuimos a Londres, a un hotelazo de esos de siete estrellas. Yo tenía veinticinco años y él quería epatar, y lo consiguió. Tenía bastante experiencia en todos los sentidos.

No atravesamos grandes momentos de crisis. Y en los últimos años, ninguno. Tengo unos amigos que llevan cuarenta años casados y están todo el rato peleándose. Es brutal. Nosotros no nos peleábamos nunca. Porque yo ya lo conocía… Eso me ha venido muy bien para todos los demás… Ya veo por dónde vienen y no me interesa enfadarme. De hecho, nunca me he peleado con ninguna pareja. Creo que es más inteligente. Eso es lo que yo le decía a Cósima durante una época en la que estuvo torera, torera: me metía debajo de mi cama, o en el armario, escondida, para que no se pudiera pelear conmigo, hasta que se le pasaba el berrinche. Le decía: «Ratón, dos no se pelean si uno no quiere». Y es verdad.

Yo ni pensaba ni dejaba de pensar en que el innombrable me fuera infiel. Siempre he sido muy libre. He podido hacer lo que he hecho porque he sido muy libre y porque no he parado de trabajar. De Valencia a Sevilla, de una punta a la otra de España. Y me he ido a comer con un señor que era el fabricante de mis cuadernitos. Y no he tenido ninguna sensación de estar haciendo nada malo porque no estaba haciendo nada malo. Un periodista, en esa época, más aún un director de periódico, todos los días quedaba con un político, con un ministro… Yo le decía:

«Tú te vas a cenar con tus colaboradores y yo me voy a Valencia a la Feria del Juguete».

¿Por qué le llamo el innombrable? Creo que fue bastante dejado con su hija María, en el sentido de que él había cambiado de casilla, estaba conmigo y quería saber poco de su vida anterior. Nunca me impuso a la niña. Me puso a mí muy por encima de ella. Para un padre, por lo que yo sentí en propia carne, deberían estar primero los niños. De la misma manera actuó con su actual pareja. Pudo ser generoso y tener buen rollo. Pero se portó fatal. Antepuso su interés. Fue entonces cuando empecé a llamarle el innombrable. No le quería hacer publicidad. Porque a él, en esta última etapa, no lo conoce ni el gato. Lo que necesitaba era volver a ser el que fue. Por eso creo que publicó su último libro. Se dio cuenta de que ya no era popular porque los que aún le siguen son de otra generación: los que vivieron el GAL, la época de Felipe González. Pasado eso, su poder empezó a decaer. Hasta llegar a hoy. Un chico joven no tiene ni idea de quién es.

Durante treinta años le ayudé muchísimo, puedo buscar dos mil testigos que lo atestigüen. Lo ayudé como pareja y como padre de mis hijos. Consideré que sus enemigos eran mis enemigos; cuando dejaban de ser sus enemigos, seguían siendo mis enemigos. Yo era implacable en eso, lo que supuso una gran diferencia. Siempre le apoyé de una forma natural, porque me salía del alma, y pensaba: «Es que esto nos viene muy bien». En el fondo, él se aprovechó de eso y al final ya era tan descarado que no sé cómo no me di cuenta, porque ordenaba: «Dile a Ágatha que llame a fulano», y así todo el rato. Salí en el programa de Bertín Osborne ¡porque me lo dedicaban a mí! No le querían a él, aunque intentó chupar cámara porque ya estaba desesperado, enloquecido. Rodrigo Rato decía que no se fiaba de él pero sí de mí: «A Ágatha la quiero mucho».

# TRISTÁN Y CÓSIMA

Lo mejor que me ha pasado es haber parido a Tristán y a Cósima. En ninguna página de este libro he intentado ser objetiva, no hay nada peor que serlo. Si hubiera querido ser objetiva me hubiera convertido en una antigua cámara fotográfica. Y ni eso. La objetividad no existe; ese debate lo dejo para los periodistas, una tribu que ahora frecuento menos. Yo me dejo llevar por mis palpitaciones. En cuanto a los hijos, mi punto de vista prevalecerá más que en ningún otro capítulo; la subjetividad es la reina del amor. Aquí me hago loba, nada de lo que haya leído, de los cuadros que he disfrutado y me han llenado, se interpone si tiene algo que ver con ellos. El único miedo de mi primera juventud era la posibilidad de ser una isla, sola, sin ellos.

Sigo llamando a Cósima «mi ratón». Suele aparecer como un torbellino en el salón para mostrarme el *look* que ha elegido para salir esa noche, sabe que me gusta que lleve mi ropa y que el negro está prohibido. Una tarde de estas en la que ella y Tristán iban corriendo porque no llegaban a una cita, la paré en la puerta con una indignación de mentirijillas porque llevaba una cazadora negra. Medió Tristán: «Mamá, vamos a un concierto de *rock*, entiéndelo», y salieron despavoridos. Es tan inquieta que cuando alguien se acerca a buscarla no puede aprehenderla. Si Cósima vuelve de algún sitio es que ya no hay nada realmente interesante que llevarse al sombrero.

Alguna vez le he preguntado a Tristán cómo fue su infancia. Se acuerda de un hotel espectacular, La Posta Vecchia, en el que estuvimos en la costa de Italia, cerca de Roma. Las primeras memorias son vitales. Querido Tristán, ¿no recuerdas nada más? ¿Recuerdas cómo te miraba tu madre? Tuve muchas ganas de engendrarle.

Una señora me dijo una vez que yo no tenía niños, sino proyectos, porque quería unos perfectos. Leí un libro que me pareció buenísimo de Amy Chua, una profesora de Yale, *Madre tigre, hijos leones*, en el que defiende el modelo educativo chino basado en la excelencia. Le obsesiona que sus hijos sean perfectos. Yo era un poco así. O sea, quería que mis hijos tocaran el violín, el piano, la flauta, y que hablaran inglés, francés, alemán, y que jugaran al tenis, al golf, que montaran a caballo y que esquiaran. Al final son ellos los que deciden. Cósima me pedía muchas veces: «Mamá, ¿me desapuntas de clases de no sé qué?». La verdad es que estaban reventados. Llega un momento en que el proyecto se te escapa de las manos y es cuando me empieza a aburrir. Ya no es la monada del niño aprendiendo.

Yo era la más flaca de mi colegio, pero cuando me quedé embarazada empecé a engordar prontísimo y se me puso una tripa inmensa. Las piernas no cambiaron. Al mes ya me cedían sitio en los autobuses. En el portal de la casa de Marqués de Riscal me sacaron unas fotos y las llevaron al *¡Hola!* El padre de Sánchez Junco llamó al innombrable y le dijo que tenía «unos periodistas con unas fotos de Ágatha embarazada». No se publicaron. Estaría de dos meses y ya se notaba muchísimo.

Los partos fueron terribles por tener, como contaba en el arranque de este libro, el útero en forma de corazón. No había cristiano que sacara la placenta. Hay poquísimas mujeres que padecen lo mismo. A los pocos días de parir empecé a sangrar y así estuve varios días. No me podía explicar cómo las madres aguantaban eso. Todos los días perdía litros de sangre. Hasta que me operaron. Y en el segundo parto me intervinieron otra vez. Dijeron: «Hace cien años te hubieras muerto».

El embarazo de Tristán fue fantástico. Me encantó todo, pero después del parto estaba tan mala que solo me quería ir al campo. Eso me ha pasado mucho en mi vida. Cuando me divorcié me fui al campo. Llegó el día del divorcio y me curé en el momento exacto en que llegué a la finca y me reuní con todos mis perros. Conozco aquella tierra desde que nací y posee una enorme capacidad curativa. Siempre que he estado mal he ido al campo. También cuando nos dijeron que mi madre tenía cáncer. Con París me pasa algo parecido.

A Tristán te lo podías comer de pequeño, con esos oja-
zos azules. Me ayudó mucho en su crianza Piluca, madre
de Pablo y de Marta Melendo. Marta trabaja conmigo.
Piluca venía todas las tardes a verme y me traía unos crua-
sanes de almendra. Ahora no soy de pasteles, pero en aquel
tiempo sí me gustaban mucho. Mi madre estaba enfadada
porque no me había casado y, además, pasaba un huevo. La
que me cuidó de verdad fue Piluca. Dábamos un paseíto.
Siempre traía la merienda. Son cosas que se te quedan
para toda la vida.

Recuerdo un día que la muchacha, que no tenía llaves,
se fue, cerró la puerta y se quedó el niño dentro, solo. Tendría un año y medio. Un primo mío, Claudio Güell, nunca
se lo agradeceré lo suficiente, fue corriendo desde Marqués de Riscal hasta Príncipe de Vergara, 10, donde yo
vivía al principio, y abrió la puerta. Fue una cosa espectacular. Tristán era tan mono, tan agradecido, tan simpático
y tan guay que no se podía pedir más. Cósima dice que es
mi preferido. Es que fue el primero y Tristán nunca me ha
dado un problema.

Desgraciadamente, mis hijos no tienen ganas de tener hijos, no sé por qué. Es que creo que ahora mismo la gente
no los quiere. Hay un gran movimiento en contra de tenerlos. Y yo los deseaba a tope. El innombrable no sentía
tantas ganas. Le dije que los niños eran míos y que firmá-
ramos en un documento que yo me ocuparía de todo. A él

no le gustaba la idea de volver a ser padre. Ya tenía una hija. Pero al final le hizo ilusión. A mí me gustan los bebés recién nacidos, todos. Pero según van creciendo me dejan de gustar. Cuando son adolescentes me horrorizan. No me gustan nada. Porque opinan, se rebelan. Los granos, los olores: eso no me divierte. A los señores, por regla general, les suele gustar más un niño que piensa, y a mí me encanta el cachorro. Tengo un instinto maternal brutal.

A mi madre al final le agradó ser abuela, pero no le apetecía ejercer. Ella no sabía hacer una tortilla ni nada. Un día le dije: «Jefa, ¿te dejo al niño?», y me contestó: «¿Y si quiero ir a comprar tabaco qué?». Fue muy egoísta, no podía. Era una enferma. Porque, claro, el trabajo cambia, la vida cambia y te tienes que amoldar a la vida, siempre, y ella no se supo adaptar. Eso es inteligencia emocional, capacidad de adaptación.

Cósima se revuelve contra el trabajo. A mí, sin embargo, me gusta más trabajar que ganar dinero. Una de mis teorías —tengo mil— es que si te divorcias es mucho mejor no tener dinero porque entonces debes ganarlo y se convierte en tu preocupación. En cambio, las mujeres a las que sus maridos dejan forradas están todo el día comiéndose las uñas. Como yo tengo que ganar dinero, pues me voy a Valencia, vuelvo, me voy a Nueva York, vuelvo, hago la maleta y me voy a otra ciudad. Cósima es muy brillante y mucho más lista que yo, pero no ha entendido que el trabajo requiere dedicación todos los días de tu vida.

Cósima es la niña de los ojos del innombrable, algo que me alegra y me congratula, y ojalá sea así toda la vida. Sin embargo, él no ha sido del todo inocente con ella. Cuando Cósima empezó a trabajar conmigo en Madrid había mucha gente que le decía: «Pero, Cósima, con lo lista que eres, ¿cómo vas a trabajar con tu madre?». Como si yo fuera retrasada mental profunda. Y yo le comentaba a ella: «Ratón, tú diles esto: "Es que mi madre me ha regalado el estudio"». Para que se jodan. El innombrable cree que lo mejor del mundo, del planeta Tierra, es ser periodista. Y yo pienso que lo mejor del mundo es ser Picasso, Norman Foster, Shakespeare, Amancio Ortega o Pablo Isla. Prefiero la creación que el comentario sobre la creación.

A mí me pueden ver fregando el estudio o rellenando cajas; cuanto más manual sea el trabajo, más felicidad me produce. En un desfile me pongo a limpiar, a ordenar, a recoger. Pedí a Cósima que fuera a buscar un premio a Washington, por ejemplo. Fue, dio un discurso, representó a la marca de maravilla. Sin embargo, volvió y se quejó: «Qué horteras, qué pesadez». Pero, bueno, es que los horteras también compran perfumes, ¿sabes? Y eso no lo entiende de la misma manera que yo.


Cósima fue a un colegio y a unas universidades muy pijos —eso fue mi culpa—, infinitamente pijos. Ahora tiene un noviete muy simpático, pero que tampoco posee un sentido realista del dinero. Ella se buscó un empleo en París.

Estuvo dos veranos allí trabajando. Uno de ellos lo hizo en una editorial. Veía que los que escribían un libro ganaban tres mil euros. Entonces me dijo que quería trabajar conmigo. Ella sí que relaciona el trabajo con el dinero, cosa que yo no he hecho. Yo relaciono el trabajo con que se te vaya la depresión, las preocupaciones y pasarlo en grande, funcionar intelectualmente, divertirme, que salga bien. No hay dinero que me dé esas satisfacciones. No pienso que estoy haciendo algo por dinero. La creatividad lo suple.

Su puesta de largo en París guarda una pequeña historia. Nos encargaron hacer una bicicleta «agathizada», que salió en el *Paris Match*, por la que se interesó toda la prensa de Francia. En una de las fotos estábamos Cósima y yo, y se puso en contacto conmigo la organizadora del famoso Baile de las Debutantes para convencerme de que Cósima participara. Le dije que aún era muy pequeña y que esperara al año siguiente. Para que no se le subiera a la cabeza, le pedí que la tomara como becaria y que así comprendiera que no era la princesa Cósima. De todas maneras, cuando llegó al baile perdió la cabeza completamente, como es normal. Visto desde hoy, pienso que no podría haber sido de otra manera. Una de las que participó con ella era Lily Collins, la actriz de *Emily en París*, también una nieta de Gorbachov y otra de Agnelli... Aquello no tuvo nada que ver con lo que yo había conocido de pequeña. Mi vida social, repito, es el trabajo y soy muy disciplinada. Ya que tengo una cocinera, espero tener una comida de trabajo con alguien cada día, de lo contrario, me molesta.

Cósima tiene una agenda internacional alucinante. Al final soy la madre de Cósima. Es lo que más ilusión le puede hacer a una madre. Creo que no hay nada en el mundo que me guste más. Ser la madre de tu hija. Me encanta, me chifla. Pero me gustaría, por pedir, ser abuela. Es la ilusión de mi vida.

Tristán es un tío brillante, culto no, lo supersiguiente, pero hace el 10 por ciento y yo hago el 200 por ciento. Puede tratarse de un rasgo generacional, porque otros amigos me comentan algo parecido sobre sus vástagos. Sin embargo, también te encuentras, por ejemplo, con un chico, del que me he hecho amiga, que con apenas dieciocho años montó una empresa que vendió por doscientos millones, y ahora ha vendido otra por cuatrocientos, y tiene veinticuatro años.

Las fiestas que les montaba a mis hijos eran mucho más complejas que un desfile. La lista de invitados, los disfraces, la comida… Lo que yo organizaba era la locura. Hice una de Harry Potter, otra de cazadores en la que los animales eran los niños y los padres tenían que ir a por ellos, la fiesta del ajedrez, de la Bella y la Bestia…, fiestas míticas.

A Cósima lo que le gusta es ser la reina de la fiesta. Ahora tiene una boda en Colombia. Y eso me recuerda: estuve en la India hace dos años con Tristán. Fuimos a Bombay con un grupo en un autobús. «Miren ustedes ese edificio de hormigón. Es del hombre más rico de la India —que luego resultó ser el más rico de Asia—. En ese edificio, que tiene cuarenta y cuatro pisos, residen solo cinco personas». Más tarde se casó un hijo de uno de los que vivían en ese edificio. Al enlace asistieron Hillary Clinton, Bono, Oprah Winfrey…, bueno, todo dios, la pera. Cósima me dijo que la habían invitado a una boda en la India y le propuse regalarle el billete por Navidad. «No hace falta, mamá, me lo han enviado ya y en clase *business*». La boda duró diez días y estuvo allí unos quince. Encima, le regalaban pijamas de seda y más abalorios. Eran los del edificio de hormigón. Cósima conoce muy bien a toda esa gente. Pero no tiene el arte que tengo yo para vender algo. Y es que eso a mí me divierte, ya no es por el dinero. Los hijos son lo que son, no lo que los padres nos gustaría que fueran. Cósima no va a cambiar.

Según Tristán, su hermana era una niña muy mimada. Tenía seis años y se tumbaba en la cama para que la vistieran y abría la boca para que le dieran de comer. Cuando nos fuimos a París, iba al Liceo Francés. Llegó a un colegio gratuito, en un distrito popular de París, creo que fue bastante traumático para ella el cambio del ático de Madrid y la finca de Brea del Tajo por aquello, un apartamento y ese colegio que le pareció cutrecillo. Enseguida mandamos a Tristán a uno buenísimo, muy pijo, inglés. Y luego llevé a Cósima a un colegio interna. Pero los internados en Francia resultaron no ser buenos, son para ricos rusos. En Inglaterra sueñan con llevar a sus hijos a Eton; en Francia prefieren llevarlos a uno del Estado. Allí estuvo un año. Después, pasó por uno que se llamaba All Hallows, en Inglaterra. Y se examinó para entrar en St. Mary's, que es el mejor colegio de niñas de aquel país, el más pijo. Es como el Eton para niñas, pero católico, al lado de Ascot. En un principio no la admitieron, pero finalmente pasó cinco años en St. Mary's después de los cuatro en All Hallows.

Tristán, cuando acabó el colegio, quiso examinarse para entrar en Oxford. Es un sistema en el que cada colegio presenta a unos diez niños para acceder a esa universidad. Piensan muy bien a quién elegir para no quedar mal. Cogieron a Tristán, por los pelos, pero lo cogieron. No pasó la prueba y decidió, como también hacen muchos ingleses, tomarse un *gap year*, un año sabático, para dar la vuelta al mundo. Yo lo pasé fatal porque perdió el teléfono. Tendría dieciséis o diecisiete años. Se fue con un amigo suyo que se llama Edmond. Llegaron hasta Australia. Se conoce el mundo de memoria.

De vuelta, el innombrable comentó que había visto en el *Times* una información sobre unos cursos para ingresar en Oxford. Su padre recomendó a Tristán que leyera el libro *Richelieu y Olivares*, de John Elliott. Como Tristán había estudiado en Francia, en el Liceo Francés, y luego en Inglaterra, tenía una educación muy del Rey Sol, los Windsor, los caballeros ingleses, Ricardo Corazón de León. A él le interesaban mucho las cruzadas y el Imperio otomano. En Oxford le preguntaron, como es natural, por España. Si se hubiera leído ese libro habría aprobado. En esa convocatoria se encontró con tres mujeres en un tribunal. Él consideraba que con su enorme inteligencia no iba a tener problemas, pero el interrogatorio fue un tanto agresivo y a él no le gusta la agresividad así que nada. En Inglaterra se puede pedir el ingreso en cinco universidades. Lo habían aceptado en la University College London (UCL), una buenísima. Pero él quería ir a Oxford y no respondió a las misivas de la UCL. Al año siguiente intentó ingresar en la UCL, le reprocharon no haber contestado a las cartas que le habían mandado y le dijeron que se fuera por donde había venido. De modo que no tenía nada. Gracias al innombrable, y por medio del historiador Felipe Fernández Armesto, entró en el Queen Mary College. Le anuncié un día que iría a su fin de curso. «Pero bueno, qué horterada, tú estás de la cabeza», me recriminó. Es que no había acabado. Nos enteramos cinco años después. Terminó la carrera cuando estuvo trabajando en la India.

Cuando Cósima acabó en St. Mary's, con notazas espectaculares, también la propusieron para ingresar en Oxford, pero tampoco la admitieron. Por entonces, tuvo una gran historia de amor con un chico que tocaba el piano. Llegó a Madrid diciendo que se quería suicidar, que se quería morir, porque Cósima es muy teatrera para todo. Con el innombrable nos hicimos el *tour* de las universidades americanas. Yale. Harvard. Brown. Entró en Brown. Cósima decidió no disfrutar del año sabático. Pasó de estar en un colegio de niñas, cinco años, a una universidad. Nunca había dispuesto de dinero. De repente se encontró con una asignación y en Estados Unidos... Ella estaba en

Providence, Rhode Island, muy cerca de ese sitio tan guay, Newport, donde están las mejores casas de Estados Unidos.

La primera norma allí era «*no pets*». Y la primera semana, entre cuatro amigas, se compraron una perrita, Irie. Me la tuve que llevar. Era más mala que un demonio. Se escondía para que yo no la encontrara. Un día me enfadé con ella a tope: me regalaron veinte salchichones y se comió dieciocho. Empecé a ver montañitas de cosas por la casa. Eran los vómitos. Me la llevé a la casa de una amiga mía y echaba langostinos enteros. Al final, la atropelló un coche en la finca, a la pobre. También la primera semana de Cósima en Estados Unidos se hizo un *piercing*. Bueno, entre unas cosas y otras se volvió loca.

Esas universidades son carísimas y a mí no me gustan nada, la verdad. Yo soy antiuniversidades. Porque así como en España dan cinco horas de clase al día, allí son cinco horas a la semana. Tienen plena libertad. Y, claro, Cósima era muy joven, estaba muy mimada o lo que fuera, y la universidad le quedó bastante grande. A ella siempre le ha gustado estudiar, tiene mucho amor propio para eso, creo que lo ha heredado de su padre, y le gusta la disciplina. El problema que tuvo es que todos sus amigos eran hijos de multimillonarios. Por ejemplo, la hija de Jack Nicholson, unos Getty, los Sachs, los no sé quién… «Ay, me cojo un avión a París, voy a una fiesta y vuelvo mañana». Ese era el nivel. Vino muy revolucionada. La vida era un drama, todo le parecía un drama.

Ella era muy femenina y le encantaban los chicos, entre ellos, el amigo con el que Tristán dio la vuelta al mundo, pero no tuvo la infancia de los niños de barrio, de la pandilla. Estuvo también loca de amor por su amigo Alvarito. En una cena, después de que hubieran echado a su padre de *El Mundo*, Cósima se cogió una borrachera morrocotuda. Se fue con el hijo de Alfonso Ussía y apareció en una fiesta donde conoció a Bárbara, que es la pera. Tenía unos diez años más que ella, pero a Cósima le pareció que era internacional, hablaba inglés…, encajaba con ella. Bárbara la invitó al campo. Tiene la mejor finca de España, no hay ninguna mejor que la suya. Cósima vivió una historia brutal con ella. Al principio reconozco que me sentó como un tiro, me impresionó, pero me di cuenta pronto de que esa mujer era genial. Cósima me dijo: «Me da igual que hubiese sido chica que chico, me importa tres narices». Hubo una historia muy bonita. En esa época Cósima hizo un máster en el Instituto de Empresa, que está a una manzana de mi casa, aunque ella residía con Bárbara. Yo quería que Bárbara hubiera tenido un hijo con Tristán. Quería no, sigo queriendo. Es amiga de todos. El amor pasó y Bárbara ha seguido siendo amiga nuestra. Sus dos perritos los he cuidado mucho. Aunque estoy un poco enfadada con ella porque va mucho con el innombrable. Si no fuera por eso, me consideraría su segunda madre…, vamos, soy como su segunda madre.

Ahora Cósima vive otra gran historia con un inglés. Ha tenido unas cuantas. Me encantó un italiano, Gio, que era una monada y me ayudaba muchísimo. Cuando se encontraba este chico en casa estaba relajada. Normalmente, si un hombre pasa un mes en tu casa lo quieres asesinar, ¿no?

Tristán entró a trabajar en Inditex. Lo llamo: «¿Estás aprendiendo mucho?». Me dice: «Estoy aprendiendo mucho, pero nada que me interese». Me pareció una respuesta buenísima. Él estaba en mantenimiento y luego le ascendieron a recursos humanos. Le digo: «Hombre, Tristán, has ascendido a recursos humanos», y comenta: «Cómo será recursos humanos que echo de menos mantenimiento». Es una buenísima respuesta también. Es que Tristán es muy divertido. Cuando le iban a contratar para Francia —le pedí el favorazo a Pablo Isla, no me importaba lo que le pagaran porque tenía el piso en París—, Pablo, que es el hombre más inteligente del mundo, le comentó al jefe de Francia: «Este chico tiene mucha historia en la casa». El francés le preguntó a Tristán: «¿Cuál es tu historia?». Y contestó él: «Bueno, la mía es la caída del Imperio otomano», que es la tesis que él había hecho. El otro se quedó flipado. «¿Qué es lo que me están mandando?», debió pensar. Entonces es cuando estuvo en mantenimiento y se hizo íntimo de su jefe. Lo pasó bomba porque un día había pulgas, otro unos señores que se hacían pis en la puerta, otro día se rompía el aire acondicionado… Cada jornada había «problemones». De ahí pasó a la India y de la India pasó a China. En la India buscaba locales para las tiendas. Inmobiliaria. Y en

China, también. En la India pasaban ocho meses o dos años hasta que se cerraba un trato. Yo iba mucho a verlo. Alquiló una casa porque él quería vivir como un indio, no como un expatriado. En China hizo lo mismo. Todos los demás occidentales no querían saber nada de eso, estaban en un sitio con gimnasio y seguridad.

Tristán volvió de China en moto hasta Madrid. Tardó casi cinco meses en llegar. Si le hubiera pasado algo no habría sabido dónde ir a buscarlo porque no sabía dónde paraba. Es muy de buscar experiencias personales y eso es muy desagradable para una madre. Yo intentaba verlo todo el rato. Quedábamos en Sri Lanka, íbamos en moto por la India. Monté una exposición en el Instituto Cervantes de Nueva Delhi, que es fantástico. El edificio de al lado es un templo que está lleno de monos. Los del Cervantes le pagan un sueldo a un señor que va en moto con un mono gigante que asusta a todos los demás y así no atacan la casa. En fin, una aventura. Su padre decía que a él no se le había perdido nada en la India. Cósima sí fue a verle allí. Tristán la llevó de aventura y Cósima lo pasó criminal. No podía ni hacer pis, le repugnaba todo y vino espeluznada. En cambio, a Tristán todo eso le da igual.

Yo iba a su casa, miraba lo que tenía en la cocina —que me daba bastante asco, pero en fin—, iba a ver qué amigos tenía, qué novias se echaba, lo que fuera, todo. Qué jefe tenía. Iba a investigar un poco, a ver qué pasaba, claro. Cuando vino a mi casa a vivir es cuando dijo su padre: «Es que estoy muy solo». Él no fue nunca a ver a

Tristán. Ni a la India ni a China ni a ningún sitio. Todo eso crea una cierta indiferencia. A mí me gustaría que hoy se llevaran más, que se llevaran mejor. Son muy distintos.

A Tristán no le gustaba esto porque decía que era una zona demasiado de confort. Le gustaba mucho salir de la suya. Son sus retos personales. Y siempre leyendo. Tristán tiene una cultura bestial. Cuando fuimos a Egipto, el guía que nos acompañaba a todas partes decía, por ejemplo: «Esto es de Ramsés», y Tristán respondía: «No, no es de Ramsés porque en aquella época no se había descubierto la rueda y aquí hay un dibujo de una rueda». El otro lo miraba y se acordaba de la madre del niño. Así todo el rato. Se había leído los libros del egiptólogo Christian Jacq.


Mis hijos me parecían mágicos. Me los llevaba a todas partes y me divertía una burrada con ellos. Y, bueno, el padre pagó todo lo que tenía que pagar, eso hay que reconocérselo, que yo fui muy caprichosilla con los niños. A él le gusta mucho Cósima porque es más parecida a él, y chica, además. Tristán, por ejemplo, le cogía a su padre unos zapatos y este le decía: «¡Oye, que son mis zapatos!». En cambio, Cósima me puede decir: «Mamá, te he robado un bolso». Y yo: «No me has robado nada, ratón, todo lo mío es tuyo». Eso se lo digo y le encanta. «Qué maravilla que me lo hayas cogido». Tenemos el mismo número de pie Cósima y yo, el 39. También el padre y el hijo tienen el mismo pie, el 43. Siempre ha habido una especie de peleílla entre ellos, cosa que yo nunca he tenido con Cósima.

Su otra hija ya tenía ocho años cuando yo empecé con el «innom». Intenté que nos lleváramos bien. Un verano nos fuimos con los niños muy pequeños a Inglaterra. Paramos en Vitoria porque el cuñado del «innom» había tenido un accidente de automóvil. Estaba con la hermana en el hospital y oí que me llamaban por el altavoz: «Doña Ágatha Ruiz de la Prada, por favor, venga al teléfono». Llegué con el corazón palpitante. Era la ex, que me pedía que le pusiera una rebequita a la niña. Y así fue todo el viaje. Le regalé un montón de trajes, pero no llevó ninguno. Fue un trayecto muy duro, porque la madre pensaba que yo tenía que cuidar a la niña y yo pensaba que la niña tenía suficiente edad como para manejarse. Tras ese viaje no la he vuelto a ver casi. La niña estuvo en contra de mí desde pequeñita. A mí me parecía que era lista y que no daba la lata, pero no me soportaba y yo tampoco la soportaba a ella.

# DE *CABALLERO SIN ESPADA* A *CIUDADANO KANE*

Hubo una época, tanto en *Diario 16* como en *El Mundo*, en la que se vivía en una eterna escandalera. Traían a casa la primera edición de los periódicos a las doce de la noche, eso era muy excitante. Por la mañana llegaban unos quince: *The Guardian, Il Corriere della Sera, Le Monde, Le Figaro...* La única que los miraba era yo porque él casi nunca los ojeaba a no ser que los necesitase. Entonces, internet, parece incierto, no era más que un proyecto de universo. Todo era papel. Aprendí muchísimo. Ahora, después de levantarme, leo *El Mundo*, miro el *ABC, La Razón*, estoy suscrita al *The New York Times*. Hubo un momento de un poder infinito. Estaba viviendo con una persona que metía en la cárcel a ministros.

Al poco de que lo despidieran de *El Mundo*, en 2014, salió un artículo en el periódico que decía: «Beatriz de Orleans vive como una *homeless*», porque estaba quedándose en casa de uno, que es amigo mío también; una exageración. Y me dije: «Qué felicidad que ya no estoy en esto», porque yo quiero muchísimo a Beatriz, la adoro, he ido a las bodas de sus hijos. El periódico pisaba los pies a todos. Él no supo hacer amigos. Y salvo con Ana Patricia Botín y tres más —e incluso estos mostraban sus reservas—, con pocos se relacionaba de verdad.

Fue muy rara su salida de *Diario 16*, en 1989. Allí estaba Juan Tomás de Salas, el editor, que representaba de alguna manera a la *gauche divine* de Madrid, amigo de Antonio Garrigues, mi vecino. Estaban también Jorge Semprún, que era ministro de Cultura, y Ana Rosa Semprún. Mi teoría es que el innombrable cogió un periódico a la deriva al que puso en órbita. Juan Tomás se quedó alucinado de los buenos resultados porque ya lo iban a cerrar. ¡Y era un chaval de veintiocho años! Pero tomó el poder Felipe González y toda su corte, Mariano Rubio..., en fin, todos los que gustaban a Juan Tomás. Llegó un momento en que ya no le soportaban y le pusieron en la tesitura de echarlo o cambiar la línea editorial, algo a lo que se opuso el innombrable. Nuestro amigo, Juan Tomás de Salas, lo mandó a la calle. ¡A la calle! Yo estaba en mi primera feria de niños en Florencia, con mis hermanas, durante una época en la que no había móviles. Hablo con él por teléfono desde no sé dónde. «¡Me han echado de *Diario 16*!», me informa. Y le digo: «Te acaba de tocar la lotería».

El final de aquella etapa fue un momento estelar. Me dijo: «Ágatha, voy a abrir un periódico nuevo, te necesito...». Se quedó sin chófer. Fue uno de los periodos más bonitos de nuestra relación porque fue cuando yo le hacía de conductora, buscamos el dinero, fuimos con Umbral. Siempre me recordó que en vez de venirme abajo, me vine arriba y le respondí que le había tocado la lotería. Podía haber dicho: «¿Ahora qué vamos a hacer?». No, mi respuesta fue: «Qué maravilla».

En ese momento él sentía bastante angustia porque por mi influencia y pesadez nos habíamos comprado la casita pequeña de Fuente del Berro. Entonces vino Polanco y le ofreció ser director de *El País*. Le dijo que le regalaba la casa. Creo que la oferta fue dirigir una revista que hacía *El País* y que luego pasaría a ser director del periódico. Juan Luis Cebrián estaba al frente entonces. El gran enemigo del innombrable era Cebrián. Ahora no, alguna vez han quedado para cenar y se llaman. El innombrable siempre dijo: «Lo peor del mundo es lo que ha hecho Juan Luis Cebrián, que en vez de un periodista es un empresario». Y: «La mejor profesión que existe es el periodismo, es que no hay otra mejor». Eso lo decía siempre.

El hermano de Juan Tomás de Salas, Alfonso, y Felipe Arrizubieta, entre otros, muy pocos, se fueron con él al dejar *Diario 16*. Y decidieron montar un periódico, *El Mundo*. Del dinero que obtenían, un importante porcentaje iba a comprar las acciones y eso provocó que, gracias a Alfonso, el innombrable se hiciera rico. Yo hice fundador de mi fundación a Alfonso porque consideré que, gracias a él, teníamos dinero. Pasado el tiempo, se portó fatal porque, cuando se divorció, yo por educación llamé a su mujer, a pesar de que no era amiga mía. A él le sentó mal que lo hiciera y me la devolvió cuando yo me divorcié.

El innombrable ganaba un buen sueldo y, además, como los periodistas de su categoría, iba a todo gratis. Contaba con un chófer. De ahí hasta que a finales de los años noventa *El Mundo* cambió de accionariado y empezó a hacerse de oro. Él y los que estaban con él. Luego, se produce otra operación: se vende al grupo Rizzoli por mil cien millones. Vuelta a cobrar. Y con la indemnización del despido, en 2014, su cuenta corriente engordó algunos ceros más.

Acabó haciendo aquello que criticaba: buscar dinero debajo de las piedras para su nuevo proyecto porque, claro, había cambiado el negocio de la prensa, ya no había dinero; entonces, tuvo que hacerlo de una forma desesperada y al precio que fuera. Le ayudé a conseguir financiación para *El Mundo* y también para *El Español*.

Creo que al final se volvió un poco loco con tanto dinero descontrolado. Yo sé lo que hacen los ricos. Los ricos tienen una finca, tienen una casa de veraneo; si son muy ricos, tienen también un barco. Los ricos van a esquiar, a Puerta de Hierro; los ricos tienen servicio, caballos, cuadros buenos. Los ricos tienen… yo qué sé… Van a jugar al golf, al tenis, hacen deporte, hablan muy bien inglés. Pero él no aspiraba a eso, no sabía lo que hacer con el dinero, así que lo usaba para lo que yo gastara y para su *pocket money*, para sus cosas.

# ENEMIGOS ÍNTIMOS

A Cebrián no le hablo. Lo conocí antes que al innombrable porque teníamos amigos comunes. De hecho, al principio salíamos a comer bastante con él y su segunda mujer, que era una cachonda intelectual. Fuimos a veranear a Menorca y quedábamos con ellos a cenar. Pero, luego, a Cebrián le entró esa fiebre por el poder e hizo tantas barbaridades que acabaron enfrentados él y el innombrable. Se odiaban a muerte. Soy tan imbécil que he peleado con el innombrable y me he quedado con sus enemigos mientras él ha hecho las paces y ha ido a rendirse ante todos. Hace unos días me vinieron a buscar para una conferencia, en el Hay Festival creo que era, y allí estaba un periodista de *El País*. Le dije: «Hace un año me hubiera bajado del coche, no iría con un tipo de tu diario».

Cuando empecé con el innombrable hacíamos unos viajes espectaculares. El primero fue a Londres, luego a Viena, a Burdeos, a Estambul… Los organizaba el Instituto Internacional de Prensa (IPI, por sus siglas en inglés).

Eran en plan lujo total. Asistían los directores de los periódicos y los dueños. En Francia nos recibía el presidente, varios ministros, visitábamos los palacios más alucinantes, íbamos a la ópera, a los mejores restaurantes y además nos invitaban a las casas de personajes célebres. Entre los españoles, Juan Luis Cebrián no fallaba. Fue muy poderoso dentro del IPI porque su grupo editorial contaba con muchísimo dinero.

Le gustamos al director general del IPI, un judío llamado Peter Galliner, y nos invitaba constantemente. Era de Viena. Nos recibió en la casa que se compró en Lanzarote, con un lujo que ahora mismo ni se ve. Imposible. Destacaba también un grupo de colombianos, los dueños de *El Tiempo*, y, entre ellos, Juan Manuel y Enrique Santos Calderón. El primero fue presidente de Colombia y el segundo dirigió el periódico entre 1999 y 2009. Enrique era sexi de morirse. Yo conocía a todos los dueños de diarios y medios de comunicación del mundo. Me hice muy amiga del exprimer ministro portugués Pinto Balsemao, que fundó la primera televisión privada de su país. Vernos dos veces al año con toda esta gente me resultaba un planazo.

Como digo, ahí estaba siempre Cebrián. Y Polanco. Juan Luis en esa época tenía una novia que era como intelectual y muy simpática, pero en un viaje a Estambul ya había cambiado de pareja y nos la presentó. Cuando la vi me quedé helada: llevaba un traje de encaje negro que me pareció hortera multiplicado por dos. El innombrable era un joven periodista recién llegado de provincias que empezaba a salir al extranjero. La relación se fue estropeando y llegó un momento en que se convirtió en matadora.

Luego se acabarían encontrando nuestros hijos. Cósima entró en Brown. Un día fue Emilio Botín. Le encantaban las universidades americanas y hacía de mecenas, con lo que sus nietos no tenían problema para ingresar. Cuando llegó Botín le dijeron que había dos alumnos españoles. Una era Cósima y otro, un hijo de Cebrián. Don Emilio conocía a Cósima porque mi hija iba a las fiestas de Fin de Año de Ana Patricia y había bailado con él y todo. Me mandó las fotos y las conservo. Y la de Cósima con Botín y el hijo de Cebrián. Ya había estallado la guerra de los medios.

Imaginen esta escena años después, en plena batalla. Llegamos a Australia, subí en el ascensor del hotel sola después de un viaje de unas treinta y seis horas. Había sido terrorífico para mí por el miedo que le tengo a los aviones, a pesar de que no he parado de cogerlos. El hotel tenía casi sesenta plantas. El innombrable se había quedado abajo. Me llaman de recepción y me dicen que tengo un mensaje pero que debo recogerlo personalmente. Cojo de nuevo el ascensor, para en la planta cuarenta y cuatro, se abren las puertas y entra Polanco, ¡entra Polanco! No me lo creía. Me di la vuelta y me hice la sueca. Bajamos los cuarenta y cuatro pisos juntos. Pensé: «¡Que tenga que venir a Australia para bajar en un ascensor con Polanco, separados por menos de un metro!». Él no dijo nada.

El financiero Jacques Hachuel tenía la mejor casa de Madrid con una colección de arte contemporáneo impresionante. Nos invitó varias veces. Él frecuentaba el hotel Byblos, en Mijas, cerca de Marbella, donde se podía seguir un régimen de adelgazamiento. Un Fin de Año en el que no sabíamos qué hacer decidimos ir al Byblos, me dio la tontería, aún no sé por qué. Reservamos cuatro o cinco días y nos fuimos el «innom» y yo junto a Tristán y Cósima. Hacía mal tiempo, llovía, venteaba. Siempre he tenido una mala experiencia con Marbella. Llegamos al Byblos y mientras el recepcionista tomaba los datos para asignarnos la habitación, yo me fui a la entrada del hotel, que estaba lleno de extranjeros, a leer. Me abordó, entonces, la relaciones públicas y me dijo: «Mira qué bien porque siempre tenemos solo extranjeros, pero ha venido un periodista español. Qué suerte tenéis». Pregunté: «¿Un periodista español? ¿Quién es?». Y contesta: «Es Juan Luis Cebrián». Salí corriendo hacia la habitación. Me quería ir de allí. El otro dijo que el hotel era grandísimo y que apenas tendríamos oportunidades para encontrarnos. Se celebró la cena de Fin de Año. Y nos sentaron juntos. En fin, tener que aguantar al archienemigo en Fin de Año, de 1995 o 1996, fue como tomarse las doce uvas de golpe. Iba con su tercera mujer, con la que acabó a tiros. También estaba Joana Bonet, que en ese momento salía con El Loco de la Colina. En la misma mesa, El Loco, Joana, el innombrable, Cebrián y su mujer. Cuando llegó el momento de darse los besos después de las copas, yo se los di a la muchacha que llevaban para cuidar de los niños.

Daban clases de buceo en la piscina del hotel. Allí también nos volvimos a encontrar: el innombrable, Juan Luis Cebrián, su pareja y yo. No nos hablamos, pero solo la tensión hacía temblar el agua mientras intentábamos poner un brazo de una manera y la pierna de otra. La apnea se producía solo con ver las barbas de Cebrián.

Como ya he dicho, conocí a Juan Luis antes que al innombrable porque mi amiga Maribel Schumacher, cuyo marido trabajaba para el *New York Times*, montó una cena en la que uno de los invitados era él. Juan Luis estuvo muy simpático. En esa época no tenía pareja y hubo un cierto flirteo por su parte. Al poco tiempo yo ya empecé con el otro.

# EL PODER
# DE LOS «TRES TENORES»

En la cúspide del poder se alzaban mirándose de soslayo o vomitándose abiertamente tres directores de periódicos: Juan Luis Cebrián, Luis María Anson y el innombrable. Eran los tres que decidían el destino de España. A Luis María lo conocía mucho por su hermano Rafael, que es íntimo amigo mío. Rafael se había casado con Blanquita Luca de Tena, que era hija del pionero de la Costa de los Pinos, Torcuato Luca de Tena. Se casaron en Son Servera. Montaron un bodón a lo grande. Fueron a caballo desde el pueblo hasta la Costa de los Pinos. Rafael viene todos los años a mi casa. Le quiero. Y quiero a sus hijos. Y el innombrable no quiere a Rafael y eso que le ha llevado a los mejores restaurantes del mundo, al Bulli, por ejemplo. Cuando nos divorciamos, Rafael se portó estupendamente conmigo.

Luis María siempre me ha tratado de una manera especial. *ABC* había sido un poco de mi familia porque, como ya he contado, una tía mía, Isabel Bertrán y Güell, se casó con el viudo Juan Ignacio Luca de Tena, que estuvo al frente del periódico hasta 1975. El *ABC* tenía, digamos, un componente sentimental. Recuerdo cuando llegaba mi abuelo a la finca, a la que iba tres veces al año, y se encontraba con montañas de ediciones de ese periódico con el nombre del destinario, marqués de Castelldosríus. Estaba suscrito, aunque vivía en Barcelona. Para nosotros, el *ABC* era de Isabel Bertrán y nos hacía mucha ilusión. Además, como Isabel no tuvo descendencia, creo que ahí estaban todos a ver quién heredaba. Me viene el olor de las piñas y los piñones de su casa en Castelldefels. Íbamos andando a la playa.

Eran los tres, como decía, Cebrián, Anson y el innombrable, los que decidían el destino. Luis María me invitaba mucho a comer en su despacho, adonde solían ir unas señoras estupendas. Como diría él, no se hablaba de otra cosa en Madrid: las mujeres que entraban y salían de aquel lugar. Me escribía todas las semanas. Yo lo invitaba a algún acto y si no podía ir, se excusaba: «Queridísima Ágatha, no sabes cuánto te lo agradezco».

Creo que es muy importante prepararte para tu jubilación. El poder no se puede tener siempre. Luis María lo hizo muy bien. Tuvo un poder sensacional, junto a Cebrián y el innombrable. Con la diferencia de que Luis María es un señor educado. Tenía una secretaria, Coral, que llamaba cada vez que le escribía para felicitarlo por Navidad o para invitarle a algo. Al otro le regalaban un reloj de cien mil euros y no daba ni las gracias. Era yo la que lo hacía con mi nombre: «Querido fulano, muchísimas gracias por el reloj que le has regalado a Pedro J.».

Luis María leía todos los días un libro de poesía, ha leído muchísimo, y además posee una memoria prodigiosa, iba todos los días al teatro, a los estrenos de ópera, se implicaba en la preparación de la revista *El Cultural*, consiguió ser académico, o sea, que se adentró en la vida intelectual. Se hacía acompañar de unas jóvenes con las que iba encantado. A pesar de su retirada de la primera línea siempre será Luis María y siempre será poderoso. El otro no supo hacer eso.

Anson se casó con una señora muy elegante, una Puñonrostro, la pera. Tuvo tres niñas y luego se separaron. Pero han seguido yendo juntos a los actos importantes. Hace un tiempo estuve en la boda de su sobrina y estaban los dos. Luis María tuvo una educación, comparada con la del innombrable, altísima, y tenía una culturaza bestial. Si el innombrable había leído un libro sobre un asunto, Anson ya pasaba de unos veinte títulos de ese tema. Estuve el día en que entró en la Real Academia Española. Acudió todo Madrid. Y él, hablando del amor en el lenguaje de los poetas. Cada vez que decía una palabra, la gente chillaba como si estuviera oyendo a una estrella del *rock*. Ha demostrado una humildad y una educación que los otros no han tenido. Los otros están perdidísimos y muy desprestigiados. La gente de *El País* odia a Cebrián con mucha razón. Y es que él y el otro se volvieron locos, con una locura paralela, como de cara de Klaus Kinski en algunas de sus películas.

Pocos pueden imaginar el poder que atesoró Cebrián. Sería el resultado de multiplicar por cincuenta el que poseía el innombrable. Lo tenía todo porque contaba con un genio que era Polanco, que es el que hacía las cuentas. Además, Polanco poseía *charme*. Su poder era ilimitado. Al principio no tenía un duro, pero ganó una cantidad infinita de dinero con Santillana. Por otro lado, estaba el grupo editorial de Juan Tomás de Salas, un bohemio, y sus quince colegas con los que formó el Grupo 16. Unos eran intelectuales, y Cebrián significaba el dinero y el poder con mayúsculas y sin bromas, el poderazo.

Le cogí un odio infinito a Cebrián. Tengo una opinión morrocotudamente mala de él. Fue horrible todo lo que pasó. Era un transatlántico luchando contra barquitos. Su grupo se puso totalmente a favor del PSOE, ganó mucho dinero. Tenían la Ser, *El País* e hicieron una jugada, desde mi punto de vista, muy inteligente, que fue introducirse en Latinoamérica. Compraron el grupo Caracol y se aposentaron en Colombia y Brasil.

Cebrián entró en la Real Academia Española a la vez que Anson. Si ingresaba uno lo hacía el otro y si no, no había trato. A Cebrián, que era muy ambicioso, creo que todo esto le dolía en el fondo. Me explico. Yo he tenido la suerte de que en España, en la moda, no he tenido a nadie por encima de mí. No juego en la misma liga que Zara. Pero él tenía que ser el primero y el único. En la Academia también. Cebrián y los suyos conseguían casi todo lo que se proponían.

Bie Peeters

Mis abuelos maternos,
María de los Remedios de
Urruela y Sanllehy y Félix
de Sentmenat y Güell,
marqués de Castelldosríus,
barón de Santa Pau
y marqués de Orís,
se casaron en Barcelona
en 1933.

La casa de los marqueses de Castelldosríus en Barcelona.

Fiesta de disfraces en casa de mis abuelos paternos en los años treinta.

Mi bisabuela Águeda de Sanllehy y Girona con todos sus nietos.

Mi abuela Mary con sus cuatro hijos: Isabel (mi madre), Juan, Carlos y Santiago.

Mi madre en una fiesta en los años cincuenta con sus padres, hermanos y unos amigos.

Mis padres, María Isabel de Sentmenat y de Urruela y Juan Manuel
Ruiz de la Prada y Sanchiz, el día que se casaron en 1958.

Mi madre conmigo recién nacida.

El día de mi bautizo.

Con mi madre Isabel, mi abuela Mary y mi bisabuela Águeda.

Mi abuela Mary con Felipe Bertrand y Güell.

Mis abuelos Castelldosríus
y mi madre.

Con mis abuelos maternos, mis tíos Juan, Mercedes y Santiago,
mi madre y mi hermano Manolo en San Sebastián.

Con mi abuela Mary y mi hermano Manolo.

Con mi tío Santiago y mi hermano Manolo.

Con mis abuelos paternos —Ana María Sanchiz y Calatayud y Manuel Ruiz de la Prada y Muñoz de Baena—, mis padres, mi tío Carlos y mis hermanos: Manolo, Ana, Félix e Isa.

Con mi abuelo Félix y don Juan de Borbón.

Con Andy Warhol, Pitita Ridruejo y Fernando Vijande
en una fiesta en casa de Manuel March.

Bautizo de Tristán en 1987.

Presentación de *El Mundo* en el Planetario de Madrid.

Presentación de la colección Vestidos Inacabados en el Berlin Festival de la Moda, en 1989 (Hans G. Ziertmann).

Con Pedro Almodóvar.

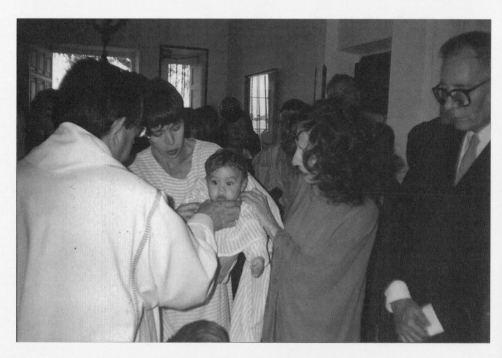

Bautizo de Cósima en 1991, con sus padrinos:
Piluca Beltrán y Francisco Umbral.

Con Fernando Múgica.

Madre e hija.

Paco Umbral con su ahijada Cósima.

Con Juana de Aizpuru en una
foto que publicó
*El Independiente.*

Con Pierre Bergé.

Con Paco Umbral.

Con Mario Conde.

Con Carolina
Herrera en
Nueva York.

Recepción en el Palacio Real a los emperadores de Japón.

Con Ricardo Bofill.

Paco Umbral, José Luis Martín Prieto, Pablo Sebastián y Raúl del Pozo
vestidos por mí en la fiesta en homenaje al «Sindicato del Crimen»
en el estudio de Marqués de Riscal.

Con mi abuela Mary en la presentación de *El Mundo* en Cataluña.

Con Christopher Makos en la presentación del libro de fotografías
*Ágatha Ruiz de la Prada por Christopher Makos* en Madrid, 1995.

Con la infanta Pilar.

En la boda de la infanta
Cristina en Barcelona.

Con Vacas Flacas, fotografiadas por Javier Salas para *Elle*.

Con Lucía Bosé y Bianca Jagger (Cati Cladera).

Con Cesare Romiti en la fiesta del décimo aniversario de *El Mundo*.

Fin de año en Jaipur, invitados en el palacio del maharajah
Sawai Bhawani Singh y la maharani Padmini Devi.

Con David Hockney en París (Michel Ginis, Sipa Press).

En la boda de mi primo Joaco Güell, con mis tíos.

Tristán y Cósima.

En la celebración
del Premio Cervantes otorgado
a Francisco Umbral en 2000.

Con Fernando Arrabal en la fiesta de relanzamiento del perfume
Corazón, en París.

En la entrega del premio T de Telva por mi trayectoria en el mundo de la moda, con la ministra de Cultura, Carmen Calvo, la infanta Cristina, Christopher Bailey, Juanjo Oliva, Nieves Fontana, directora de *Telva*, y la presidenta de la Comunidad de Madrid, Esperanza Aguirre, con uno de mis diseños.

En la fiesta del dieciocho cumpleaños de Cósima.

En la presentación de los vinos Marqués de Riscal, en París, con Christiane Forner y Paco Rabanne, 2008 (C. de Brosses).

En Santander en 2009, recibiendo de mano de los reyes la Medalla de Oro al Mérito en las Bellas Artes por mi trayectoria en el mundo de la moda.

Con Kenzo Takada en la presentación de la Fashion Philosophy
Fashion Week en Polonia, 2010.

Con Karim Rashid,
en la Feria Cersaie
de Bolonia, 2010.

Mario Boselli firmando como patrono de honor de la Fundación
Ágatha Ruiz de la Prada, en la tienda de Milán con motivo
del Salone del Mobile, 2011.

Con Carlota Casiraghi.

Con Isidoro Álvarez en la exposición «Ágatha Ruiz de la Prada:
20 años con El Corte Inglés», 2012.

Con Elio Fiorucci en la presentación del libro
*Ágatha Ruiz de la Prada loves Elio Fiorucci, arte y moda del pop al neopop*,
.de Fabriano Fabbri y Federica Murzarelli.

Con Candy Pratts y Roberto Torretta en el homenaje a Elio Berhanyer
de la Fundación Ágatha Ruiz de la Prada, 2012.

Con Cósima en el X Prix Diálogo con Jean Paul Gaultier.

Con Antonio Banderas en la gala Starlite en la que me
dieron el Premio Corazón por los treinta años al frente
de la marca y la labor de la fundación, 2014.

En el Museo del Traje de Madrid, con Anna Wintour y Cósima
en el acto organizado por la Embajada de Estados Unidos,
«Conversación con Anna Wintour».

En la presentación de *El primer naufragio* con José Luis Rodríguez Zapatero y Mariano Rajoy.

Con Valéry Giscard d'Estaing en la presentación del libro *Le Coup d'Etat. Robespierre, Danton et Marat contre la démocratie*, en L'Hôtel National des Invalides de París.

Con mis hijos (Sergi Pons).

En la Feria Cevisama, con Fernando Roig, 2017.

Con Vicente Fox y Marta Sahagún.

Encuentro con
el papa Francisco
en el Vaticano.

En la gala benéfica Miami
Fashion Week organizada
por Antonio Banderas,
con Custo Dalmau, 2018.

Almuerzo de *Vogue* España en el hotel Santo Mauro de Madrid, con Luis Medina, Cósima, Andrés Velencoso y Juan Betancourt (Jorge Galindo/*Vogue*).

Con Yolanda Dueñas, Cristina Palomares, Cósima, Piluca Beltrán, «Tata» Peñas e Isabel Alonso, con motivo de la entrega del Premio Nacional que concede el Ministerio de Cultura y Deporte en la categoría de Diseñador de Moda, 2019 (Joan Crisol).

Recibiendo de manos de los reyes el Premio Nacional, en la categoría de Diseñador de Moda, 2019.

En el trato se mostraba muy mal educado, igual que el innombrable. Fueras donde fueras notabas que controlaba el poder político, el económico, en España y en Latinoamérica. Todo el poder era de Juan Luis Cebrián. Hasta que perdió la cabeza y decidió ganar muchísimo dinero. El grupo Prisa acumuló unas deudas desproporcionadas. Acabó siendo un ser detestable. Los dos eran detestables. Mezclaron el poder con sus pasiones.

A casa podía venir quien fuera, y al día siguiente si el innombrable tenía que publicar algo malo de esa persona, lo hacía. No solo no le temblaba el pulso, sino que disfrutaba, le gustaba hacer sufrir, que todo el mundo estuviera a sus pies. Cuando llegó el cambio de ciclo con Aznar, el presidente pensó que no había que dejarle mandar, y de la misma opinión fue Rajoy, a quien casi se carga.

# EL CLUB DE LAS OTRAS ESPOSAS

Como decía, Cebrián era un tío muy frío que lo tenía todo y lo desperdició todo. Es, de alguna manera, lo que le ha pasado al innombrable, que no ha sabido envejecer. Juan Luis se podía ir a Argentina, a Chile, a donde quisiera porque era el rey del mambo. Felipe González, siendo presidente, hizo todos sus negocios en esa zona. El «innom» intentaba luchar contra ellos. Yo no sé cómo no se cansó, pero no le apeteció nada descansar. Emitieron una entrevista en televisión con Felipe González, que le hizo Évole, porque cumplía ochenta años ya. Supo retirarse. El innombrable, como he dicho, no.

Alfonso de Salas tenía una mujer que se llamaba Cristina, una funcionaria, y dos hijos. No sé por qué, se separaron. Él ganó muchísimo dinero. A Alfonso se la soplaba en el fondo la línea editorial, no era como el innombrable que, dentro de su alma, llevaba el periodismo, la noticia y la primera página. Alfonso se casó después con una chica, Paloma, que tenía treinta y cinco años menos, y que le empujó a seguir adelante. Así que arrancó de nuevo con *El Economista*. Comenzó a perder dinero cada año, lo mismo que le pasó al otro con *El Español*, y lo hizo, en mi opinión, para que ella pudiera ir a cuatro cenas diciendo que su marido tenía un periódico.

El innombrable se pasó toda la vida pontificando que lo peor que había en el mundo era Juan Luis Cebrián porque en vez de periodista hacía de empresario y, al final, los tres se encontraron en la misma situación, ansiando que les invitasen a las fiestas, estar en la ola, en la pomada del poder.

No era mi caso. Mi familia había regalado el Palacio Real de Barcelona a los reyes. Creo que la única de nosotros que fue a la boda de la infanta Cristina fui yo, y no por mí, sino por el innombrable, lo cual, claro, fue muy duro para los Güell. Vamos, los míos pagaron la casa donde celebraron la fiesta y la Casa Real no les invitó. Me quedé alucinada. Fui con el traje de la *senyera*. Lo que pensaba era que estaba en mi casa. Mi bisabuela había regalado a sus majestades la casa donde se estaba dando la fiesta. No entiendo que la infanta Cristina no se diera cuenta de que, por encima de todo, lo más importante es la monarquía. Vale que se casara con un jugador de balonmano, pero si no asume que tiene que defender la institución por encima de todo, como la defendió su abuelo y como la defendió su padre, mal vamos los monárquicos. ¿Qué tontería es esa de que «estaba enamorada»?

# CONSEJO DE MINISTROS
# EN MI COMEDOR

Todos los años junto al innombrable fueron muy interesantes, pero no hice muchas amistades entre los personajes poderosos que se sentaron en mi comedor lo suficientemente «agathizado», donde varias mesas pequeñas simulan pupitres de colores que cuando se unen hacen de mesa grande. Por ejemplo, he cenado muchas veces con Sánchez Galán, el consejero delegado de Iberdrola, desde el principio; ahora, que él fuera amigo del innombrable ya es otra cosa. La madre de José Manuel Entrecanales era íntima amiga de mi madre y yo soy íntima amiga de su hermana, o sea, que a él lo conozco desde hace años. Venía también Florentino Pérez, me caía muy bien su mujer, que me compraba desde el principio de los principios, pero... ¿qué me ha aportado a mí Florentino? Es que no me interesa el Real Madrid.

Era una época en la que el círculo era macho. Luego ya empezaron a entrar las mujeres, como Ana Patricia Botín, Carmen Iglesias o María Teresa Fernández de la Vega.

Yo estaba ahí ocupándome de la casa, del café, me divertía, no podía evitarlo. Recuerdo, mi madre acababa de morir como ya les conté, cuando cenamos con Bill Clinton. Nos invitó Simón Pedro Barceló. Estábamos en el hotel Miramar. Yo conozco mucho a la mujer de Simón Pedro, pero ¿me ha quedado una amistad con ella? No. No me acuerdo ni de cómo se llama. Simón Pedro, sí, porque es el listo ahí, digamos. En aquella cena empecé a ver un descontrol que podía acabar en desbarajuste. Cogí a los camareros, que no estaban a mis órdenes sino a las del hotel, y les organicé. Coño, pensé, es que está aquí el presidente de Estados Unidos y esto es un cachondeo y una desorganización acojonante. Me puse a mandar porque me divierte. Me sale naturalmente y estoy acostumbrada a hacerlo en mi casa.

De los diez hoteleros más importantes de España conozco a nueve, y a ocho presidentes de Iberia. ¿Qué me ha aportado eso? Claro que había excepciones. Con Mario Conde el innombrable sufrió un importante ataque de rabia. Tuve que ir a Milán por cuestiones de trabajo, mi primer viaje profesional a Italia. De allí nos fuimos a Venecia. Llegamos al aeropuerto y habían anulado el viaje por la niebla. Se nos ocurrió alquilar un coche —el innombrable no sabía conducir— y así volvimos a España. Paramos en un hotel en Niza. Y allí se dio cuenta de que había quedado con Mario Conde. Se había olvidado. Aquella ira fue legendaria. He tratado mucho a Mario, pero ahora soy más amiga de él. Cuando Conde era un ídolo, no escuchaba. Estaba con treinta personas alrededor. Íbamos a cenar a su finca. La mujer de Conde, Lourdes, ya fallecida, hacía como si yo no existiera. Ni me compró nunca un traje ni vino a un desfile mío… Ponía cara de póker las dos mil veces que nos vimos.

Alguna noche estábamos cenando con Mario Conde y llamaba por teléfono a Luis María Anson y a Godó, el de *La Vanguardia*, al que yo ya conocía, y a tres ministros. Mario Conde se acuerda, tiene una memoria impresionante. Era guapo, espectacular. Me divertía conocerlo. Pero ¿hice amistad con Mario Conde? No. Más amiga suya soy ahora, después de todo lo que ha pasado, aunque aún no lo hemos hablado en profundidad. Una vez pagó un montaje que hice en ARCO. De todo eso nos acordamos los dos, pero entonces no éramos amigos.

El poder… Ana Botella… ¿qué me importa a mí? Así como a Esperanza Aguirre le hago gracia porque sabe de dónde vengo, a Ana no le he hecho nunca ninguna porque es lo que se dice un quiero y no puedo. Me interesaba el listo de la pareja, pero se trataba de relaciones muy insustanciales. Me cayó bien, porque era muy divertido, el que fue alcalde de La Coruña durante unos años, Francisco Vázquez. Luego ocupó el cargo de embajador en la Santa Sede.

En vez de en un restaurante comíamos en casa. Yo era la que montaba todo. Y lo montaba bien, porque me divertía, pero la conversación era un rollo. ¿Qué ibas a decir delante de gente tan ególatra y tan convencida de que ellos tenían la razón y que les importaba cero lo que pensara?

No tengo casi ningún teléfono de los que pasaron por mi casa, ni los quiero tener porque no me interesan. Alguno sí, como el de Pepe Bono, aunque ha tenido miedo del innombrable después de la separación y, aunque sabe que yo soy más amiga de él que el otro, tampoco quiere follones. El innombrable acababa portándose mal con todos.

Pablo Isla se portó genial conmigo después del divorcio, no cambió en nada su trayectoria. Poca gente me volvió la espalda. Ana Patricia Botín no se ha portado todo lo bien que yo esperaba y lo sabe. La verdad es que era más amiga del innombrable que mía. En cambio, yo soy más amiga de su marido. Entre los que peor respondieron está Gregorio Marañón, al que conozco desde pequeña. Se puso del lado del innombrable y su nueva pareja. Le escribí: «Ningún amigo mío se ha portado tan mal como tú». Me contestó: «No entiendes nada. Tenemos que hablar». Anda, olvídame.

Esta casa, desde donde hoy rememoro, ha sido un centro de poder bestial en el que a veces se decidía lo que luego sería un decreto, una ley o un simple comentario desde la tribuna del Congreso. El comedor se transformó en alguna ocasión en la sala del Consejo de Ministros. Tampoco estaba yo muy al loro. La política es un mundo gris que no se encuentra en mi gama cromática. Yo me ocupaba de que todos tuvieran bebida o de que la comida estuviera caliente. Escuchaba, y ahora callaré, pero no me implicaba.

En sus buenas épocas, el innombrable comía cada día con un ministro. Lo pagaba el periódico. Yo fui la que empezó a recibir en casa. Aprovechaba al equipo del estudio para que me ayudara. Tuve una muy buena colaboradora en el estudio, Isabela, cuando empezamos en Marqués de Riscal, 8. Su padre había sido gobernador o subgobernador del Banco de España. Su casa era pequeñita, pero tenían mucha cerámica de Picasso. Me ayudó mucho al principio porque ella llevaba en la sangre recibir bien.

En ese tipo de reuniones hay una cosa muy importante: no solo lo es la comida y el champán, como decía mi abuela, también está la conversación. Una frase de la familia era: «Este tiene buena o mala conversación».

A casa ha venido Zapatero a comer y estábamos siete en la cocina y a lo mejor dos o tres en la mesa. Todos pendientes de si quería agua con gas o sin gas, por ejemplo. No dejaba esos detalles en manos de cualquiera. Venía muchísimo Zaplana, Ana Patricia Botín... Ana Patricia ha invitado a mis hijos a todas las fiestas de los suyos. Su hijo Felipe vivió cuatro meses en nuestro piso de Londres. A veces, pocas, se creaba una relación que iba más allá de los prestigios. Rupert Murdoch nos visitó y le interesó conocer a Ana Patricia. Quedaron en alta mar. Me divertían mucho Ruiz-Gallardón y Esperanza Aguirre. Los demás me la soplaba, si he de ser sincera. Todos.

Una noche los invitados fueron Luis de Guindos y su mujer, que vestía de negro de los pies a la cabeza. La miré como si hubiera entrado una rata. ¡Es de tan mala educación venir a mi casa vestida enteramente de negro!

Yo no seguía todo el entramado político que se ventilaba cada día en la portada de *El Mundo*. Un día estábamos por Venecia, con Rodrigo Rato, y en el paseo nos encontramos con el ministro José Luis Corcuera, que estaba cenando en el restaurante más caro de la ciudad. Pero el tema de Corcuera y sus corrupciones no me importaba en absoluto. Además, el innombrable era muy repetitivo el hombre, así que yo desconectaba.

A mí me la soplaba la política. Si me preguntan: «Has cenado sesenta veces con Ana Botella, ¿qué tal te cae?», respondo que no me interesa *niente*. No me interesa nada de ella porque no me aporta nada, porque es una mujer muy *maruja*, muy poco generosa, muy poco cultivada, que se dedicó mucho a su marido. Creo que fue una metedura de pata del PP impresionante alzarla como alcaldesa de Madrid. Aznar, sin embargo, era más listo, más divertido. Un día sentó a Nieves Álvarez a su derecha y a mí a su izquierda, lo cual era de mala educación porque, primero, yo soy grande de España y, segundo, porque Nieves Álvarez es mucho más joven que yo. Me dije a mí misma: «Cómo es esta gente de paleta». Pero me dio una buena pista cuando me animó a que entrara en la Asociación de Creadores de Moda, a la que por entonces no pertenecía. De muy mala gana me apunté, pero, al principio, tuvimos ayudas muy interesantes y ganamos una pasta considerable...

La madre de Ruiz-Gallardón era amiga de mi madre de soltera y cuando yo era pequeña era muy amiga de su hermano, José María. Entonces, claro, cuando veo a Ruiz-

Gallardón sé que conozco a su hermana, a su hermano
—que se murió—, a su madre, a su padre… Hay poca
gente que ostente el poder y además tengan ese pedigrí.
Claro, al final, ¿con quién me he quedado yo? ¿Con quién
me he entendido en el fondo? Pues a mí me divierte mucho Gallardón. Y, luego…, ¿quién les puedo decir? Pues
hay muchos que no me interesan en absoluto. Además, se
han acabado odiando entre ellos.

Recuerdo la época en la que se hablaba de a quién elegiría
Aznar para sucederle, si a Rato o a Rajoy. Ese fue un debate que duró más de un año. Meses antes de la *fumata* blanca
nos invitaron los Aznar a cenar en Moncloa. Estábamos con
Rajoy y su mujer, Viri. Era la primera vez que la veía y me
quedé impactada. A Viri la he visto siempre como a una
azafata de congresos. No me ha aportado nada. Ni me ha
comprado un traje ni se ha puesto nada mío ni me ha dicho qué bonito desfile o qué ilusión conocerte… Más bien
al contrario… Ella odiaba a la prensa. Le tenía un odio
monumental. ¿Por qué nos invitó a cenar Aznar con él?
Fue un guiño para decir: «Este va a ser el elegido». Pero el
otro, como no tenía sensibilidad, no lo vio. Yo lo vi clarísimo.
El príncipe y Letizia también estuvieron en mi casa.
Pero es que yo conocía a don Felipe porque iba a su colegio. Lo veía muchas mañanas. Un niño ideal: unos ojos
grandes, azules, rubio, una monada, porque no se podía ser
más guapo. Ya de mayor, más cortado, me atrae menos.

¿Y ella? Si has estado con don Juan, con doña María…, ¿qué me va a atraer de Letizia Ortiz?

Una noche cenamos el innombrable y yo con Juan Alberto Belloch, que fue ministro de Justicia y alcalde de Zaragoza, muy poderoso. Fuimos al palacio Parcent, que me resultó cercano porque su propietaria, era Piedita Iturbe, como de la familia. De lo que hablaron, de todo, del GAL, de no sé qué…, yo no presté atención. Me entraba por un oído y me salía por el otro. Cuando empecé la relación con el innombrable no leía el periódico. Lasa, Zabala… Yo lo viví, sí, pero no estaba muy metida en aquella harina. Iba a lo mío.

No voté a Aznar. Cuando ganó, acababa de cenar con él, pero no le voté. Lo hice por Los Verdes. La relación con los presidentes del Gobierno nunca me quitó el sueño. A la mujer de Zapatero, Sonsoles, sin embargo, la respeto mucho. Me llevo mil veces mejor con Sonsoles que con Ana Botella. Primero, porque la mujer de Zapatero es un trueno de guapa y la otra no es muy agraciada. Y Sonsoles, que es lo importante, es una mujer muy legal. Con Zapatero he tenido buena relación y él sabe que nunca le he pedido nada. Una vez le dije: «El peor tramo del Camino de Santiago es el de León, siendo tú de León, yo lo miraría porque es una cosa espantosa».

Mariano Rajoy me hacía más gracia. Me encantó una vez que dijo: «He venido a esta reunión preocupado y he salido muy preocupado». Me gustó muchísimo su sentido del humor, esas cosas de Mariano tan guays.

He cenado muchas veces con Rafael Nadal. Aunque es el español más universal tiene poca conversación. Solamente le interesa el fútbol. A mí no me gusta el fútbol. Cuando está en la pista es el número uno, pero, como persona, a pesar de que ya ha madurado, está verde. Le habrán dicho: «Haz esto, no hables nada más que de esto». No sé, pero cenar con él es más bien aburrido. En cambio, con el marido de Ana Patricia me he reído porque, aunque no éramos amigos de antes, tenemos muchos amigos en común y somos medio parientes. Nos hacemos gracia por esnobismo puro, por chorradas. Estuve cenando dos veces con Carlos Slim, en casa de Ana Patricia, cuando yo no sabía quién era Carlos Slim. Era tan normal que no me llamó la atención. Luego pensé: «¡Si lo hubiera sabido!». Ya era el más rico del mundo.

En general, a mí me parece que en la clase política española, al menos de los que he conocido, hay mucho paleto. De cojones. Elegante era Esperanza Aguirre. Su tío tenía alquilada mi finca. Invitaba a su hermano, que era el padre de Esperanza. Así que la conozco de siempre, antes de que el innombrable apareciera en mi vida. Me caen muy bien, ella y su marido. Forman una pareja de las que me gustan. Hace poco leí una entrevista que le hacían a su cuñado, Íñigo Ramírez de Haro, con motivo de la publicación de un nuevo libro, y decía que en casa de los Ramírez de Haro, que eran muy esnobs, condes de Bornos, grandes de España, consideraban que Esperanza era como de medio pelo. Los Aguirre eran una gente superbién, pero para los Bornos, eran unos horteras. Me sonaba a la guerra entre los Castelldosríus y los Ruiz de la Prada. Contaba este hombre en su libro que la madre decía: «¿De dónde viene esta Esperanza?». La madre era genial.

Lloro de risa con el marido de Esperanza. Es lo más divertido del mundo. A los actos, incluso a nuestras cenas, iban los políticos y sus mujeres. Él participaba del grupo de las mujeres, como el marido de Angela Merkel. Un día en casa de Esperanza soltó: «Oye, qué agradable, mañana domingo, qué bien, ir a San Martín de Valdeiglesias a besar viejos». Se burlaba de ella y Esperanza lo miraba de arriba abajo pensando: «Oye, perdona, he sido ministra de Cultura y soy presidenta de la Comunidad de Madrid». En la última época tan caótica que tuvo, cuando descubrió que todos habían robado, su marido le decía: «Es que ya te lo he dicho yo, que todos estos son unos horteras». Él jugaba a ser esnob. Lo dicho: los políticos, en general, son muy paletos. Sí que me hice amiga de un alcalde, el de Son Servera, y sigo siendo muy amiga suya. Ya no tiene poder y me sigue gustando tomar un café con él, comentar y cotillear. Claro que me gustaba relacionarme con el poder. Cuando me divorcié estaba habituada a ver a Rajoy, a Rato, a Aznar, a Cela… Era un nivel bestial. Pero ya me acostumbré a no tener a estas personas en mi vida y a conservar a otras. Me han quedado pocos: Eduardo Zaplana, Pepe Bono…

No voy a negar que me ha divertido muchísimo conocer al expresidente de Francia Giscard d'Estaing, que cenó en mi casa, y que hayan venido Griñón y el marqués de Cubas y Alicia y Esther Koplowitz. Como la madre de Emilio Ybarra era íntima amiga de mi abuela, también venía Emilio. Luego odió con toda su alma al innombrable. A Santi Ybarra lo trato mucho, me lo encontré y me invitó a su casa. Del quién es quién de España conozco a sus padres, sus madres y sus abuelos.

Fue duro vivir años con una persona sin sentimientos. Durante mucho tiempo, la única amiga que tuvo fui yo. Entonces, ¿qué pasó cuando conoció a su nueva pareja? Que cambió el punto de referencia, que era único —hasta entonces había sido Ágatha todo el tiempo—, por ella.

Realmente no me interesaba esa vida. He conocido a muchos políticos de relumbrón, pero, al final, quedan los lazos con la niña Martínez de Irujo, por ejemplo, porque conocí a su abuela y a su abuelo; ese es un tipo de relación en el que quieres a las personas y no a lo que representan.

No quiero poder, dinero, puede, pero, desde luego, no quiero poder. Porque así como hay un poder, existe el contrapoder. Durante muchísimos años yo no salí en ningún periódico que no fuera *El Mundo*. De ninguna manera. *El País* ponía: «Desfila fulano, mengano…», yo desfilaba la quinta y no escribían una línea. Cuando me divorcié, sin embargo, salí en todas partes. Hubo una época en que fui portada del *¡Hola!*, de *Semana*, de *Diez Minutos…* Quiero decir que el poder tiene enfrente a los enemigos del poder.

Y tener todos esos enemigos, porque el innombrable iba pisando cada día cincuenta callos, restaba mucho.

Además se cruzaban nuestras filias y fobias. Un ejemplo: soy muy amiga de Simoneta Gómez-Acebo. La quiero. Su madre, doña Pilar, a su vez, quería mucho a mi madre porque se pasaban un mes y medio juntas en Estoril. Cuando estaba casada, Simoneta no venía a mi casa por no encontrarse con el innombrable. Ahora Simoneta viene, va o se queda a dormir. Si hubiera estado el innombrable, ni muerta. El poder puede llegar a agotar. Y en el fondo, ¿qué ganas? Además, yo había tenido ya ese poder, con los Garrigues o con mis abuelos en Barcelona.

A mí me la sopla el ministro de Trabajo. Y el *conseller* de Transportes de la Comunidad Valenciana. ¿A mí qué me importa el *conseller* de Transportes? Que a tu casa vaya el presidente del Gobierno, pues sí, te hace un poco de gracia, pero tampoco mucha. Zapatero y el innombrable estaban todo el día juntos. Hablaban muchísimo. Lo recuerdo un día —juraría que en el Teatro Real— que se puso a hablar el hombre y no había quien lo parase. Zapatero, cuando se enrollaba, era tremendo. Me aportaba muy poco. En los últimos años al innombrable le gustaba ver al juez Gómez de Liaño, pero la conversación era muy artificial porque no eran amigos de verdad.

Han sido muchos años de poder y he acabado bastante reventadita. Ya era demasiado… Recuerdo también el empecinamiento del innombrable para que fuera la gente a los eventos que organizaba. Por ejemplo, ahora, cuando da una

fiesta, a Esperanza la llama treinta veces. Porque para él, que
esté Esperanza en su fiesta significa algo… Eso sí que lo decía. De una boda preguntaba: «¿Quién ha ido?». No le interesaba dónde había sido, o cómo iban los novios, o cómo
había sido la cena. A él le importaba la boda según hubieran ido siete u ocho ministros. «Pues estaba Ana Patricia…».
Ana Patricia la verdad es que se ha portado fenomenal con
mis hijos. Pero las conversaciones… Ana Patricia, delante del
«innom» no soltaba prenda, porque tenía mucho miedo
de lo que pudiera publicar. Entonces, si muchos de los que
venían sentían ese temor, no resultaba una velada tan interesante como pudiera parecer desde fuera.

En el fondo eran unas relaciones de poder entre machos. Yo no solía participar en las conversaciones políticas
porque, además, les importaba treinta y tres lo que yo dijera.
Intentaba concienciarles para que recogieran el plástico del
mar y para que por favor tuvieran en cuenta las depurado-
ras: «El mar está lleno de pis y es una guarrería», clamaba
como una guerrillera. «Esta tía es tonta», debían pensar.

En este punto, la diferencia entre el innombrable y yo es
que jamás he tenido una opinión editorial. No me interesa.
Él movía los hilos para quedarse en el poder, para manejarlo
él… Lo que le gustaba era eso. Y eso a mí me la traía completamente al pairo. Yo estaba con mi estudio, con mis problemas, con mi gente, con mis sueldos, con mis ventas.

Sé perfectamente cómo funciona la prensa. Lo sé y me
divierte mucho. Y, de hecho, eso lo he utilizado muchísimo
después del divorcio. Pero estar ocho horas escuchando

a un editor, pues va a ser que no. Ahora, la habitación donde dormía el innombrable es un cuarto de invitados. En aquel tiempo no me hubiera atrevido a invitar a una amiga, porque estaba lleno de escoltas, porque su ordenador estaba por medio, porque él iba en pijama, porque no era nada educado. El día que me divorcié sentí la libertad, como si hubiera cambiado el escenario, bueno, más bien el ambiente... A pesar de todo sentía muchísimo respeto por él. Cuando le conocí no tenía un puto duro y supo trabajárselo.

# MEJOR DORMIR SOLA

Creo que me adapté muy bien a la vida del «innom» a pesar de que a veces no me interesaba en absoluto. Intenté hacerle partícipe de la moda, pero pronto tuve claro que no era posible. Viajar con él era pesadísimo. Estaba cojo. No podía andar. No podía ir a un museo. Además, no le interesaba. Una vez estábamos en París al lado de mi casa y se quedó trabado en el Pont Neuf. Ni para adelante ni para atrás. No sabía si llamar a un hospital o a una ambulancia. No se podía mover. Le pregunté: «¿Estás cojo?». «Pero ¿qué dices?», se ofendió. Le acompañé a varios médicos y concluyeron que no habían conocido a nadie que soportara tanto el dolor como él. Pienso que no lo sentía porque está huérfano de sentimientos y de sensibilidad. Aguantó, pero casi no podía entrar en el coche. Y para salir también tenía que hacer un gran esfuerzo.

Como digo, me adapté muy bien. Me encantó, a pesar de todo. En cambio, él no se adaptaba a la tontería de un evento de moda. Y aunque hubiera querido hacerlo, no me interesaba llevarlo porque se habría puesto a mirar a las modelos. A mí nunca se me hubiera ocurrido ligar con Florentino ni con nadie. Esas reuniones eran poco sexis y, además, como la gente le tenía mucho miedo y poca simpatía, delante de él se les veía muy agarrotados. Menos cuando venía Antonio Camuñas, que entonces sí que te reías, porque Camuñas es especialista en eso.

Todo el tiempo resonaba en casa: «Rajoy ha dicho tal cosa y los papeles de Bárcenas no sé qué». Acababa harta, me preguntaba: «Dios mío, es que, de verdad, ¿cuántas veces habré oído el nombre de Rajoy este mes?». Que me la sopla Rajoy. Llegados a ese punto, no era divertido y él no estaba relajado.

Entonces empecé a dormir sola. Me dije que no podía estar hasta las dos de la mañana con gente que me la soplaba: «No me vais a joder la noche porque mañana tengo que trabajar». Odio que me despierten. Si me duermo y alguien me despierta me entra un ataque, porque luego ya no concilio el sueño en toda la noche. Pasaban cosas como esta: a las tres de la mañana nos llamó el que era el entrenador del Real Madrid de baloncesto porque le habían ofrecido no sé cuántos miles de euros y él había pedido más. ¡A las tres de la mañana! Le pedía que apagara el teléfono sin mucho éxito. Yo lo he silenciado a la hora de dormir durante toda mi vida, pero su mundo era insomne. Se trataba de una forma complicada de vivir. Alguien ajeno no podría imaginar la tensión tan alta que se vivía con el periódico. Así era en todas partes. Podíamos estar en Venecia, en Londres o en Mallorca. Se levantaba a las siete, se metía en su cuarto y apenas salía, si acaso para ir a pasear o para jugar al pádel. Se convirtió en un hombre aburrido.

Nada que ver con la vida de soltera que llegó después. Recuerdo una fiesta en Marrakech para celebrar el sesenta cumpleaños del escritor y empresario Alejandro Roemmers, apellido ligado a uno de los laboratorios más importantes de Argentina. Estuve tres días yo sola, en febrero de 2018. También se encontraban, entre otros, el naviero Alejandro Aznar y su mujer, que estuvo en mi clase; la pobre no andaba bien porque la habían operado de la rodilla. Había sido la tía más guapa de Madrid. Allí los solteros lo pasamos muy bien y los casados, digamos que aguantaron el tipo como pudieron. Queridos, en aquella fiesta inacabable hubo de todo. Hasta fue Ricky Martin a cantar. Yo llevaba un traje dorado con un corazón morado en la cintura.

El caso es que si hubiera ido con el innombrable me estoy imaginando la situación: «¡Date prisa que no llegamos!» Estaría encabronado, metiendo prisa: «Corre, venga, vamos». Cuando aterrizaba en cualquier ciudad tenía que ver la portada del periódico. Esa obsesión pasó factura. Al final perdió las ganas de trabajar. Pero cuando yo conocí al «innom» estaba en la cúspide. A cada rato un ayudante le acercaba un papel y la secretaria aguantaba hasta las tantas.

# ASÍ LLEGUÉ A SER MARQUESA
# A PESAR DE JUAN CARLOS I

Cuando nació Tristán, el primer verano nos fuimos a Menorca. Estábamos allí y vino Juan Tomás de Salas, que era el padrino de mi hijo y que, pasado el tiempo, perdería el juicio, la cabeza, o al menos así lo veo yo. Le adoraba y él a mí también. Además, le daba subidón verme porque hasta entonces había tratado con la anterior mujer del innombrable, que apenas salía de casa, y de repente aparezco yo, a mi rollo, y eso le encantó. Aquel verano de 1987 empezó la polémica de los títulos, que daría para muchos años, y Juan Tomás vino y dijo mirando a Tristán: «Fíjate, este niño va a ser marqués».

Valga la anécdota para adentrarnos en este asunto. A cuenta de los títulos me acabé de pelear con toda la familia. Mi abuelo poseía dos: la baronía de Santa Pau, que es de los más antiguos de Cataluña, y el marquesado de Castelldosríus. Hoy me pertenecen a mí. Viví un culebrón antes de que ese momento llegara.

Hagamos historia. Margarita Pérez de Seoane, luego duquesa de Pinohermoso, se plantó en 1986 y defendió que hombres y mujeres eran iguales ante la ley. En 1987 el Supremo decidió, en efecto, que debe primar la primogenitura. Fue la primera dama que disputó a los varones el título, que hasta entonces les correspondía, simplemente, por nacer primero y ser hombres. Margarita lo consiguió. Se lo comunicó su abogado, Carlos Teixidor, que más tarde también sería el mío. Así lo decidieron los tribunales, pero en 1997 el Constitucional dio un volantazo que dictó que el hecho de que el varón prevaleciera sobre la mujer no era contrario a la Constitución.

Otra mujer, Isabel Hoyos, por su parte, siguiendo la doctrina inicial, ya había heredado los títulos de su padre, entre ellos el ducado de Almodóvar del Río. Los perdió, pero no se amedrentó y decidió acudir a Estrasburgo y a Naciones Unidas que, a la postre, le dieron la razón. Ahí se encontró también, dispuesto para la batalla, el marido de Isabel, el mejor amigo del rey Juan Carlos, Jaime de Carvajal y Urquijo, marqués de Isasi, quien estudió con el rey en Las Jarillas, que pertenecía a su padre, el conde de Fontanar, Francisco de Borja de Carvajal y Xifré. Isabel es madre de Victoria Carvajal, una de las primeras novias del príncipe Felipe, y de Jaime Carvajal, que se casó con Xandra Falcó y fue compañero de don Felipe en Los Rosales. El rey Juan Carlos tenía cinco amigos del colegio. Uno de ellos era el marqués de Cubas, pero Carvajal fue, sin duda, su íntimo. Y, a pesar de ser tan cercano a don Juan Carlos, se peleó con él porque el asunto no había por dónde cogerlo y se puso del lado de su mujer, de Isabel.

Se montó la mundial en las cunas aristocráticas. Todos los nobles importantes fueron a ver a don Juan Carlos. «Nos vamos a quedar sin nada», reclamaban estos hombres, que aparecían como desnortados ante los nuevos tiempos. El rey intentó revolverse como una pantera e hizo trampas. Prepararon un chanchullo de categoría superior, cerraron las puertas a la doctrina igualitaria. Por fortuna, en el escenario aparece María Teresa Fernández de la Vega, que había sido vocal del Consejo General del Poder Judicial, conocía la tropelía del TC y se puso a favor de que el título fuera del primogénito sin distinción de sexo desde la vicepresidencia del Gobierno, cargo que ocupó en 2004. He de decirlo: me encanta María Teresa y le estoy muy agradecida.

El monarca trapicheó con todos para intentar que se quedaran con los títulos. Estaban en liza unos seiscientos. Tumbaron la jurisprudencia. Cuando pasó, el innombrable, que para eso era listo, me dijo que llamara a Isabel Hoyos. Lo hice y me contestó: «¿Te podemos ir a ver?». Vinieron ella y el abogado. Y gracias a eso se ganó. Entonces fui yo la que trapicheó, la que intentó mover todos los hilos que fui capaz con la ayuda del innombrable. Fue un momento de los que hay pocos en la vida en que tienes la portería a tiro. Un segundo antes u otro después no la hubiera tenido.

Volvamos a mi familia. Cuando se muere mi tío Carlos, en el que había recaído el marquesado de Castelldosríus y la baronía de Santa Pau, mi madre me dice: «Ágatha, tienes título». Entonces yo contaba con una abogada buenísima, Isabel, hija de Tomás Ramón Fernández. «Vamos y lo pedimos», afirmó. Mi tío Santiago, hermano menor de mi madre, lo solicitó también al Ministerio de Justicia. Cuando tío Santi se entera de que mi madre lo ha pedido, la lleva a su notario, Bartolomé Massoliver, la mete en un despacho y le espeta: «Esto me lo vas a firmar por huevos». Mi madre firma la renuncia al título y no me dice nada. Increíble, pero así fue. Me lo contó mi hermano Manolo. En ese momento yo estaba bien con él. Fuimos al abogado. Me sentó fatal porque a mi madre nunca le daban nada. Aparte, yo era la ahijada de tío Carlos y no me cayó ni un boli.

La hizo renunciar de una forma desagradable. Mi madre era una cagada, y se amilanó. Manolo me dijo: «¿Sabes que la jefa ha firmado un documento de renuncia?». «¿Ah, sí? Pues se va a enterar». Ahora no es contra la jefa, es contra ti, pensé. Tal vez quisiese él los títulos, puede ser, como yo no sé por qué se ha enfadado Manolo, quién sabe si una de las razones es esa. Los dos títulos iban juntos, pero yo los he separado porque quiero dar uno a Tristán y otro a Cósima. En realidad, es más importante barón, porque tiene mil años, el otro posee grandeza de España, pero solo tres siglos de antigüedad.

Fuimos de nuevo al notario y mi madre declaró: «Reconozco que había pedido los títulos, pero me han obligado a renunciar a ellos». Ella podía renunciar en su nombre, pero no en el mío. Menos mal que tenía cerca a Carlos Teixidor, el que más sabía de estos temas en España con mucha diferencia. Un día me fui a ver al ministro de Justicia, José María Michavila, antes de que ganara Zapatero.

Y el astuto de Michavila, creo que tenía mis papeles en la mesa, queriéndose quitar el muerto de encima me aconsejó: «¿Sabes quién te lo puede arreglar? Tu amigo Zaplana». Así que fui a Zaplana. El resultado: hubo una votación histórica en el Congreso con solo dos abstenciones. Casi unanimidad total. Gracias a Zapatero y a María Teresa Fernández de la Vega. La verdad es que también tuvo mucho que ver la hoy reina Letizia, que estaba esperando a Leonor. Ella y don Felipe hicieron pinza para apoyar la igualdad nobiliaria.

Mi tío Santi tenía otro título: era marqués de Orís. Mi abuelo ostentaba el marquesado de Castelldosríus y dio a sus tres hijos otras distinciones: barón de Santa Pau, marqués de Orís y marqués de Benavent. A mi madre le dijo que le iba a dar uno pero nunca lo hizo. Todas las hostias fueron para ella. Yo estaba harta de que hubiera que conformarse con ser la pobre desgraciada. Mi familia se opuso, y sigue, como fieras contra mí porque para ellos, un título era lo más importante, como para mi tío Santi, que no había trabajado nunca. Tampoco había leído un libro. Era muy guapo y se había casado con una señora muy rica. Quería ser grande de España. Que yo le quitara el título le sentó como una patada a su intimidad.

El innombrable sabía cuándo había que tocar la tecla precisa. En el Senado estaba Pío García Escudero, que tiene cerca, por ejemplo, a la familia de Esperanza Aguirre. El marido de Esperanza se quedaba sin el gran título. Lo que pasa es que luego se lo cambiaron entre hermanos. Eso de que se lo intercambien está muy bien, pero si te ponen un pleito lo pueden recuperar. Por ejemplo, a Tamara Falcó, el de marquesa de Griñón se lo ha consentido su hermano, pero él mismo la puede desposeer de la merced.

Ahí fue mover a unos, mover a otros, al príncipe, a la derecha, a la izquierda, a María Teresa Fernández de la Vega. Pero había mucha gente que, como le afectaba, caso de García Escudero, se puso en contra. Y luego estaba Rajoy, al que se la soplaba, como era muy gallego, o se lo hacía, pues ni una cosa ni otra. El conde de Elda, que tiene una casa al lado de la mía en Mallorca y cuya madre era amiga de mi abuela, iba todas las semanas a ver a Zaplana porque era el presidente de la Diputación de la Grandeza y cargaba contra mí con todas las armas que pudo encontrar. Fue una lucha a muerte. Y el mayor enemigo, en aquel momento, era el Emérito, a pesar de que yo soy muy de don Juan Carlos. Pero llegó Letizia y el rey de entonces tuvo que agachar la cabeza.

# REBOBINANDO
# UNA CINTA DE VÍDEO

No es lo mismo ver que imaginar. Los que idearon la encerrona del vídeo con Exuperancia Rapú sabían el efecto que tendría cuando ciertos ojos, fijos, lo vieran, acaso con vergüenza o con deleite. Me han relatado tantas veces cómo llegó a las redacciones y cómo era visionado, en salas oscuras, tal que disfrutasen de un pecado, de una cinta prohibida, que no puedo parar de plantearme, qué es lo que pensarían los que eran capaces de mirar. Todavía hoy hay quien busca el testimonio en internet y se da de bruces agazapado en un perverso anonimato. Onanistas mentales, quién sabe si físicos también, que disfrutan en el estercolero.

Resultaba todo tan extraño que ninguna *snuff movie*, verdadera o falsa, le hizo sombra. Ni la más incierta pesadilla de David Lynch hubiera podido parir tal engendro. Buscaban destruirle. Acaso no pensaron lo suficiente en el efecto que provocaría en su mujer y en sus hijos, quienes, pasado el tiempo, lo vieron porque querían saber qué había detrás de todo eso. Si se hubiesen puesto un minuto en mi piel habrían desistido, pero el mal tiene carteros a los que no les afecta el dolor. Masacre. Ven y mira. Hijos de su madre. La historia es de sobra conocida y es tan simple como cutre: grabaron a través de una cámara agazapada el encuentro entre el innombrable y Exuperancia Rapú.

Yo estaba completamente al margen. El innombrable, sin embargo, ya sabía lo que se estaba preparando. De hecho, publicó en *El Mundo* que se iban a hacer públicos unos «vídeos trucados». Él todavía albergaba la esperanza de que no se acertara a distinguirle e intentó mentir. Fue repugnante, pero no «trucado». Me sentía confusa, oía noticias sobre el vídeo y no sabía si me habían grabado en el cuarto de baño. Estaba acojonada.

Lo recibí en una caja con una ensaimada. Uno de mis diseños fetiche es el vestido ensaimada. En aquel momento no lo relacioné, pero hoy, conocidas las mentes perversas que ingeniaron el montaje, puede que me enviaran un mensaje secreto del que aún no he desvelado el significado. Creo que lo recogió Cristina Palomares, mi colaboradora en la firma. Se lo dio a los escoltas porque no podía entrar nada en casa sin pasar el filtro de seguridad.

Tal vez hoy me gustaría decirles que lo vi como si nada, pero no fue así. En aquel momento había que desviar el foco, era preciso desviar el foco. Lo miré muy por encima. Mis pupilas provocaron un terremoto al segundo. Me enfadé con todos lo que lo vieron. Hubo gente que dio cenas para exhibirlo, pero a mí no me gusta el morbo. El vídeo llegó a la casa de Marqués de Riscal aunque estábamos ya a punto de mudarnos a la Castellana. En esa transición, entre una casa y la otra, ocurrió todo. Nada más estrenar el ático emprendimos un viaje a Asia con Juan Villalonga, cuando era presidente de Telefónica y se creía Dios bendito. Nos fuimos con el de Campofrío, con Revuelta... Éramos cinco o seis parejas que acabamos a tiros. Visitamos Filipinas, Singapur...

Cuando se hizo público el vídeo me protegieron muchos de mis amigos, el empresario Fernando Roig, por ejemplo. En la casa de la Castellana ya soportamos el eco social que tuvo y al año siguiente me fui a París. Yo metí, lo que hizo reír a mi abogado, parte de mi estudio en ese piso. El estudio se me estaba quedando pequeño así que la contabilidad se llevó desde el piso. Entonces, el innombrable se quedó con poco margen de maniobra porque había cuarenta ojos míos dentro de la casa. Los niños estaban fuera estudiando. Mi abogado se reía porque, claro, lo controlaba totalmente. Me enteraba de todo lo que pasaba en la casa porque allí había tres personas que trabajaban para mí.

Nunca tuve miedo por llevar escoltas, no pensé en que algo malo nos podría pasar, pero tras el vídeo sí sentía temor a que el innombrable me pegase alguna enfermedad. Pensé que debía llevar una vida sexual muy activa. No sé por qué tenía esa tendencia, pero, bueno, el que tiene un «vicio» lo tiene. Y era muy secreto porque cuando pasó lo del vídeo él se asustó y tuvo muchísimo cuidado de que yo no me enterase de nada más.

Se tardó poco en saber de dónde partían las flechas. Después del intento de fichaje del innombrable por Polanco, empezó la guerra con el ministro del Interior, Barrionuevo, y Rafael Vera, que fue secretario de Estado para la Seguridad durante la época de los GAL, el caso que destapó *El Mundo*. Vera escribió unas memorias, que no llegaron a publicarse, en las que contaba cómo se había montado el circo del abogado Rodríguez Menéndez y Exuperancia Rapú. Vera lo admitía todo y contaba, al parecer, que detrás se movían las sombras de Polanco y sus abogados, aunque, según decía, intervinieron muchos más, incluso se comentó que podría haber estado metido hasta el mismo Felipe González, que odiaba al innombrable. Lo que está probado es lo que dice la sentencia del Tribunal Supremo, donde no aparece ninguno de estos nombres. Hicieron el vídeo para ver si se lo cargaban de una vez y lo mandaban al desierto mediático. Acababa de llegar el gobierno de Aznar y aunque no fueron ellos los que lo prepararon, tampoco les vino mal bajarle los humos a un periodista «que se creía Dios».

Después de la difusión del vídeo mis ventas se multiplicaron. No puedo explicarlo. Creo que le di pena a la gente o se conjuraron los astros. Para el innombrable fue todo lo contrario. Lo pusieron «en su sitio». Porque hasta entonces él se creía que estaba por encima de todo y casi daba órdenes hasta al presidente del Gobierno. Si tengo que mirar con ojos positivos su comportamiento, creo que, en el fondo, me convino todo lo que hizo porque se acojonó y se portó bastante mejor que si no hubiera pasado. Lo cual no quiere decir tampoco que se portara bien. O sea, resistió, porque fue muy fuerte.

Nunca pensé que tuviese una vida paralela. Tampoco quería profundizar, a veces se vive mejor en la ignorancia. Al principio fue muy aficionado a las actrices. Tuvo una historia, que esa sí se la pillé, con una. Un día le encontré en un bolsillo de una chaqueta una nota en la que agendó el encuentro con la «señorita…». Le monté un pollo importante de señora indignada. Tiempo después, cuando el innombrable se fue, la susodicha me escribió: «Ágatha, eres la mujer más extraordinaria que hay en el planeta». Pensé que no era momento para morbosidades y no le contesté nunca. Y que la mierda se la comieran ellos solitos, que a mí no me interesaba. Yo la conocía y no tenía un buen concepto de ella. Cuando le vendía trajes no había quien le cobrara porque era de esas que no pagan ni muertas. Además, se operó y se puso una cara imposible, con unos labios tremendos y unas tetas desproporcionadas. Ya que te operas, que me parece bien, yo también he pasado por el quirófano, querida, al menos que sea para bien. Me parecía algo estúpido, pero como él lo negaba… Yo estaba en París. Él venía los fines de semana. Lunes, martes, miércoles y jueves podía hacer lo que le diera la gana. No me obsesioné con eso en absoluto.

El caso es que después de lo de Exuperancia él siguió, más acojonado, pero siguió con su vida sexual paralela. Alguien me contó que un día le llamó la actriz y que su nueva mujer le dijo que no se le ocurriera llamar más a ese teléfono. Ahí se le cortó todo el rollo. Lo cierto es que yo le daba mucha libertad. Estaba siempre de viaje. Opté por la libertad. Al cabo, yo hice también lo que me vino en gana. Eso no era lo importante, lo jodido del tema es que no pude mantener unida una familia y que se rompió, como la de mis padres, y que ya no podría hacer los planes de viejecita que tenía pensados, sino que tocaba improvisar otros. La reina del fucsia no iba a rendirse con un fundido en negro.

# EL HOMBRE
## QUE ME SIRVIÓ DE ESCUDO

Cuando lo de Exuperancia encontré una autoprotección. Tuve una historia con un hombre que me pareció el más atractivo del planeta. No puedo decir quién es, pero era el número uno. No es que cayera enamorada, sino más allá, estuve loca de amor, que no es lo mismo, y eso me ayudó mucho para salir de ese trance en el que se mezclaron las bajas pasiones. Son autoprotecciones que se buscan y ayudan a pasar el trago. Yo iba a miles de fiestas, con mis fabricantes, con mis vendedores, con todos los que formaban parte del engranaje. Podía estar junto al señor más atractivo y no lo veía. Trabajaba muchísimo, que es el mejor antídoto contra el mal. En aquel momento solo tuve ojos para este hombre, lo demás no existía.

No me gusta el morbo, repito. Lo dije en la radio con Antonio Herrero, que me llevó a hablar del vídeo. Dije en directo que es un mundo que no me pertenece. Nunca me ha interesado el porno ni la cosa sexual, no he sido nunca aficionada a todo eso, no sé de qué me estaban hablando. Todo lo que afirmé era cierto, era lo principal ante lo secundario, según quien lo mirase.

Él lo hizo muy bien porque se defendió con la idea de que era una venganza política, que es lo que fue. Mis hijos no se enteraron de la existencia de la cinta hasta que fueron mayores. Cósima me regañó y me afeó que no se lo hubiera contado. Ella lo vio antes de que yo le explicara nada.

Una noche fantástica en la que cenaba con Ruiz-Gallardón, este me dijo: «Es que si no es por ti, está muerto. Tú eres Ágatha Ruiz de la Prada y este hombre te debe la vida». El innombrable supo que la mejor vía para recuperar su reputación era yo.

Era muy amiga de Matías Cortés, el poderoso abogado cercano a Polanco, y de su esposa. Matías se divorció de una mujer inteligentísima, espectacular, que llevaba la casa estupendamente, intelectual, cojonuda de verdad. Y la cambió por una argentina que quería ser cantante. Nos invitaron a cenar en mitad del escándalo. Fuimos con el periodista Casimiro García-Abadillo. Y ahí es cuando me di cuenta. Matías pensaría que no iríamos porque creía que la pareja estaba rota. Yo notaba que observaba cuánto de rotos estábamos. Mi reacción fue coger la mano del innombrable, abrazarle. Matías estaba atónito. Pensaba, supongo, que yo era retrasada mental o que le había fallado el plan por todas partes. Se comportó como el que ha matado y quiere ver si el cadáver sigue donde lo había dejado. Hice el papelazo de mi vida. Fue ahí cuando se da la vuelta a la tortilla por un asunto de supervivencia y de intuición.

A mí me divirtió darle la vuelta a la tortilla, aparte de que el innombrable me hizo mucho la pelota. No tuvimos una conversación especial. Había un pacto de pareja porque de lo contrario no se aguanta treinta añazos a lo bestia, pero, además, existía un proyecto en común. Mi teoría es que cuando una persona se ha portado muy bien contigo y un día te hace una putada, se puede perdonar. Fui a hacer el desfile de las flores a El Hierro y vino detrás. Me fui a París y me visitaba todos los fines de semana. Me volví más desconfiada y él, al haberse pegado un susto de muerte, tuvo muchísimo cuidado durante veinte años. Hasta que llegó su nueva pareja. Pero durante bastante tiempo se acojonó, porque se creía tan muerto que le cambió el color de la piel.

Aquello acabó con una casa en Mallorca, con la que me quedé después del divorcio, donde lo que hago es recibir a todo el mundo. Otra teoría que he tenido siempre, y de la que he hablado mucho, es que una pareja, para no pelearse, tiene que recibir siempre. Todos los días de mi vida invitaba a alguien. Cuando supe que estaba embarazada, después de que pasara lo del vídeo, supe también que, si lo estuve, ya no estaba enamorada. Y cuando él decide separarse y me voy a una finca con mi mejor amiga, es ella la que me dice que no lo estoy, por mi reacción. El vídeo había roto hacía mucho nuestra relación.

Al final puede que él estuviera informándome de la separación en pequeños detalles que yo no veía. Cuando llegó el momento de la ruptura, él estaba sacando *El Español* adelante y yo creía que su distanciamiento se debía a la dificultad, incluso, en un primer momento, al fracaso de un proyecto que luego se enderezó. Yo estaba en que si hacía un desfile en Nueva York, otro en París y luego me iba a México. Estaba en mi mundo, así que era muy fácil que él hiciera lo que quería sin dar más explicaciones. No me divierte nada escribir sobre él. Tengo que hacerlo porque no tiene sentido, como ha hecho él, hablar de mi vida sin que cuente nuestra historia juntos. El tiempo ha conseguido que se me pase la mala hostia…, y es difícil.

El día que el innombrable me dijo «tenemos que hablar» tampoco añadí mucho morbo al asunto. Se había acabado y punto. Cuando me enteré de quién era la otra, Cruz Sánchez de Lara, estaba en casa de una amiga en Bogotá. Era el día que ganó Trump. Me tomé mi Orfidal y a dormir. Mi amiga estuvo toda la noche viendo vídeos de ella, escrutando al personaje. Yo no los he mirado nunca. Al ver la foto me di cuenta de que éramos totalmente diferentes.

El final fue muy cutre. Después, ella quiso ser yo o yo vi en mi puesto a otra persona. Pero no soy lo que soy por estar con él. Vengo de otro mundo que ha conformado mi cabeza. Soy lo que he leído, lo que me ha dado el arte, lo que me han divertido mis ideas y mi trabajo. Por la calle se nos acercaban señoras de sesenta años con chicas de veinticinco. Y las niñas se volvían locas: «¡Ágatha!». Y es que me conoce la gente más joven que ha crecido vestida con mi ropa y a él, la gente mayor. También sentí mi renacimiento en Latinoamérica. Yo iba para arriba y él para abajo.

No sé lo que le pasó, la verdad, si se dio un golpe en la cabeza, aún no lo entiendo. Supongo que se siente más cómodo con una mujer de una clase social más parecida a la suya. Porque, en el fondo, al final, pase lo que pase, la diferencia social es total y absoluta. Se notó durante todo el tiempo. Cuando se separó le dijo a Tristán: «Mira qué suerte tengo que a esta mujer no le gustan los animales ni el campo ni el mar». Yo tenía dieciséis perros. Es una enfermedad lo que tengo con los animales. Me dan la vida. Sueño con mis animales y con tener más. Y con el campo. La reina de Inglaterra lo único que quería era irse al campo y estar con ochenta perros; eso es una cosa que está clarísima. A lo mejor la reina de Inglaterra no tenía dinero porque debía gastar muchísimo para mantener lo que tenía, tanto palacio, tanto servicio, tanto animal, tanto todo.

El innombrable no quería eso, ni los animales ni el campo, ni todo lo que significan. Quería que le gritaran «eres el más listo, eres el más cojonudo». Creo que al principio de nuestra relación sí se lo dije porque era de cajón. Debió pensar: «Esta se ha dado cuenta de lo inteligente que soy yo». Pero siempre respetó mi trabajo. También es cierto que él no tenía sensibilidad. Es como si estuviera en un concierto con un sordo, daba igual el que fuera. Ese rasgo insensible le ha ayudado muchísimo en su profesión porque era durísimo estar peleándose con todo el mundo. Otra persona tal vez hubiera pensado: «Cómo me voy a meter con Mariano si me invitó a cenar la semana pasada. Cómo voy a decir que fulano ha robado si este tío es el padre de mi amigo». Él no tenía sensibilidad para esas cosas, lo cual le ha permitido ser lo que es.

Ahora se le ha acabado la influencia que ejercía. Me llamó la atención, por ejemplo, cuando se vivió la crisis del Partido Popular en Madrid, que en los *videoblogs* que hacía para *El Español* estaba con una parte, pero, a la vez, también con la otra. Sin embargo, antes, en esos momentos críticos, era cuando se sentía intensamente feliz. Era como el Mundial para un aficionado al fútbol.

Jamás le he influido en nada de su trabajo, ni lo he pretendido ni me importaba lo más mínimo. Yo tenía un trabajo con el que no daba abasto. Por lo tanto, no me dedicaba a dirigir el periódico. Nunca he imitado a Lady Macbeth. No he sido de susurros a destiempo. Tampoco él interfería en lo que yo hacía, además, no se lo hubiera permitido.

He estado con él treinta años y he sido siempre feminista. A él no le importaba para nada este asunto. Le importaba entre cero y cero coma uno, ¡nada! Y ahora está todo el día con el feminismo. El feminismo para mí no es una moda, como la ecología.

Noté que mucha gente sintió decepción porque el innombrable está apoyando a Pedro Sánchez. ¿Por qué lo hace? Porque tiene miedo de que su proyecto naufrague. Lo dijo: «Si mi último proyecto es una mierda, mi vida habrá sido un fracaso». Se da cuenta de que ya no tiene la edad, no tiene la fuerza, no es su lenguaje, la gente no lo conoce. Y, por mucho que se case, su nueva mujer no va ser Ágatha Ruiz de la Prada. Será otra cosa, pero no Ágatha.

# AUGE Y CAÍDA

Según Federico Jiménez Losantos, el innombrable tuvo tres mujeres para tres épocas. La primera se llamaba Rocío, pero yo la llamaba Luci, con ella vive la primera etapa. Llega a Madrid, trabaja en el *ABC*, es como el niño promesa. Empieza a subir, conoce a todo el mundo, tiene una vitalidad bestial, escribe los artículos de los domingos en ese periódico. Le llaman y le preguntan si quiere dirigir *Diario 16*. Entonces, hizo una de esas cosas que le gustaba hacer. Subirse a una mesa y gritar: «¡Estamos rodeados! ¡Vamos a por ellos!».

Yo le conocí cuando era director de *Diario 16*, pero, en el fondo, fui la creadora o cocreadora de *El Mundo* porque estuve en ese germen todo el tiempo. Es la época de su segunda mujer. Ese fue el gran momentazo que empieza con los días finales en *Diario 16*. El más glorioso de todos fue cuando presenta el libro *El primer naufragio* en la Embajada de Francia, en 2011. El embajador era íntimo mío. Nos veíamos todas las semanas. La que era amiga del embajador era yo. Tengo una foto por ahí en la que estoy entre Zapatero y Rajoy vestida de bandera francesa. Estuvieron, creo, Isidoro Álvarez, Esperanza Aguirre, Ruiz-Gallardón... Bono habló y dijo: «Aquí, lo más importante es quién está y quién no está, pero aquí está todo el mundo». Fue muy divertido. No faltaba nadie. El Banco de Santander, el de Bilbao, Iberdrola... Todas las grandes empresas. No sé cuántos ministros, otros tantos alcaldes... Fue antes de que ganara Rajoy. El día de más poder de toda su vida. El sumun. Y luego hubo otra cumbre, que esa se la organicé yo en París, en Los Inválidos, cuando tradujeron el libro al francés. Vino el presidente Giscard d'Estaing. Había luna llena. Acudimos andando desde casa. La pera. Creo que fueron sus dos momentos álgidos de enorme poder, brutal.

Todo eso se vino abajo, primero por la crisis económica, en la que él no creía. Yo le advertí en 2006 de que se avecinaba marejada. Él organizaba un evento y venía incluso el rey. Hasta el día que convocó un acto, en el propio edificio de *El Mundo*, y empezaron a declinar la invitación. Vinieron tres gatos y medio. Fue un duro golpe. Llevaba a rajatabla que le rindieran pleitesía. Había una persona de Unidad Editorial que organizaba al año cuatrocientos cincuenta eventos, más de uno al día. Pero aquella tarde no consiguió que viniera nadie relevante. Fue en 2012 o 2013. Ya estaba de capa caída. Llamaron al alcalde y no vino; al presidente, y tampoco. Mandaron a dos ministras, Ana Pastor era una. Se portó muy bien con él y conmigo. Él notó una gran pérdida de poder y de influencia, pareja al batacazo económico. Empezaba a ser un hombre proscrito porque ya la gente estaba harta. Y él comenzó una cacería persiguiendo a Rajoy. Su gran éxito había sido ir contra Felipe González. Lo mejor que hizo en su vida, sin ninguna duda. Lo tumbó.

Cuando llega al poder José María Aznar, en 1996, empieza todo el jaleo del presidente de Telefónica, Juan Villalonga. Aznar, en teoría, no le quería como presidente, pero el innombrable se empeñó y consiguió el puesto para Villalonga. Pero luego lo tumbó con el escándalo de las acciones liberadas. Más tarde quiso sustituir a César Alierta, que era amigo de Rodrigo Rato, y dio comienzo otra guerra mortal. Aznar, que no se fiaba un pelo de él, dijo: «No, este no va a echar a otro presidente de Telefónica. Este quién se ha creído que es para echar a todo Dios». Y lo decía también Rodrigo Rato, que en ese momento tenía mucho poder. Entonces, se encabronó de una manera descomunal porque lo que le gustaba era mandar y enfollonar.

Zapatero, sin embargo, le llamaba todos los días, se pasaban una hora hablando. Le caía muy bien Zapatero, a pesar de que opinaba lo contrario que él en todo. Pero cuando llegó Mariano Rajoy, este se dijo: «¿Yo por qué le voy a preguntar a ese?». Y Mariano, que es muy de acostarse pronto, que por lo visto a las nueve de la noche se toma dos güisquis y adiós muy buenas, no quiso tener ese tipo de relación. Cuando nota que le odia el PSOE, porque ha librado una guerra durante años, y le odia la derecha, descubre al hombrecillo de Ciudadanos, Albert Rivera, y le empieza a llamar. Albert, cuyo mayor mérito era haberse hecho una foto en pelotas. El innombrable quiso influir. «Hay que votar a Ciudadanos», decía sin parar. Lo dicho: la gente se empezó a cansar de él.

Al principio, como es lógico, le interesaba muchísimo que *El Mundo* fuera bien y que diera dinero, pero cuando ya ve que no vende, que no hay publicidad, empieza a desesperarse. Más aún al descubrir que no tiene poder, que llama y no acude casi nadie, o mandan a un segundo o a un tercero. Él pedía una cifra a un gran anunciante, pero solo conseguía la cuarta parte.

# EL REY ESTÁ DESNUDO

Cuando le echaron de *El Mundo* le pagaron una fortuna, en un momento en que los periodistas ya pasaban bastante hambre porque echaban a gente de todos los sitios. Que un periodista al que has echado vea que te estás embolsando muchos millones de euros, o lo que fuera, le resultó duro, sintió vergüenza y pensó que con parte del dinero que había recibido fundaría *El Español*. Su hija María, que había estudiado y trabajado en Estados Unidos, le apoyó. Para ello puso en marcha un sistema en boga, el *crowdfunding*, y mucha gente empezó a aportar dinero.

Él siempre quiere ganar y estaba entusiasmado con que en un principio invirtieran trescientas personas, lo que suponía trescientos mil euros, pero luego fueron quinientas, después mil. Llegó a conseguir unos dos millones y medio. Sin embargo, la gente importante que él pensaba que iba a sostener financieramente el proyecto no lo hizo, así que, como tenía su indemnización intacta, aportó dieciséis millones de euros. Le dio dinero a los niños para que invirtieran y me dio a mí para lo mismo.

Aun así, estaba desesperado por la pérdida monumental de poder. Porque el poder es pasarte la vida recibiendo llamadas de gente importante. Acabar el día diciendo: «Coño, me han llamado cinco ministros hoy». Y él, sin embargo, de repente, se encontró diciendo: «Es que no me suena el teléfono nunca». Hubiera querido una salida intelectual, pero se le torció.

Eduardo Inda quiso ser director de *El Mundo* y él no le dejó. Pero luego, cuando idearon *El Español*, tampoco. Eduardo era mucho más joven, con muchas más ganas, llevaba toda la vida preparándose para ese momento, pero el otro dijo que no, que él quería ser el director. En ese diario digital al poco tiempo se dio cuenta de que se había equivocado porque en un principio implantó un sistema carísimo y pesadísimo por el que la página se abría y se extendía. Lo había hecho muy bien en *El Mundo* con Orbyt, el sistema para ver el periódico *online*, que fue el primero que lo implantó. Un exitazo, pero lo que intentó en *El Español* fue muy pretencioso. Su hija María comprobó después que el proyecto había perdido completamente el matiz intelectual y profundo que ella deseaba. Discreparon tanto que acabaron peleados y sin hablarse. Luego harían las paces. Ella se sintió feliz con nuestro divorcio.

Se obsesionó, como tantos, con la herramienta que contaba en tiempo real las personas que estaban viendo una determinada noticia; empezó a dirigir el periódico según la gente que lo veía y se le ocurrió una idea, que han hecho otras empresas, pero que él la implementó a lo bestia: comprar webs. Páginas para generar tráfico. Así se consiguen unas cifras hinchadas. Toda la vida había dicho que no iba a ser como Juan Luis Cebrián o Pablo Sebastián y esa gente que va al Banco de Santander y espeta: «Oye, ¿me vais a dar dinero o queréis que os ponga verde? Lo que prefiráis». Y ahora lo que quiere es que su empresita vaya bien. Al principio, él empezó pagando unos sueldazos. Pero casi toda esa gente se ha ido. Tuve la suerte de que, aunque viví bastante la decadencia, no la he vivido entera.

El día que se encontró con la mujer por la que me dejó, me dijo: «He conocido a alguien sensacional que te encantará», y no se habló nunca más de ella. Un abogado amigo, Manolo Delgado, gordito, muy simpático, le llamó y le comentó que el magnate colombiano Carlos Mattos quería invertir en *El Español*. El innombrable le trasladó que no le podía poner en el consejo y este le dijo que no se preocupara, que había una abogada, la mujer de confianza de Mattos en España, que era la candidata ideal. Esa abogaba acabaría siendo la mujer del innombrable. Hoy Carlos Mattos está encarcelado en Colombia después de que España aprobara su extradición. Lo reclamaba la justicia por pagar mordidas a funcionarios judiciales, entre otras causas.

Cuando se presentó *El Español*, en 2015, en el Palacio de Congresos de Ifema, asistieron unas tres mil personas. Al año siguiente, en una convocatoria suya no pasaban de cincuenta. Fue impresionante la expectativa que generó el periódico y también cómo se desinfló. ¿Quién iba a confiar en él? Ya no da exclusivas como antes, no quiere darlas porque no le conviene. Ahora es su negocio. Y en el pasado nunca se ocupó de los temas económicos. Yo miro los números todos los días de mi vida desde hace cuarenta años. Esté donde esté, a las ocho y veinte de la mañana estoy comprobando lo que hemos facturado. Él se encargaba de pagar a dos muchachas y a un matrimonio en Mallorca. Punto. Nada más. La que se ocupaba de la Seguridad Social y de todo lo demás era yo. Pasar de pagar a dos muchachas a cien empleados en un momento de crisis monumental es un cambio atroz.

Él ha sido de los periodistas de España que más ha cobrado junto a Cebrián, Antonio Herrero, Luis del Olmo, José María García y, en su momento, Lalo Azcona. Lo que pasa es que nunca ha sabido manejar el dinero y sentía poco respeto, desde mi punto de vista, por el de los demás. Le incomodaba tener una envidiable cuenta corriente.

El innombrable era muy machaca con la gente hasta que conseguían el poder, el puesto que fuera, pero la gente normal le importaba tres pimientos. Estuvimos con muchos solo por el interés. Él no quería absolutamente a nadie, ni siquiera a sus más estrechos colaboradores. No ha tenido un amigo porque no sabe lo que es un amigo.

Yo no volvería con un periodista ni muerta. Para mí ha sido un universo vacío. Hemos estado con todo el mundo, pero solo con sus fachadas. Es cierto que en casa se fraguaron acuerdos y desacuerdos, pero fueron por interés y para ese momento. Fue un buen director de periódicos porque trabajaba todo el día para conseguirlo. Hasta las dos de

la mañana, todo el rato. Era un no vivir. Le daba igual todo.
Y en el trabajo se rodeaba de obsesiones: «Hay que cargar-
se a Felipe González».Y así todo el rato.

Mi teoría es que cuando se dio cuenta de que estaba
perdiendo poder quiso hacerse historiador para tener prestigio. Porque él lo que deseaba era entrar en la Academia de
la Historia y acercarse a Anson y Cebrián, que pertenecían
a la Real Academia Española. Quiso escribir un libro de historia y gastó dinero a espuertas: se compraba libros de treinta mil euros, era la locura. Empezó a verse con historiadores,
a comer con ellos. Esta gente desconfiaba de él porque ellos
llevaban toda su vida yendo a bibliotecas, metidos en el
mundo académico.Y concluían: «Este no es un historiador».

Y se dio cuenta de que no iba a conseguir entrar en la
Academia de la Historia. Se compró infinidad de libros.
Dijo: «Voy a escribir sobre los Cien Mil Hijos de San Luis».
¡Pero si no sabía nada! Un profesional se pasa cuarenta
años estudiando un trocito de la historia, y él quería saltar-
se ese «protocolo». Publicó *El primer naufragio*. Un día va a
una librería de viejo y le ofrecen unas memorias de José
María Calatrava y se las compra por cuatrocientos mil euros. Con ese material inédito escribe *La desventura de la libertad. José María Calatrava y la caída del régimen constitucional
español 1823*. Los estudiosos se preguntaban qué hacía el
innombrable queriendo ser historiador. No se consigue
ese estatus a base de dinero, sino de estudio y de investiga-
ción. Cuando vio que por ahí no podía seguir se quedó
desconcertado.

# DE PARÍS A MILÁN
# CON PARADA EN LOS MUSEOS

Después de la historia del vídeo, en 1998, me fui a París con los niños. Primero estuve leyendo a Proust y buscando un local para abrir la tienda. Soy de comprar, no de alquilar. Me hice con uno de dos plantas que me resultó más caro a la larga porque necesitaba empleados en los dos pisos. Con quince años había estado en un colegio en esa ciudad y, de alguna manera, descubrí que estaba muy obsesionada con París. A lo largo de la historia, España ha tenido una especial relación con Francia. Todos los triunfadores han pasado por su capital: Picasso, Miró, Dalí, Buñuel, Tàpies, Chillida... Durante el confinamiento leí varios libros sobre el exilio. Me toca en lo íntimo. De alguna manera me exilié, pero era lo que soñaba, porque sabía que jamás iba a triunfar en España.

La prensa española me ha ignorado casi siempre. Está dicho. Me han sacado mis amigos, pero me han ignorado de una manera descarada en general. El premio Telva ha ido a diseñadores que empezaban cuyas firmas han desaparecido. Carmen March, Amaya Arzuaga, Veva Medem ¿dónde están? No voy a dar más nombres, pero aguantan pocos. Lydia Delgado sigue peleando con su hija, Roberto Torretta… Victorio y Lucchino lo tuvieron todo, fueron los reyes de Sevilla, pero llegaban a París y se alojaban en un hotel de cinco estrellas. Yo llegaba a París y cogía el metro, me iba a mi casa y no me pasaba nada. Viajaba en Iberia, pero también en Ryanair. Con lo que ellos gastaban en un viaje a París iba yo veinte veces. Vivían por encima de sus posibilidades. Yo, sin embargo, soy muy hormiguita. Creo que nunca he dejado de pagar a una modista. Intento no tener deudas, no puedo dormir si las tengo.

París supone un giro en mi biografía sin perder el contacto con Madrid, adonde viajaba cada semana para estar en los encuentros de los jueves. El viernes por la mañana me iba otra vez porque recogía a Cósima en el colegio. El primer año me fui con dos personas de servicio de Filipinas. Viajé un día a Madrid y les dejé un talón que no pudieron cobrar en el banco porque no aceptaban cheques al portador. Mis niños no tenían ni para comer. Suerte que un conocido pudo pasarse por casa para darles dinero. Intenté arreglar el asunto. Probé a abrirles una cuenta, y no pude porque eran extracomunitarios. Estuve luchando con eso hasta que me vi tan desbordada que decidí mandar a mis hijos a Inglaterra. El segundo año ya estuve sin ayuda en casa. Pensé que me iba a morir porque yo no había estado nunca sin alguien. No sabía hacer ni un huevo frito. Y sigo sin saber. Me di cuenta de que no podía tener perros y los mandé a Mallorca, donde tenía gente permanentemente.

En París conseguimos aparecer en las principales revistas, entre otras cosas por la casa, que era muy divertida. Al poco tiempo empecé a desfilar en Florencia, en la primera pasarela del Pitti Bimbo. En París es donde había que estar. Tuve una idea, casi un sueño, para uno de los desfiles más memorables: presentar una colección de trajes efímeros realizados con flores, que durarían lo que aguantase una flor hasta marchitarse. Ese trabajo fue una de mis grandes odiseas, que comenzó con la búsqueda de un castillo en Reims y acabó en el Carrusel del Louvre, de nuevo muy cerca del arte, después de indagar durante meses el lugar perfecto. Trabajamos con un ímpetu y una ilusión que podía olerse. Busqué financiación hasta encontrarla en el Gobierno de Canarias. Trabajamos todo el día con el florista Christian Tortu. A la mañana siguiente, las flores se habían marchitado. La calefacción del museo fue implacable con ellas. Tuvimos que empezar desde el principio y no acabamos hasta quince minutos antes del desfile, cuando se escuchaba ya el murmullo del público que había tomado asiento, entre el que se encontraba el vicepresidente del Gobierno canario, Lorenzo Olarte, el arquitecto Santiago Calatrava, la princesa Beatriz de Orleans, Luis Racionero y Fernando Arrabal, que se hizo cargo del texto del catálogo. Experimenté en mi propio cerebro aquello que quería expresar: el arte de lo efímero. Fue un gran éxito. Ni yo misma lo creía, pero había conquistado París.

En Francia les parecía poco serio que me dedicara a tantas cosas. Lo primero que vendí en mi tienda de París fue una tapa de retrete con un corazón pintado. Hacía libros, bolsos, jabón, gel, cinturones, calcetines, alfombras, corbatas, maletas, cepillos de dientes, palas de pádel, muñecas, gafas, libros, muebles. Teníamos de todo en esa época, era un no parar.

La Federación Francesa del Prêt-à-Porter gastaba modos mafiosos en el control de los horarios que asignaba para los desfiles. Si te daban una hora matadora daba igual lo que hicieras, había que aguantarse. Hubo un tiempo en que solo París poseía influencia, pero luego Milán le supo hacer la competencia. También lo intentó Nueva York, con poco éxito. Me harté de la dictadura parisiense y me fui a Milán, donde tuve un recibimiento apoteósico. El presidente de la Camera Nazionale della Moda Italiana, el caballero Boselli, siempre se sentaba en mi primera fila. Empecé a desfilar en Montenegro, en Belgrado, en Uzbekistán, en Kuala Lumpur, en los sitios más raros del mundo. Fui durante muchos años la diseñadora perfecta para una *fashion week*. Cuando los países del Este se abrieron, estaban deseosos de nuevas experiencias. La moda resultó perfecta para calmar sus apetitos. También en Latinoamérica. México montó certámenes en Cancún, Puebla, DF, Guadalajara o Aguascalientes. Dentro de España, cada ciudad quería su *fashion week*, y allí donde proyectaban una me llamaban a mí.

Si contactaban con Giorgio Armani, este pedía un avión, que participase Naomi Campbell y encima una importante cantidad de dinero. Si llevaban, por ejemplo, a Ángel Schlesser, nadie sabía quién era. Así que me elegían a mí. Mis desfiles tienen una historia, son reconocibles y en muchos países conocen mi perfume. Soy perfecta porque estoy en el punto medio. Mi firma no tiene el eco de Dolce & Gabbana, pero detrás hay una persona identificable. Por eso me he visto desfilando en Albania o en Georgia. Y todo se retroalimentaba. Cuando algún periodista de esos países iba a Milán, quería estar en mi desfile porque ya me conocía. Me encontraba con doscientos periodistas de Uruguay, Paraguay, México, Chile...

Nunca vendí tanto como en 2001. Diseñaba chimeneas y puertas blindadas, tantas que iba al Salón de las Puertas. Cuando no estaba en una fábrica estaba en una feria. Trabajaba como una fiera. Saltaba del Pitti al FIMI (la feria de moda infantil) de Valencia. Preparar un desfile de niñas es mucho más difícil que uno de mujer. Puede que haya quien piense lo contrario, pero es de una mayor complejidad.

En mi famoso desfile de las Meninas en Milán irrumpió un espontáneo. Fue uno de los episodios más rocambolescos de mi carrera. Hubo un antecedente en el Carrusel del Louvre de París, allí salió un espontáneo que llevaba un traje de novia repugnante que no costaría ni ochenta euros y nos jodió el espectáculo. Lo cogimos. De hecho, le arrancamos el traje. Vuelvo al de las Meninas. Era septiembre de 2008. Había realizado cincuenta diseños. Fue una de mis mejores colecciones. Parecía que las modelos salían de un cuadro. Apenas había mostrado cuatro de ellos cuando se acercó un hombre grande, gigante, con una capa negra, gritando, seguido por cinco guardaespaldas. Pegué un brinco como una liebre. El hombre se subió a la pasarela. Apagamos las luces. En primera fila estaban absortos. Fernando Aguirre, mi director general, y el responsable de la cámara de la moda, que le preguntó si aquello formaba parte del montaje. Le contestó que no y llamó a la policía.

Al apagarse la luz, todo el mundo empezó a gritar también y los alaridos pinchaban como alfileres. Se vivieron unos momentos caóticos, perdidos entre aquel barullo, hasta que llegaron los carabinieri, se lo llevaron y empezamos el desfile de nuevo. En comisaría se identificó. ¡Era el actor Sacha Baron Cohen!, que acababa de conseguir un gran éxito con *Borat*. Utilizó unas ocho cámaras para filmar una secuencia para *Bruno*, la película que estaba preparando y en la que hacía de un periodista gay austriaco especializado en moda.

Yo no sabía quién era Sacha Baron Cohen, pero para todas las compañeras del colegio de mi hija era una estrella, así que fue el mayor éxito de toda mi vida. Ese mismo día se celebró un debate entre John McCain y Barack Obama. Antes de esa noticia, la CNN informó sobre la última gamberrada de Sacha Baron Cohen: «El actor ha irrumpido en el desfile de Ágatha Ruiz de la Prada». Las entradas en internet se dispararon. Luego se estrenó la película y a los jóvenes amigos de mis hijos les molaba que el desfile fuera el de la madre de Tristán y de Cósima. Baron se enteró de alguna manera de que los trajes estaban inspirados en Velázquez porque apareció vestido como el pintor. Ahora me arrepiento de haber apagado las luces, si lo llego a saber se quedan encendidas. Todo forma parte del *show*.

Las cosas comenzaron a irse al traste después de que cayeran las Torres Gemelas. La segunda arremetida fue con la crisis de 2008, que yo noté un año antes, y la tercera, con el Covid. En la pandemia pensé que no había quien nos levantara. El 11 de septiembre de 2001 estaba en París; después de comer con una exdirectora de *Vogue*, volví a mi *stand* de ropa de cama y se produjo el atentado. El día anterior habían venido a poner la televisión por cable en mi piso, que estaba pagada por la comunidad. Iban a tardar unas cuatro horas, así que firmé para que no la instalaran. Al día siguiente cayeron las Torres Gemelas y yo no tenía señal de televisión. Di mucha guerra a pesar de todo esto. Resistí en París hasta 2019.

Veinte años después de que comenzara a trabajar, monté mi primera retrospectiva en Valencia, en el Centre Cultural La Beneficència, que luego se trasladó a Bilbao, al CAPC de Burdeos y al Museo Municipal de Málaga, cuando Celia Villalobos era alcaldesa; en la apertura se bebió todos los güisquis del mundo y estuvo adorable. Desde entonces mi ropa no ha parado de visitar los mejores museos. En el IVAM recalé dos veces, en 2004 con «Ágatha Ruiz de la Prada. Homenaje a artistas» y en 2013, cuando

reivindiqué la moda infantil a través de «Happy little girls».
Entre unas y otras, «Caos, color, concepto. 25 años de universo conceptual de Ágatha Ruiz de la Prada», en Burgos,
y «Un jardín de corazones», en 2009, en el Museo de la
Piscine de Roubaix, localidad del norte de Francia, cerca
de la frontera belga, tan ligada al mundo textil, que comi-
sarió Sylvette Gaudichon; la Trienal de Milán o el Museo
Correr de Venecia.

# HISTORIA DE UNA PISCINA

Una piscina, la mía por ejemplo, puede describirse como un micromundo que encierra otro mayor. El movimiento del agua, por momentos burbujeante, retrata a todo el que ha pasado por allí. Podría decirse que el agua tiene memoria, aunque se escape a cada rato. El líquido es una representación del poder sólido, o así lo creía yo. Si *La vaquilla*, de Berlanga, era España, la piscina es el cuadrilátero de una velada de boxeo que nos enfrenta a nosotros con los demás. El innombrable fue un peso pesado pero al final dejó caer la toalla ante la llegada de los bárbaros.

Me fotografío allí con el mar de fondo, yo, que soy agua. Leo los recursos contra las sentencias dictadas por el asunto de la piscina como si fueran poemas. En este contexto me parece bello el lenguaje judicial:

*A la Sala de lo Contencioso-Administrativo de la Audiencia Nacional D. Guillermo García Sanjuan, procurador de los tribunales, y D. Tristán J. Ramírez, cuya representación tengo acreditada, etc., etc.*

*Digo:*

*Que mediante el presente escrito y en la representación que ostento, procedo a preparar recurso de casación contra la sentencia dictada por la sala en este procedimiento el 25 de mayo de 2021 que, estimando la demanda presentada por D. Jaume Sastre y Font frente a la resolución del Ministerio de Agricultura, Alimentación y Medio Ambiente de 15 de abril de 2014 que acordó otorgar a D. Pedro J. Ramírez Codina una prórroga de la concesión otorgada por Orden Ministerial el 23-01-2001 y frente a la resolución de 29 de enero de 2016 que fija el plazo de duración de la concesión hasta el 27 de febrero de 2074, declaró nulas ambas resoluciones declarando en su lugar la extinción de la concesión administrativa prorrogada por ellas con los efectos legales inherentes a dicha declaración.*

*Cumplimiento de los requisitos reglados:*

*—[...] Antes de proceder a la identificación precisa de las normas y de la jurisprudencia cuya infracción nos proponemos denunciar y de justificar el carácter relevante y determinante de las mismas [...] es imprescindible hacer una breve referencia a los antecedentes para que puedan valorarse en su exacta dimensión dichas infracciones.*

*2. Breve recordatorio de los hechos.*

*2.1. La piscina a la que se refiere la sentencia que nos proponemos impugnar tiene una larga historia que es necesario tener presente. Se construyó en el marco de una concesión otorgada a Joaquín Calvo Sotelo (O.M. de 15 de noviembre de 1974).*

*—O.M. de 23 de enero de 2001 otorgó a Giuliana Arioli (su viuda) un nuevo plazo de quince años. No se presentó ningu-*

na reclamación durante el trámite de información pública ni recurso alguno frente a la O.M.

—13 y 25 de agosto de 2004. Sastre Font, que se autotitula «independentista mallorquín», intentó acceder por la fuerza a la piscina.

—21 de diciembre de 2006. Sentencia del Juzgado de Instrucción n.º 2 de Manacor condena a Sastre Font a la pena de veinte días de multa por una falta de coacciones.

—Denuncia promovida por Sastre Font ante Demarcación de Costas solicitando la caducidad de la concesión, apertura de expediente sancionador y demolición de la piscina.

—14 de marzo de 2005. Informe del abogado general del Estado sostuvo la improcedencia de la declaración de caducidad.

—17 de mayo de 2005. Resolución del Ministerio de Medio Ambiente declarando dicha improcedencia.

—Dicha resolución es recurrida en vía contencioso-administrativa por Sastre Font.

—14 de mayo de 2009. Sentencia de la Sala de lo Contencioso-Administrativo de la Audiencia Nacional estima el recurso en el punto relativo al otorgamiento de un plazo para la presentación del proyecto de uso público de la piscina. Esta sentencia consideró inadmisible por extemporánea la impugnación de la orden concesional de 22 de enero de 2001 y su supuesta nulidad.

—5 de noviembre de 2013. Sentencia del Tribunal Supremo rechaza recursos de casación interpuestos por el padre del representado y por Sastre Font. Sobre la O.M. 22 de enero de 2001, precisa en su consideración jurídica primera que «el hecho de que (las obras) estén ya integradas en la zona no aconsejan su demoli-

*ción con el impacto que ello puede causar a corto plazo y sin poder asegurar que se recuperarán las características naturales del dominio público marítimo terrestre», etc., etc.*

*Esta O.M. de 23 de enero de 2001 dejó ya resuelto el problema de la permanencia de la piscina [...]. La Orden quedó firme [...], etc., etc.*

*—El 27 de febrero de 2014, D. Pedro J. Ramírez, padre de mi representado, solicitó la prórroga de la concesión [...].*

*—La prórroga fue otorgada por resolución ministerial el 15 de abril de 2014. Deja la determinación del plazo para el momento en el que entrara en vigor el Reglamento de la Ley de Costas reformada, lo que, efectivamente, se resolvió el 29 de enero de 2016.*

*Tercero.*

*Identificación de las normas estatales infringidas y justificación de su relevancia.*

*La sentencia cuya impugnación preparamos ha infringido el artículo 2 de la Ley 2/13 de 29 de mayo sobre prórrogas de las concesiones otorgadas al amparo de la normativa anterior.*

*Etc., etc.*

Estos párrafos que leo como si fueran anotaciones de Proust o las *Elegías de Duino*, de Rilke, en voz alta, exaltando cada sílaba y a la vez jugando con ellas, me parecen sublimes.

Cuando escribo estas líneas, el texto que admiro no está admitido a trámite aún. La cuestión de fondo, para que lo entiendan rápidamente, es si la piscina de mi casa de

Mallorca se considera de dominio público o privado. En el verano de 2021 me la quisieron tumbar de nuevo; en 2022 volvió a pasar. Llevamos muchísimos años con esta pesadilla. Pero la oposición a la piscina viene de un alto estamento de la isla, un podemita que se ha jurado destruirla. Hubo un momento en que aquel lugar fue en verano uno de los más vigilados de España. Cuando se levantaba, el ministro del Interior pedía el parte. Si la piscina estaba tranquila, respiraba aliviado.

De pequeña veraneaba en San Sebastián, en casa de mi abuelo, el Castelldosríus. Mi padre se compró un barquito. Le molestaba estar en casa de su suegro. Además, en San Sebastián estaba siempre lloviendo. Así que nos fuimos al sitio más paleto de Mallorca, que en esa época no era tan paleto, a Magaluf. Yo tendría cinco o seis años. Las discotecas se reservaban para los hoteles. Un día, mi padre, junto a su hermano pequeño, Carlos, nos llevaron a la Costa de los Pinos. Íbamos cantando «Juanita Banana». Llegamos a un lugar que nos hizo flipar, el Eurotel, un hotel diseñado por Fisac y decorado por Paco Muñoz donde estaban todos los pijos de España. También vendía habitaciones. Mi padre compró un terreno al lado de la construcción de Fisac, que había hecho un piso piloto para que la gente que quisiera comprar una habitación del hotel pudiera verla.

Al año siguiente, en vez de a Magaluf fuimos a veranear al Eurotel. Nos lo pasamos de coña marinera. Teníamos cinco habitaciones. Vivíamos en la diablura infantil: robába-

mos todas las propinas de los camareros, cogíamos los so-
brantes de los desayunos… Bajábamos a la discoteca…

Mis abuelos dejaron de veranear en San Sebastián y se
fueron a la Costa de los Pinos, a una habitación de ese hotel. Mi abuela se lo pasó mejor que mi padre porque en la
Costa de los Pinos recalaban los muy pijos. Básicamente, el
*ABC*, o sea, Torcuato Luca de Tena y quince o dieciséis
más. Le compraron a unas señoras la parte de su finca que
da al mar y construyeron una urbanización. Mi padre los
conocía a todos. Luca de Tena —que tenía una casa genial con playa, rocas, puerto y un san bernardo—, Calvo
Sotelo, Méndez de Vigo, Marañón, el conde de Elda, el
príncipe de Ligne, Padilla…, el pijerío total.

Para colmo, el mejor decorador, Paco Muñoz, levantó
allí la casa más bonita de España, que salió en todas las revistas del momento. Era blanca y azul, muy masculina y
redondeada. Su hija Mafalda quiso recuperarla y yo estuve
a punto de comprarla.

Giuliana, mujer de Joaquín Calvo Sotelo, una mujer
extraordinaria, veinte años más joven que su marido, una
de las mejores cocineras de España y superamiga mía, le
encargó que hiciera una casa blanca y fucsia, del tono de
la capa de los toreros. Y también había un poco de verde,
muchas plantas. Eran los años setenta, hablamos de las casas
más bonitas y de los mejores terrenos de España.

Cuando pasa lo del innombrable con Exuperancia y
me dice «pídeme lo que quieras», le contesté que quería
una casa en Mallorca. Entonces vendió acciones del perió-

dico y en su cuenta corriente entró una pasta considerable. Fuimos varias veces a Mallorca para buscar una. Y un amigo, Romeo, me dijo: «Tú darás todas las vueltas que quieras, pero te acabarás comprando la casa de Giuliana porque está hecha para ti». Sinceramente, iba con la idea de tener un estudio, no pensaba en aquella casa, que era el lujo máximo de los años setenta.

Me invitaron a la boda de una prima que se casaba en Mallorca. El abogado Santiago Rodríguez-Miranda, que había sido ministro de Trabajo, estaba casado, a su vez, con una prima de mi madre. Es por lo que tengo una fácil entrada en Mallorca, que no la tiene otra gente, y es que pertenezco a los Sentmenat. La aristocracia de la isla es más cerrada que en otros sitios. En la boda estaba sentada al lado de Santiago Rodríguez-Miranda. Me comentó: «Soy el abogado de Giuliana y me ha encargado que le venda la casa». Le dije que me encantaba aquella construcción y pregunté qué pedía por ella. No recuerdo por cuánto la compramos. Teníamos dinero para la operación. La adquirimos con todos los muebles. La piscina ya estaba allí. Había un problema. Joaquín Calvo Sotelo había muerto y se le pasó pagar la concesión. Para que vean lo legal que era la piscina, su sobrino había sido presidente del Gobierno, por lo tanto, como no podía ser de otra forma, que diría un político, todo se legalizó. Ella no pagó por la concesión porque era nominativa y todo estaba a nombre de su marido. Así que cuando compramos la casa, había caducado la concesión. Añadimos en el contrato que era nuestro deseo que esta fuera puesta al día. Giuliana pidió la concesión, al final se la dieron y le pagamos por ello. Que hubiera movimientos políticos no lo discuto… Mucho tiempo después la concesión se puso a nombre del innombrable y ahora mismo sigue así porque no sabemos cómo cambiar esa titularidad. La pago yo. Un recibo de seis mil quinientos euros al año.

Y en eso aparece en nuestras vidas el cacique local, Pedro Serra, dueño del periódico de la isla *Última hora*. El innombrable se llevó como director de *El Mundo de Mallorca* a Eduardo Inda, que en esa época quería ser como el innombrable y comerse el mundo. En Madrid, no hablaba nunca con él porque se la soplaba, pero en cuanto ponía un pie en la isla le llamaba catorce o veinte veces al día.

Serra, que era muy listo y muy divertido, quiso redondear su colección de arte y propuso construir el Museo de Arte Contemporáneo de Palma. Contaba con piezas notables y entre sus firmas no faltaban Picasso y Chillida. Me hacía la pelota con gracia. Nos invitó a su casa, en Sóller, donde tenía un jardín con esculturas. «¿Qué te ha parecido, Ágatha?», me preguntó. «Que hay cosas muy buenas y cosas muy malas», le respondí. Dijo: «Todo lo que quieras quítalo y pongo un cartelito advirtiendo de que lo ha desautorizado Ágatha Ruiz de la Prada». Hacíamos bromas de ese tipo. Fui a la inauguración del museo desde Madrid. Inda investigó y concluyó que Serra no estaba actuando con transparencia. Entre otras cosas, se había comprometido con las autoridades que levantaron el museo a que él regalaría pinturas valoradas en cuatro millones, pero no dijo qué obras. A mí me parecía mejor eso a que no hubiera un museo. Por lo tanto, creí que era una buena idea, sin embargo Inda vio ahí un poco de corrupción.

A Pedro Serra nos lo encontramos en varias ocasiones y no dudaba en advertir al innombrable. Lo vimos, por ejemplo, en el Palacio Real. Serra era de la corte del emérito. «Oye, se está metiendo mucho conmigo este que has mandado», se refería a Inda. «Ah. Yo no sé nada. Tú ya sabes que en provincias hacen lo que quieren». «Sí, sí. Yo sé muy bien lo que hacen los de provincias».

En la boda del príncipe de Asturias nos lo encontramos otra vez: «Mira, ya no te lo voy a decir más. Ya te lo he dicho muchas veces». Invitamos a Pedro Serra a comer a la casa de Mallorca a pesar de que el periódico lo seguía tratando no muy bien. Vino con sus dos hijas y los dos yernos. No podía ni moverse. Trajo tres regalos: una planta, un libro de su colección y comida, que es lo que hacen todos los mallorquines. Estaba sentado en el porche y, en un momento dado, dice: «Niñas, levantadme», porque él no podía hacerlo solo. Vio la piscina y se dijo: «Tate, lo tengo».

En el verano de 2004 el innombrable miraba mucho las webs, que estaban empezando a despuntar. Y empezó a ver que los medios de Mallorca hilaban una serie de informaciones: se pasaron un mes hablando de Exuperancia y el colofón fue: «(El innombrable) se ha construido una piscina ilegal».

Serra tenía muchos medios. Comenzó una campaña contra el innombrable, pero no con sus cabeceras, sino a través de los independentistas de la isla, a los que también manejaba: «(El innombrable) se ha hecho una piscina ilegal, así que tenemos que ir el domingo 5 de agosto a bañarnos en esa piscina», clamaban. Ya se había demostrado que eso era falso, porque la piscina tenía ya en aquella época unos veinticinco años, pero para ellos eso era lo de menos.

Tanto el innombrable como Inda —el innombrable ni se bañaba en ella, lo hacía cinco segundos al día; a la que le gustaba la piscina era a mí— empezaron una lucha a muerte. Todo estaba orquestado por Pedro Serra y organizado a partir del día que vino a comer a casa. Vivíamos allí con dos escoltas. Unos estaban en casa las veinticuatro horas al día y otro acompañaba al innombrable que llamó a la empresa de seguridad y exigió que le pusieran ocho más debido a las amenazas.

Llegaron los independentistas a la cala de al lado y se encontraron con los ocho guardaespaldas. Hubo un poco de lío, pero acabaron disolviéndose. Al año siguiente se repitieron las amenazas. Fuimos portada del *Última hora* a cuenta de la piscina ciento veinte días. El innombrable habló con el ministro del Interior, José Antonio Alonso, y con el delegado del Gobierno, que le trasladó que no se preocupara ya que contaba con cincuenta efectivos de la policía y la Guardia Civil en caso de que se necesitasen. El 13 de agosto de 2005 estaba en casa con Cósima y el innombrable. Habíamos hecho una caseta de seguridad, cerca de la calle, con varias cámaras y una pantalla. Cósima y yo nos aburríamos aquella mañana. El innombrable estaba escribiendo, como siempre. Y me dice Cósima: «¿Por qué no vamos a ver las cámaras?». Éramos pocos porque nos habían dicho que vendría todo un refuerzo de la Guardia Civil. Nos vamos al cuartito y empezamos a mirar. Y entonces es cuando entra aquel hombre con el carné en la boca, Joan Puig, diputado de ERC, y con él vienen entre doce y quince más que comienzan a subir las escaleras. Llamo al innombrable y le digo: «Ven. Mira lo que está pasando». Avanzaban por las escaleras con cara de alimañas, como si esperaran una guillotina donde dar cuenta de nosotros. Hubo brazos rotos, pasó de todo… El innombrable cogió el teléfono fuera de sí. Primero habló con el presidente, luego con Mariano Rajoy, luego con Rubalcaba, que era portavoz del PSOE, luego con el director de *ABC*, luego con Pepe Bono, luego con el delegado del Gobierno: «Me has dicho que iba a tener a cincuenta personas». «Sí, pero no me hacen caso. No quieren salir». «¿Cómo que no quieren salir? ¡Si me lo hubieras dicho yo hubiera puesto a mi gente, pero tú me has jurado que tenías a tus hombres!».

El mando de la Guardia Civil odiaba al innombrable y fue el que retuvo a todos los agentes que, de llegar, habrían acabado con el incidente rápidamente. El innombrable anunció una querella contra Joan Puig y denunció a la Guardia Civil por omisión del deber. La foto del asalto ocupó la portada de *El Mundo* y se recogió en los medios de la competencia. En plena canícula encontraron el tema perfecto.

Esa piscina conoce los retratos íntimos de Zaplana, José Bono o Murdoch. El agua los dibujó antes de que ellos se borraran. Yo parezco líquida por el temor a ser demasiado sólida. Me encanta zambullirme allí, saber que soy de las pocas personas que pueden hacerlo, casi que cometo un pecado cuando me baño.

Al cabo del tiempo, Puig pidió perdón al innombrable en la presentación de un libro en Barcelona. Al siguiente verano se volvió a montar follón, tanto que hubo un juicio importante. Yo fui una o dos veces a Manacor desde Madrid solo para eso. Montaron una manifestación contra la piscina y el innombrable, que para eso tenía chispa y le sacaba jugo a lo poco que tenía, decidió hacer una contramanifestación. Por un lado, se reunieron unas trescientas personas, había algunos hasta de Herri Batasuna. Y en el otro, unos quince mil a favor de nuestra causa. Delante de mi casa, en el mar, aguardaban barcos de la Marina. En la escalera que baja a la piscina, cada dos escalones se apostó un soldado. En el cielo, dos helicópteros vigilantes y dos aviones que iban de un lado a otro. En uno de ellos colgaba: «La costa és de tots», y en el otro: «Libertad sin ira». Nos movilizamos. Llamé a toda la gente que conocía en la isla. Fue muy violenta esa historia. Al menos, a mí me marcó muchísimo. Estaba Eduardo Inda al mando. Inflamaba la contramanifestación. Estuvimos un mes preparándola. El periodista Esteban Urreiztieta seguía los hechos desde dentro de la casa. Isabel Alonso, mi íntima amiga, vino también. Tristán y ella iban de una manifestación a otra para ver cómo transcurría la de los radicales. Fue muchísima gente. Me resultó violento y a la vez maravilloso.

Después de la «okupación» por los de ERC, Pérez Rubalcaba, ya ministro del Interior, nos asignó a cuatro guardias civiles las veinticuatro horas del día, y cuando nos íbamos de vacaciones venían a Mallorca unos veinte que se turnaban. Un día Cósima saltó la valla a escondidas, tendría catorce años, y, claro, se dieron cuenta.

Todo estaba azuzado por Pedro Serra, que tenía un periódico en inglés y otro en catalán, y que durante todo el año iba calentando la temporada con muchas mentiras. En aquel momento me decepcionó muchísimo Greenpeace; yo había sido de Greenpeace de toda la vida. En el debate entraron hasta los ornitólogos. En la piscina crece mucho hinojo marino, que es lo más ecológico del mundo, nunca he echado un producto químico. Entonces, pensaba yo, ¿a qué venían? Era el odio de los pequeños grupúsculos independentistas.

Igual al final acaban tirándola. Si eso pasara daría la mejor fiesta de España en la piscina, la llenaría de champán…, bueno, montaría la de Dios. Yo conocí la piscina cuando tenía ocho años, cuando la hicieron. Y flipé. De alguna manera, la historia empieza y acaba en el mismo lugar.

El innombrable tiene una costumbre totalmente intrínseca en su persona que es el desagradecimiento. Es requetedesagradecido. Olvidó en el acto la ayuda que nos habían prestado y cargó contra el PP como el que más. Yo creo que el mayor enemigo del PP ha sido él. Empezó con

Rajoy, Rajoy, Rajoy, y los sobres. Cuando se fue con su nueva mujer, ella dijo que lo que más le gustaba de él era su ataraxia. Según la RAE es la ausencia de deseos o temores. Yo añadiría la falta total de sentimientos.

En los primeros años del veraneo en Mallorca conocí a Jaume Matas antes de que fuera presidente, y a su mujer, que era de un pueblo cercano a Benidorm, Villajoyosa. Trabajaba de profesora en un colegio. Un día la veo con una falda y unos zapatos de Prada que te mueres. Empecé a sumar y me dije que aquella mujer llevaba encima cuarenta mil euros. ¿Cómo era posible? Se lo dije al innombrable y me replicó que no, que Matas era el más honrado. Tuve más intuición que él. Una intuición de sentido común, porque yo sé lo que vale una falda de Prada, aunque la haya comprado en un *outlet*. Esta señora no tiene un duro, es maestra, el otro tampoco es rico y ella va vestida de Prada... Le dije: «Estos señores roban».

# EL ÚLTIMO DESAYUNO

Las consecuencias de la crisis de 2008 me hicieron trabajar como una bestia. Octubre de 2016: estuve veintiséis días de *tournée* sin parar. Viaje Madrid-Nueva York. Allí le dieron un premio a los embajadores en Estados Unidos, en la Hispanic Society, una gala a la que asistía todos los años. De ahí, a Panamá. De Panamá a Nicaragua, donde montamos un desfile de no creer. Luego, a la México Fashion Week. Al día siguiente dormimos en el aeropuerto y nos fuimos a la ciudad de Ixtapa. El desfile allí fue uno de los que más trabajo me ha dado en mi vida. El calor y la humedad hacían que la ropa se pegara a las modelos como si estuvieran en la fiesta de la espuma de un bareto de Benidorm. Cuando salían, las mandaba a ducharse antes de incorporarse otra vez. Tristán se metió en la playa con unas olas de cinco metros. Hubo gente que llamó a la policía. La desorganización fue total. Pero el caos, les puedo asegurar, no pudo conmigo. Volvimos a DF. De allí a Perú; aparte de un desfile, inauguré una exposición y una tienda. Llegué a Madrid con ocho maletas y esa misma noche tenía que viajar a Milán porque me daban un premio importantísimo, la más alta condecoración en el mundo del calzado, la Fidelidad al Trabajo, en Vigevano. Cósima estaba allí porque si no llegaba a tiempo, lo recogería ella. En mi cabeza rondaba la misma idea: «Cuando llegue a Madrid voy a encontrar la cerradura cambiada». Yo no sabía nada de lo que sucedería, pero, inconscientemente, sí. Una mujer sabe cuándo está embarazada y cuándo le están siendo infiel.

Habíamos concertado una entrevista para *Vogue*. Meses antes, cuando Anna Wintour, la directora de la edición americana, vino a Madrid, el embajador de Estados Unidos durante el mandato de Obama, James Costos, y su marido, que llegaron a ser muy amigos míos, a la única diseñadora que invitaron fue a mí. Me sentaron frente a la homenajeada, y al innombrable, junto a Yolanda Sacristán, por aquel entonces directora de la edición española de *Vogue*. Le dijo Yolanda: «Cómo me gustaría haceros un retrato de familia». A ella no le interesaba mi moda en absoluto, lo que buscaba era un golpe social. Era enero de 2016. Entonces, Cósima vivía en Londres y Tristán estaba en China o por esos mundos. En el reportaje debíamos salir los cuatro y fue dificilísimo juntarnos.

Como decía, llegué de Milán un miércoles y la sesión estaba prevista para el último viernes de octubre de 2016. El innombrable me dice: «Me da un poco de pereza hacer estas fotos». Le respondo: «Primero, lo has organizado tú, y

segundo, yo hago tantas cosas que me dan pereza...».Vi-
nieron los perros de la finca, mis perros, los llevamos a la
peluquería; entonces tenía un chow chow maravilloso.

Ese día los perros durmieron conmigo, a las seis de la
mañana comenzaron a inquietarse y los saqué a la calle.
Estábamos acostumbradísimos a llevar varios escoltas.
Cuando llegué al portal vi que estaba abierto. Salí con los
perros y, a la vuelta, seguía abierto. La cerradura estaba rota,
tal y como lo había presentido. Al poco tiempo, empezaron
a llegar unas cuarenta personas: *catering*, peluquería, maquillaje, hasta trajeron unos muebles. ¡Pero quién se creía
Yolanda Sacristán para decorar mi casa! Incluso se atrevió
a decirme: «¿Por qué no hacemos una foto como la de
Lennon y Yoko Ono?». «A vacilar, a vuestra madre, porque,
la verdad, es que yo paso», le respondí.

Llegó el innombrable bastante antipático: «Yo, en una
hora, tengo que hacer la entrevista, las fotos y comer». Pero
como en esa época había pocos que le hacían caso, lejano
ya el eco de *El Mundo*, al ver a tanta gente y que Yolanda
había venido personalmente a hacer la entrevista, pues se
vino arriba. Era viernes a la hora del almuerzo. Me llamaron para invitarnos al Real esa noche. Le pregunté y respondió: «No puedo porque es un día importante». Era la
toma de posesión de Rajoy.

El reportaje de *Vogue* quería mostrar a la familia feliz, y
creo que fue el detonante de todo el asunto. Me imagino
que cuando la mujer con la que hoy está el innombrable
se enteró, le dio un ultimátum: «O te vas de casa o te dejo

mañana». Estoy segura de que fue esa noche cuando él tomó la decisión.

La mañana del día siguiente fue la única en ocho años en la que yo no tenía nada que hacer. Para que los perros no estorbasen, mis hijos se los llevaron al campo. Sábado, tranquila. Entra él. Me trae el desayuno a la cama. Dice: «Estoy pensando en que nos deberíamos separar». No reacciono. Como si me hubiera dicho que son las seis de la tarde. Sigo desayunando. Él se marcha. Es entonces cuando me pongo nerviosísima. Serían las once de la mañana y yo no tenía nada que hacer. Llamo a Cristina Palomares y le pregunto si me acompaña al Museo del Prado. Es lo primero que se me ocurre: ir a pensar o a lo que fuera. Cristina me responde que en el Canal hay una exposición de Jesús del Pozo y que podríamos acercarnos a verla. Bajo al portal. Cuando llega Cristina me subo a la moto que traía y no le digo nada de lo que había pasado. Nada. Cristina es una buena amiga. Por el camino me encuentro con mucha gente conocida. Al llegar al Canal nos damos cuenta de que la exposición se había cerrado el día anterior. Al volver, paro en una farmacia, tenía que comprar algo, no sé lo que era. Vuelvo a casa. Busco unas llaves que llevaban perdidas tres meses y doy con ellas. Y en eso llega el innombrable. Me encuentra con las llaves en la mano, las mira de manera extraña, como si llevara una pistola. Ha traído comida. No sé por qué no lo mando a la mierda. Durante la comida me dice: «¿Qué has pensado de lo que te dije esta mañana?». Respondo: «Me parece bien». En ese momento, lo que se me ocurre es hablar de las casas: para quién iba a ser la de Mallorca, la de Madrid… «¿Y los libros?», le pregunto. «Los voy a dejar aquí y más adelante vendré a recogerlos». «No, no, no, los libros salen de esta casa todos», fue mi respuesta. Desde entonces, no he vuelto a hablar con él.

# CRONOLOGÍA DE UN DUELO

El sábado me fui a dormir a la finca de Mónica Oriol y Alejandro Aznar en Cabañeros. A principios de semana me había telefoneado Mónica para confirmar su invitación. El innombrable no lo tenía claro, así que le dije que iría con Isabel Alonso, mi ginecóloga y la de Mónica, y que no sabía si nos acompañaría el innombrable. El sábado, pues, quedé con Isabel Alonso para seguir el plan. Yo estaba histérica. Me preguntó si podía conducir, le dije que sí, ella fue la copiloto. Por el camino decidimos que había que llamar a un abogado. Pensé que todos los abogados que conocíamos tendrían miedo del innombrable, pero llamé al que había ayudado a Isabel en su divorcio y dijo que me recibiría el lunes y lo arreglaría. El sábado por la noche estábamos en una de las mejores fincas de España, aunque la cena no resultó porque la cocinera cayó enferma. Luego, vimos una película sobre las cuevas de Altamira en la que salía Antonio Banderas. Cuando me fui a dormir, Isabel me dio un Orfidal.

La mañana siguiente me sentí tan desubicada por no tener pareja que me llamaba la atención todo lo que hacía Alejandro Aznar, quería seguir todos los pasos del hombre. Me agarré a un sentimiento animal tras el abandono. No sé cómo Mónica Oriol no me mandó a mi casa. Dimos un paseo de unas cuatro horas, por allí había jabalíes, corzos, ciervos... Fue una mañana absolutamente apoteósica. El reposo después del tsunami. Esa misma tarde visitamos la casa de Marisa Oropesa y Cristóbal Toral, cerca de Cabañeros. Él le dijo a ella: «Qué mal he encontrado a Ágatha».

El domingo por la noche volvimos a Madrid, le dije a Isabel Alonso que le pidiera a Cristina Palomares un piso en el que no vivía para pasar la noche. Preguntó: «¿Es grave?». «Sí, lo es», respondió Isabel.

El lunes por la mañana fui a refugiarme al Museo del Prado con Cristina Palomares. Mientras estaba allí me llamó el innombrable, le pasé el teléfono a Cristina para que le dijera que no quería hablar con él. Pregunté si iba a comer a casa y le dijo a Cristina que no.

Mi cabeza empezó a revolucionarse a pesar de que estaba en estado de *shock*, tanto que en una semana adelgacé diez kilos, el comienzo de la *Shock Diet* que les conté antes. El lunes ya hice una llamada a un hombre muy importante para mí del que no puedo dar el nombre porque tiene pareja. Me hubiera casado con él. Estaba loca de amor. Me vino cojonudamente bien, después del palo, sentirme enamorada de verdad. Se trataba de un mecanismo de defensa. Mis recursos psicológicos hicieron que se me despertara ese amor que me ayudó muchísimo, más los orfidalitos que me recetó Isabel Alonso. La relación no duró demasiado, pero fue muy intensa. Venía de tiempo atrás y hasta entonces la mantuve congelada. Viví después algunas historias bastante divertidas y anónimas que al final no me despertaron la atención suficientemente, hasta que apareció Luismi, el dueño de Desguaces La Torre y, no sé por qué, me apeteció pararme en él.

Ese mismo lunes me despedía de Juan Carlos Mesa, un diseñador que llevaba quince años trabajando conmigo. Almorzamos en casa. Esa noche fui a dormir a mi finca de Brea del Tajo. El martes vinieron mis mejores amigas a verme, entre ellas, Sofía Barroso y Elena Garrigues. En total, éramos nueve. No cesé de preguntarme con quién estaría el innombrable. Todavía no lo sabía.

En nuestros primeros días juntos, yo tenía una bolsita con cuatro cremitas, e iba de su casa a la mía tan contenta; no conocía ni a la asistenta. Hasta que me quedé embarazada. A pesar de eso nunca me quise casar. No me molaba ser señora de Ramírez. No le veía la gracia. Si hubiera sido duquesa de Malborough, por decir, a lo mejor. Y al final me casé por consejo de mi abogado en el verano de 2016. Fue un trámite sin ninguna emoción. Llegué callada. Apenas tuve la oportunidad de hacer planes para preparar una fiesta en septiembre, se avecinaban grandes nubarrones y la tormenta se desató en octubre. Creo que él quería casarse porque su asesora jurídica le diría que a través del divorcio arreglaría las cosas mejor conmigo, con quien había tenido una convivencia clara y demostrable de treinta años. Porque solo con esa convivencia, sin casamiento, le hubiera podido sacar hasta la hijuela.

Hay dos preguntas que me hubiera gustado hacerle. Una es por qué se casó conmigo si iba a separarse meses después. Y la otra es que me explicara su elección. ¿Dónde estaba el secreto? ¿En que era abogada? Con respecto a su anterior mujer no tuve mala conciencia porque, para empezar, no pensaba que íbamos a durar treinta años, yo iba a por el niño. Cuando se fue con su nueva mujer le dejó claro que no quería tener más descendencia.

Antes de que se imprimiera la revista *Vogue* donde aparecía nuestro reportaje, se filtró todo. La directora, Yolanda Sacristán, llamó al innombrable y le dijo: «Me he enterado de que os habéis separado, ¿qué hago?». Él le aconsejó: «Si yo fuera tú, pararía las máquinas y levantaría el reportaje». Mintió, él nunca hubiera hecho eso. Entonces, Yolanda me empezó a llamar a mí. Yo no cogía el teléfono. «Ágatha, te lo pido de rodillas, atiéndeme dos minutos». Y entonces llamé: «Tienes nuestra última foto».

Al poco tiempo, mes o mes y medio después, empecé a invitar a gente a comer a casa, entre otros, a ella. Me dio un premio, el *Vogue* Joyas. En esa época me ayudó muchísimo Javier Pascual, presidente del grupo editorial Condé Nast, al que pertenece *Vogue*. Le conté a Yolanda cómo había sucedido todo y me quedé pasmada por su falta de sensibilidad. Ella lo vivió, se lo conté todo. Estuvo ahí ese día. Al cabo de tres meses publicó el reportaje de los innombrables en Florencia. Pasado un tiempo, a Yolanda la despidieron de *Vogue* y empezó a trabajar en *Harpers Bazaar*. Me invitó a una cena que organizaba su nueva revista y decidí acudir con Luismi, con el que ya salía por entonces. Yolanda Sacristán hizo un brindis: «La mayor ilusión que tengo en esta fiesta es que haya venido Ágatha, que es mi amiga». Me levanté y dije: «Lo siento, Yolanda, no te equivoques. Yo no soy amiga tuya. Una cosa es que haya venido y otra que yo sea amiga tuya, ni lo soy ni lo voy a ser nunca». Se quedó petrificada.

Yo le salvé el número. Le dije que siguiera adelante. Lo tituló: «La última cena». Fue el morbazo, todo el mundo miró esas fotos con otros ojos. Porque fueron las últimas. Creo que me porté muy bien con ella porque pensé que, fuera como fuera, no tenía culpa de nada, y ella me respondió con un sopapo.


Con *Vanity Fair* pasó lo mismo, yo ya me había peleado con Luismi cuando tenían preparada una portada con nosotros dos, me preguntaron qué hacían y dije que sacaran la entrevista. Y, según ellos, es de las mejores portadas que han hecho en toda su vida.

# LA LITURGIA DEL BURKA

Lo he repetido muchas veces. En este mundo del arrumaco estéril, cuando todos quieren abrazarse de mentira tras una pandemia de verdad, yo digo: no me gusta que me toquen y, sobre todo, no me gusta que me toque gente que no me conoce de nada. Tal vez por eso hay personas que igual me ven distante. Confunden lo que hacen los reyes cuando se acercan al pueblo con lo que hacemos algunos terrenales. Puedo estar muy cerca de alguien aunque no nos rocemos. Creo que soy una adelantada al amor en los tiempos del «multiverso». No sé, soy tan yo que a lo mejor no quiero contagiarme de nadie que no quiera.

Me he protegido tanto del exterior que desde el día en que el innombrable —lo que no tiene nombre de alguna manera no existe— dijo que quería separarse, no quise verle nunca más ni tampoco que él me viera. Le retiré el derecho a mirarme. Cuando me citaron para firmar el divorcio, aunque imaginaba que lo haríamos en estancias separadas, por si acaso me encontraba con él en la puerta o en los pasillos me puse un burka que un amigo periodista me trajo de Afganistán. Realicé una *performance* que le dio al traje un significado diferente al de los talibanes. Para mí resultó una liberación, me encontraba liviana, perfecta dentro de aquella casita, protegida de las miradas no deseadas. Fue uno de mis mejores desfiles.

El burka tenía un color azul violeta, solo se me veían los ojos. Lo preparé todo como se atiende una ceremonia. Hay actos en los que la liturgia es muy importante, lo que no imaginé es que uno de ellos sería el divorcio. Nos habíamos casado tres meses antes sin darle importancia simbólica. Divorciarme con burka fue como un *happening*. Las imágenes salieron en el *¡Hola!* y causaron sensación. Muchas mujeres se sintieron identificadas y muchos hombres me felicitaron por el valor de hacer, una vez más, lo que me había dado la gana, que es lo que los hombres no entienden del todo de las mujeres: nuestra capacidad para hacer lo que queremos en el momento oportuno. Los señores me echaban los tejos, pero yo no me enteraba; ya me acostumbré.

La subida de popularidad después del divorcio fue algo inesperado, no lo busqué. Creo que les pasa mucho a las divorciadas. Lo he analizado. Casi todas las famosas han pasado por algún divorcio. ¿Por qué se hizo tan popular Isabel Preysler? Porque se divorció la primera vez. Luego ya que si el marqués de Griñón, el pasote con Boyer y de ahí a Vargas Llosa. A la gente, cuando ve que lo pasas mal, le caes mejor. Nunca se debe decir que todo va fenomenal porque lo que hay que evitar es causar envidia. Aparte de que a nadie le va fenomenal. Todo el mundo tiene problemas, basta con que se rasque un poco. Empecé a formar parte mediáticamente del club de las divorciadas españolas, una pestaña en un archivo. Busquen mujeres famosas divorciadas. Ahí estoy yo, Shakira, Paula Echevarría y Paloma Cuevas, entre otras. De alguna manera me sentí como una categoría en un algoritmo. Lo que no esperaba el algoritmo es que puedo y quiero aprovecharme de él.

Creo que he estado más enamorada de Luismi que del innombrable. ¿Por qué? Es que con Luismi me pasaba todo el día riéndome… Aparte de que fue algo inesperado… ¡Iba a Parla! ¡Contaba el dinero en las mesas! Eso era descacharrante. El innombrable y yo nos llevábamos fenomenal, fue una relación estupenda. Yo firmaría ahora mismo algo así. Treinta fueron muchos años. Me dije: «Joder, tengo cincuenta y seis, y ahora, ¿qué hago?». Todas mis amigas se habían separado; mi madre se separó; yo, igual que tenía claro lo del aborto, me parecía lo más natural del mundo el divorcio. Entonces, ¿cómo pude pensar que no me iba a divorciar? Es que no cabe en cabeza humana. ¿Cómo pudo sorprenderme tanto el asunto? Pero es que él me decía: «Te quiero, te adoro…». Y me estaba mintiendo.

A los pocos días me fui de viaje a no sé dónde y él se fue a la finca con Tristán. La finca era mía, había sido de mi abuelo, y yo lo había pagado todo, y él nunca había ido solo, jamás. Quizá fue a buscar un libro. Tampoco había ido a Mallorca sin mí. De alguna manera en aquella visita a la finca le pidió perdón a Tristán. Dijo: «No voy a volver a ver esto en mi vida, ¿crees que tu madre me perdonará?». Tristán le respondió: «Hombre, si te pones de rodillas y te pasas así ocho meses, igual tienes alguna oportunidad». En el fondo, no tenía absolutamente nada contra mí. Al principio quiso quedar muy bien conmigo. Pero luego no pudo ser. Él tiene un mecanismo mental muy raro en el que no existe nada más que su ego. No ha tenido un amigo nunca, no le importa que desaparezcan todos, no le importa nada.

Él se acostumbró a ser la estrellita. Yo me acoplé. Y luego hacía mi trabajo. El innombrable era mi punto de referencia. Como él no tenía ningún amigo en el mundo, su único punto de referencia era yo. Eso nos anclaba. Es como si todo diera vueltas alrededor y siempre estuviéramos mirándonos. Algo así puede ser el amor, entendido a nuestra manera, no el amor romántico, que está en desuso porque es imposible alcanzarlo hoy día, sobre todo para una mujer que ha vivido como yo. El amor está agazapado en el cerebro.

# PERIODISTAS: LA PLEBE
# Y LA ARISTOCRACIA DE UMBRAL

«La nieve, hasta cierto punto, estimula los teléfonos», escribió Umbral cuando una nevada dejó incomunicada la vida social de Madrid. Estuvimos a punto de sacar un libro que habíamos preparado sobre la relación entre Umbral y yo. Lo escribía una cuñada de Casimiro García-Abadillo.

Yo fui la que presenté a Paco al innombrable. Escribió un montón de artículos sobre mí. En el año 1984 me incluyó en una serie de entrevistas que publicaron en *El País* que se llamaba «Las nuevas españolas»: «Ágatha Ruiz de la Prada, sobrina de Senillosa, niña entre Madrid y Barcelona, viene hacia mí. Pelo corto, como revuelto por la mano del amor, mascarita de cal rosa, pálida, como un dulce finísimo enyesado que le deja libre los ojos sin pintar, que blanquea sus abultados labios de colegiala perversa». Así me describió. Se publicó el 3 de diciembre.

Mi relación con él fue brutal, muy intensa. Hoy hablan de Umbral con mucha impostura personas que jamás le sostuvieron una copa. Estuve en su casa, en Valladolid, en el hospital con él, presentando libros suyos, fue el padrino de Cósima y traté mucho a su mujer, María España. Me sacaba fotos porque ella trabajaba para *Interviú*, siempre me cayó bien y me porté bien con ella.

María estaba celosísima. Yo intentaba hacerle ver que no había que tener celos, que no tenían sentido tratándose de Umbral, pero los sentía. Debió ser muy mona, al principio, pero enseguidita se cuidó muy poco. Lo pasaba muy mal, no llegó a acostumbrarse a Madrid. Aunque al final, como decía el innombrable, las columnas las escribía ella, tanto se adaptó a su gran amor. Él era muy dependiente de su pareja. Hace poco se estrenó un documental que es un canto a su mujer, pero que está muy alejado de la realidad.

Se compraron la famosa *dacha*, donde él tiraba a la piscina los libros que no le gustaban. Ella tenía poco arte para llevar la casa. No sabía dirigir al servicio y él era complicadísimo para comer. Le he visto en Zalacaín pedir un tomate con un poquito de sal, en el mejor restaurante de Madrid. Luego, a lo mejor, se zampaba un perrito caliente por la calle. No comía nada y luego se pedía tres postres, por ejemplo. Estaba muy mal alimentado. Creo que se murió de lo mal que había comido. Tampoco había en su casa una hora del desayuno, de la comida y la cena, como hubo en mi casa siempre, toda la vida. Era un despropósito. En verano iba con su famosa bufanda nevada de miguitas de pan. Fue un hombre al que le encantaban las mujeres y estaba mermado por la soledad. Aunque tenía toda una corte con algunas reinas.

María España sufrió mucho con Paco, que era un hombre capaz de hacer sufrir a una mujer a niveles insospechados, aunque él no lo supiera. Pero ella nunca se quiso separar de él. Decía que nunca le dejó. Y es verdad. Recuerdo una noche en que se quedó encerrado en un cuarto de baño con una chica. Se le rompió la puerta y él, que era un paranoico, se pasó hasta el amanecer en pelotas, histérico. Esa historia la viví en primerísima persona. Otra lo hubiera mandado a tomar por saco. Luego pidió perdón a María. Por si alguien lo piensa, no era yo la del baño.

Umbral vio en mí un personaje, como a tantas otras a las que enseguida capturó y convirtió en una diana diaria. En una final del festival de Eurovisión a la que nos invitaron como parte del jurado, me pidió que lo maquillara a mi manera, a lo bestia. No sabíamos nada de música. Ni quiénes eran los que participaban. Todas las mujeres se maquillaban para ponerse guapas y yo lo hacía para ponerme fea. Empecé a cambiar eso con casi cincuenta años. Antes iba con los pelos cortados por mí. A hachazos. Cuanto peor salía, más bonito, más moderno me parecía a mí. Y a Umbral.

Una amiga mía de la que no revelaré el nombre tuvo una gran historia de amor con él, pero, la mayoría de las veces, las relaciones con las mujeres se quedaban en la literatura. Siempre estaba acojonado, tenía frío, tenía hambre, tenía miedo; era muy hipocondríaco. No sabía conducir, pero vivía en una casa que estaba a 20 kilómetros de Madrid.

He sido una de sus mejores amigas. Lo he querido, lo he ayudado y lo he admirado. Debió tener más historias. Otra cosa es que yo las viera. Él siempre iba con una o dos «choricillas». Pero también Anson iba con chicas despampanantes y, después, no había nada. O sí. A Luis María me lo encontraba cada vez con una nueva poetisa joven. He sido muy fan de Anson.

Al cabo, Umbral era un señor de provincias que llegó a Madrid con una historia complicada, porque no sabía muy bien quién era su padre. Vino sin un duro y muy obsesionado con los intelectuales. Aunque ganó dinero, era temeroso y apenas gastaba. Creo que recordaba cuando no lo tenía. El día que le conocí, en 1984, cuando escribió la serie de «Las nuevas españolas», para mí Umbral no era nuevo. Recuerdo ver *El Giocondo*, una de sus grandes novelas, en casa de mis abuelos, tendría yo doce o trece años.

Abrí una exposición en la galería de Marta Moriarty. Vino y me jodió la inauguración. Yo vendía dibujos a cinco mil pesetas. Tendría doscientos. Se pasó todo el tiempo hablando conmigo y no pude atender a nadie más. En aquella época le invitaba a muchas inauguraciones y desfiles, y comenzó a fraguarse una relación interesante. Cuando le echaron de *Diario 16*, lo primero que pensó el innombrable fue en llevárselo a *El Mundo*. Hablamos mucho con él sobre el nuevo periódico al que yo quería llamar «El Ojo».

Fui amiga de todas sus musas: de Sisita, de Pitita, de Inés Oriol, de todas. A mí, Pitita, que me quiso mucho, me parecía supermayor, y sin embargo yo ahora soy Pitita, con la edad que tenía ella en esa época. Para mí Umbral era Dios con las palabras. El hombre que mejor escribía columnas de España. Creo que no ha sido superado. Estuve muchas veces con Umbral y con Cela. Ahí hubo un pique porque siempre existió el malestar por no entrar en la RAE. Como articulista me quedo con Umbral. El gran drama de Cela es que tuvo un éxito brutal muy joven. Siempre digo que es muy peligroso ser joven y tener mucho éxito porque luego, ¿qué haces? Es lo que le pasó a García Márquez con *Cien años de soledad*. Cela escribió *La colmena*, novela que no alcanzó la cima de *La familia de Pascual Duarte*.

Como parte de su comedia del absurdo, Umbral me hizo ir de testigo a un juicio en el que se dirimía si un escritor, creo recordar que era González-Ruano, había ido mucho de putas o algo así. Yo fui a decir que, efectivamente, era así. Le presenté *Fábula del falo*. Las columnas de Umbral despertaban en mí una admiración como la que podría sentir por Picasso o por Miró. Me decía: «Dios santo bendito, pero ¿esto qué es?». El día que murió estábamos en Mallorca y volvimos rápidamente a Madrid. Estuvo Jaime de Marichalar. Se quedó siete horas. Me asombró, yo era muy amiga de Marichalar, pero nunca supe qué pintaba allí, como si fuera un hermano del difunto.

Cela me quiso muchísimo, gracias a Marina Castaño, la verdad. Yo admiraba mucho a Camilo. Marina, cuando se casó con él, empezó a recibir sin parar y formó a un grupo de gente, entre los que nos encontrábamos, al que llamaba casi una vez por semana. Cuando le dieron el Nobel, después del baile con el vestido de Jesús del Pozo, ganaron muchísimo dinero. La llamaban «Marina Mercante».

Cuando murió Camilo yo estaba en París, no pude ir a su funeral. Le dije a Marina que al volver la llamaría. La invité a comer y me preguntó si estaría el innombrable. Me pareció una pregunta alucinante porque yo le estaba ofreciendo mi amistad, no la influencia de un periódico. Cela tuvo su gran momento y con Marina, un segundo gran momento. El Nobel me hizo el prólogo, gratis, de un libro que tengo por ahí. Tampoco se esforzó mucho, pero ahí está.

También traté mucho a José Luis Martín Prieto, al que le ocurrió una cosa surrealista. Un día no apareció en su casa y su mujer, muy preocupada, llamó a la Policía. Eran los años duros de ETA y cabía la posibilidad de que lo hubieran secuestrado. La Policía nos llamó a todos los que podíamos saber algo de él. Al final le encontraron con una mujer ¡en un hotel al lado de su casa! Allí acudió la Policía, la Guardia Civil, todo el mundo. José Luis estaba acojonado. Borracho, se había dormido, y cuando vio el follón no se atrevía a salir.

Les repito mi mantra. Desde pequeña he tenido la suerte de tratar con intelectuales, artistas o personajes importantes, como don Juan o don Juan Carlos. Una tía mía pagó la carrera a Montserrat Caballé. Me movía en un nivel estratosférico. Les recuerdo que Manolo Santana jugaba al tenis con mi madre. Conocí a Luis Miguel Dominguín. Hubiera matado por él, porque era el hombre más sexi que he conocido en mi vida. Siempre he estado muy cerca de los listos y de los poderosos. En este momento en el que escribo estoy más gitaneando por la vida. No conozco a todos los ricos, pero sí a casi todos.

Recuerdo una ocasión en que, como el innombrable era un maleducado de alucinar, me dejó a mí sola con Murdoch. Me pasé varias horas con él en la casa de Mallorca y no me abrí las venas de milagro; ya no sabía ni de qué hablar. Pero Murdoch me invitó a mí a su cumpleaños en Nueva York. Me vio tan preocupada por él que me cogió cariño.

Una de mis pocas desilusiones fue García Márquez. *Cien años de soledad* me parece lo máximo a lo que puede llegar una novela, pero fue tal la decepción que en aquel momento me dije que no quería conocer a nadie más. En cambio, Arrabal está como una cabra, pero tiene un discurso más que interesante. Al innombrable le gustaba mucho Bernard-Henry Lévy. Asistió a mi primer desfile en París. Cuando conoció a la nueva mujer del innombrable —esto me lo contó mi primo—, se quedó completamente flipado. Había visto a una diseñadora que llevaba los labios pintados de verde y que estaba considerada una artista, y se encontró con una señora que no tenía nada que ver. Se preguntó qué le había pasado al susodicho. Pasamos un fin de semana en casa de Henri Lévy en Marruecos. Su mujer, Arielle Dombasle, se bañaba desnuda en la piscina. A la vez estaba con Daphne Guinness.

Una cosa buena que tengo que agradecerle al innombrable es que esa vida de roce continuo con lo que se movía intelectualmente la disfrutamos durante años. Hubo una época en que le importó mucho el prestigio cultural.

Tiempo atrás el innombrable solo hablaba con políticos o personas influyentes, no como ahora. Había pertenecido a la aristocracia, a la realeza del periodismo; de alguna manera, él tenía su árbol genealógico en su profesión. De ahí pasó a verse como uno más de clase media, lo cual, puedo asegurar, debe ser muy doloroso. Los títulos no solo interesan a los grandes de España. Él había sido rey y se convirtió en un mendigo. Enfrente, Inda con su ambición y su *OK Diario*, que tiene su influencia, aunque al estilo Inda: más gamberro. Aparte de sus informaciones, Inda tenía sus amistades. El innombrable solo tenía las informaciones. Inda quería comerse el mundo y el otro, que ya lo ha digerido, ve cómo lo que se van comiendo es su patrimonio. Le encantaría pegar un pelotazo y vender el periódico, y quedarse como reina madre, saludando con la mano derecha hacia un lado y hacia el otro con la mirada perdida. El innombrable tiene setenta años muy mal llevados y nunca ha estado bien.

Cuando organizaba una comida para veinte personas, y, entre ellas, había cuatro periodistas, estos no traían nada. Todo el mundo llegaba con algo, lo que fuera, pero los periodistas se creían dioses. Así fue durante muchísimo tiempo. No era gente normal. Y el innombrable se creía el superdios del siglo. Pero gracias a esta ensalada periodística he conocido a gente muy interesante.

Mi relación con Federico Jiménez Losantos es extraordinaria. De hecho, al divorciarme, uno de mis grandes pilares fue él. Cuando quería aclarar mis neuronas, si es que pueden aclararse, iba a casa de Federico. Me dio los tres consejos que me tenía que dar, porque conocía perfectamente al innombrable. Federico es muy listo y buena persona. A pesar del éxito que ha tenido, vive en una casa normalísima, no como, por ejemplo, Butanito (José María García), que tenía una de lujo en La Moraleja.

Federico es uno de los hombres más listos que he conocido en mi vida, capaz de leerse un libro de 1.700 páginas en un día y medio y no perderse ni una palabra. No quiere aparentar. Creo que es muy honrado. También me cae fenomenal su mujer, que es muy guay, muy normal. Habrán tenido sus crisis, pero son personas estupendas. Invitó al innombrable a la radio por agradecimiento, porque el otro lo había tenido de columnista en *El Mundo* durante años. Ahora no se hablan. Hay de fondo cuestiones políticas y también la evidencia de que Federico me defendió a mí. Me dijo tras el divorcio: «Ponte guapa y búscate un novio». Ustedes dirán si he seguido su consejo.

Eduardo Inda y yo nos hicimos muy amigos. Apareció en mi vida con el ataque a la piscina. Como el innombrable no le hizo director de *El Español*, Inda no aguantó y montó su propio periódico digital. Tenía muy buenos contactos, empezando por Florentino Pérez. Se puso de mi lado completamente.

Tuve la información sobre el caso de López Madrid y la famosa dermatóloga por una carambola. En vez de decírselo al «innom» se lo conté a Inda. No se lo dije al «innom» porque no me habría hecho caso. Fue un gran éxito. El «innom» se enfadó conmigo: «¿Y a mí por qué no me has dado esa noticia?». «Pues, chico, no pensé que te pudiera interesar tanto», le contesté.

Inda fue el que me puso en contacto con *La Razón*. Me dijo: «Mira, este es el mejor grupo de España…, porque son los únicos que ganan dinero». No sé si sería así pero me hice muy amiga, gracias a Inda, de Francisco Marhuenda, el director de ese periódico. Salimos a cenar muchas veces. Ahora menos. Lo único malo es que es abstemio. Y luego me hice amiga de su mujer, que es catalana, de la familia Rivière, a los que conozco de toda la vida. Marhuenda me presentó a Mauricio Casals, presidente de *La Razón*, un hombre encantador, y a José Creuheras, presidente del grupo Planeta. En ese momento las relaciones eran muy malas con el innombrable y estos me ayudaron mucho.

He conocido a los más grandes periodistas de España. Al Guti (José Luis Gutiérrez), que se murió; a Raúl del Pozo, del que me hice muy amiga. Decía siempre: «Qué buena está la mujer del jefe». Era muy simpático, pero tuvo miedo cuando me separé del innombrable, porque era más mayor, supongo, y luego se murió su mujer, Natalia, que me caía fenomenal. Creo que me quiere mucho, pero no cogió el teléfono como Inda y tantos otros. Iban a mis jueves. Con la mujer de Martín Prieto, Cristina Scaglione, tengo una amistad brutal. Me hacía amiga de la gente que me gustaba. La última vez que la vi, el año pasado, en su casa de El Escorial, estaba regular. En otra ocasión, di una conferencia allí, la llamé y me dijo que no tenía cómo desplazarse. Le recomendaron operarse de la rodilla. Pero ella, aunque es médico, optó por no hacerlo. Yo hubiese preferido morirme en la mesa de operaciones que no poder andar.

A Pablo Sebastián le he conocido siete novias. Luego Pablo se peleó con el «innom» y ya no sé cómo están. Lo he tratado una burrada. Tenía mi estudio en Marqués de Riscal y al lado, encima de la discoteca Archy, estaba *El Independiente*, el periódico que Pablo fundó.

He conocido a toda la gente que ha brillado en España: a Sánchez Ferlosio, Terenci Moix, Antonio Gala, Pérez-Reverte, Luis Antonio de Villena, Eduardo Mendicutti... Recuerdo que el día que echaron al innombrable del periódico estaba en casa Pérez-Reverte. Aunque a mí me contaron que lo habían echado hacía mil años, pero que se encastilló.

# UN MARQUÉS PARA EL CHIC, UN BANQUERO PARA EL CHEQUE Y UN *GIGOLO* PARA EL *CHOC*

Carlos García-Calvo escribía una sección en *El boletín de Ágatha Ruiz de la Prada*, tirado en papel rosa, a la manera de un panfleto, titulada «Mi gran amor de este mes» en la que en cada número íbamos glosando historias reales o inventadas. Ahí va una:

«Mi gran amor de este mes fue Alberto García-Alix». No pude resistirme. Me lo presentó Ceesepe que me decía que las malas lenguas opinaban que yo tenía cincuenta y cinco años y que estaba milagrosamente conservada. Estaba a punto de enseñarle mi documento nacional de identidad que llevaba en mi bolso cuando una voz ronca, pero a la vez musical, y, para qué ocultarlo, sexi, me dijo: «Hola muñeca». Sentí como un escalofrío me recorría, desde mi pelo esquilado, hasta las puntas de mis pies (talla 47). Levanté la vista para ver a un *rockabillero* divino todo patillas, cicatrices y tatuajes que me desvestía con la mirada somnolienta. Ceesepe, dándose cuenta de la electricidad de miles de vatios que fluía entre el *rockabillero* y yo, murmuró, innecesariamente: «Es Alberto García-Alix». Alberto me dijo: «Nos vemos, princesa». Yo respondí: «Sí». No lo dudé. Recogí mi bolso del supermercado y a mis hermanas, pero Alberto dijo: «Tú nada más, no quiero un circo». Las pobres estaban maquilladas de payaso, como de costumbre. Fuera nos esperaba su Harley-Davidson negra que tantas veces había visto fotografiada. «Agárrate las sedas», me dijo. Recoger un vestido de aro es algo complicado; pasearse en moto con aro, casi imposible. Pero yo lo logré. En su casa solo había una cama enorme y muchas botellas de Jack Daniels. Fueron tres días inolvidables... Me hizo vestirme de cuero y cadenas, y mi maravilloso aro de seda lo usó para limpiar el aceite de la moto. Lo amé con locura, pero no daba más de la música *rockabillera*, y los paseos en moto con los fríos del invierno me produjeron un terrible resfriado. Cuando salí del hospital donde me curé la pulmonía y, después de que me borrara aquel Mickey Mouse que me había hecho tatuar por amor en el *derrière*, decidí que era mejor una vida menos arriesgada, aunque aquellos brazos de hierro y esa voz de Bourbon me enloquecían. Además, qué maravilloso que la llamen a una «princesa».

He buscado a mi padre en otros hombres. Mi padre era Aries, como mi abuelo, como el innombrable, como Tristán. Parece que necesito un hombre protector, aunque normalmente suelen ser unos sinvergüenzas. Tuve bastantes novios. Hagamos memoria. Antes del innombrable, el chico que me dejó embarazada dos veces y el hombre, mayor que yo, que me compró la casa de Polop de la Marina y que pagué. Siempre he querido tener resuelta esa parte emocional porque me ayuda a estar tranquila y a trabajar mejor.

No le di mucha importancia al sexo. Qué pereza. Mi madre nunca se vistió para ponerse sexi, al revés, lo consideraba ordinario. O sea, que se pueden tener muchos planes sin que giren alrededor del sexo. A mí me ha interesado más de mayor que cuando era una jovencita. Hay personas que solo viven para el sexo, entre ellas, muchas señoras. En cambio, mi plan es una exposición, una ópera… Los señores piensan que las mujeres estamos deseando; entiendo que desean su propio deseo. Nunca lo he buscado. Jamás he ido a por un hombre a un bar ni a ningún sitio, ni siquiera con amigas, pero lo tengo planeado… Lo bueno es tener muchos planes para que no se tenga que llegar a eso. Cuando me divorcié desconfié mucho de los hombres. El tiempo me ha dado la razón: no te puedes fiar un pelo.

Suena música de Los Nikis, como en el desfile-concierto «Ágatha for President». Año 1985. Solo uno después presenté «Chic-Cheque-Choc», basado en los tres hombres que debe tener una mujer: un marqués para el chic, un banquero para el cheque y un *gigolo* para el *choc*. Tenía ganas de provocar, pero, de cierta manera, algunas ideas transgresoras acaban convirtiéndose en reales. A feminista no hay quien me gane, qué coño, que diría Francisco Umbral. No es elegante hablar de dinero, pero si no lo tienes es ya de mal gusto. Cuanto más dinero atesoro menos menciono el tema.

# FIRST DATES
## O EL JUEGO DEL AZAR

Fui sola a la boda de Olivia de Borbón. Yo me había hecho muy amiga de Olivia porque Tristán se enamoró de ella. Creo que ni se lo dije al «innom». Me cogí un billete de tren a Málaga… Me pasó algo estrafalario. Llegué a la estación. Tenía un coche alquilado, pero al recogerlo me di cuenta de que el carné de conducir estaba caducado. Iba justísima de tiempo. Me dijeron que fuera a El Corte Inglés y que allí me harían un carné nuevo. Me maquillé mientras esperaba a que me lo hicieran. Estaba sola. Dormí en un hotel. Patón (el abogado José Manuel Díaz-Patón) mi actual pareja, estaba ahí también y yo no lo vi. He estado en mil sitios con él porque era el dueño de la discoteca Archy. Y no lo vi nunca. Luismi me decía: «Si yo te hubiera conocido…». Y yo digo: «Si yo te hubiera conocido no te habría mirado nunca, jamás en la vida». O sea, yo jamás me hubiera ido con Luismi. Menos el día que le conocí, exactamente a esa hora. De hecho, yo he coincidido con Luismi en sitios, y con Patón en otros, y no nos hemos encontrado. Y también había estado antes con el innombrable, porque el día de la fiesta a la que vino Andy Warhol salimos en la revista *Semana*: él estaba con Ana Obregón y yo en una foto con Andy Warhol. O sea, que él estaba ahí pero no nos vimos. Y también en el primer concierto de los Rolling Stones en Madrid, los dos estábamos bajo la lluvia, pero nos mojaba agua diferente.

Recuerdo cuando Luismi me enseñó sus caballos. Yo me reía por dentro porque la situación era divertidísima. Él es muy primitivo, pero se monta un papelito de cómo ligar; lo piensa y lo lleva a cabo. Su casa está ideada con el fin de ligar. Es la mejor que uno pueda imaginar para ligarse a una mujer. ¡Y para que no pueda volver a entrar ni salir porque está totalmente amurallada! Llegué y me enseñó unos caballos que no usa nunca. A mí el olor a caballo me pone mogollón. Una cuadra, otra cuadra, otra cuadra, caballos y caballos y caballos. Con lo cual te está diciendo: «Estoy forrado», porque, si no, ¿quién mantiene a esos animales? Hay un solo dormitorio en, no sé, cinco mil metros cuadrados. Solo uno. No hay salón, no hay comedor. No es una casa, no es como las casas que yo he visto en mi vida. Es un bar. Hay un cuartazo que no sirve nada más que para eso. No tiene ni wifi. Le dice a sus amigos: «Te voy a dar una fiesta, pero me tienes que traer a unas tías que estén muy buenas, ¿eh?». Entonces, él se da un paseo con ocho chicas y les va pidiendo el teléfono. Todo está perfectamente diseñado. A mí me iba entrando el ataque de risa. Pero, por lo que sea, ese día te apetece…

Él se estaba haciendo un museo. Al lado del museo tenía las garitas de la obra, con cuartos de baño de hombres, como *containers*. El museo estaba a medias. Encima de los cuartos de baño había una oficina y, más arriba, un espacio todo iluminado con los mejores güisquis que había visto en mi vida, tequila y una cama. Y una neverita de donde sacaba caviar… Primero está su plan A, luego su plan B, su plan C y su plan no sé qué. Es tan obvio que resulta genial.

Si aún hubiera estado con el innombrable y hubiese coincidido con Luismi, no le habría visto. Habría sido transparente para mí. No se me hubiera ocurrido, jamás en la vida, irme con Luismi. ¿Dejar a mis hijos por meterme en ese lío? Para nada. Sin embargo, llegó un momento en que me dije que si me hacían una foto con Luismi me la soplaba, que hicieran lo que quisieran. Como hice con Patón, que me dije: «¿Qué, voy a estar todo el día escondiéndome?». Al principio cogía un taxi, volvía, aparcaba lejos, volvía por el parque andando… Todos los días, ida, vuelta. Demasiado.

No sé si es cosa del azar. A veces pienso que de alguna manera recibimos señales que anticipan lo que nos va a pasar. Claro que hay que saber interpretarlas. Dos días antes de empezar la relación con Patón estuve en una comida de solteros y dos días antes de conocer a Luismi fui la imagen de una web de citas de mayores de cincuenta años que se llamaba Ourtime. Ahí, tal vez, estaba mandando un mensaje a los hombres diciéndoles que estaba libre, como un taxi. También había salido en *Lecturas* y *Semana* en un reportaje titulado «Diez novios para Ágatha Ruiz de la

Prada», en el que me emparejaban con el duque de Alba, Florentino, Pepe Bono, Alfonso Díez —el último marido de Cayetana—, el marqués de Murrieta... En esa lista estaba Luismi y de todos ellos era el único al que no conocía. Y ese día nos encontramos y se lo dije: «Pero qué casualidad, has salido en la lista». «Sí, sí, ya lo he visto», me comentó. Fue algo mágico que sucede de cuando en cuando. A mí siempre me han gustado los feos.

Luismi miraba el *¡Hola!* con ojos de cazador. Al *¡Hola!* yo le llamo el BOE de los separados. Luismi, y los que son como él, se fijan en las separadas, las divorciadas, y van a por ellas.

La historia con Luismi me vino fenomenal. No podía soñar con algo así a mi edad. Fue un ataque de felicidad. Cuando escribo estas líneas estoy con Patón. Desde que lo dejé con Luis Gasset hace unos meses me he reafirmado en que cuando te invitan a planes es un lío pensar con quién voy a esto o con quién voy a lo otro. La verdad es que Patón es un tipo muy divertido y, como siempre, inesperado. Nos presentó mi amiga Blanca Entrecanales. Ahora a los hombres lo que les gusta es quedar un día a cenar o a más cosas y no volver a llamar. Patón es un hombre a la antigua usanza, que es la que me gusta a mí. Que te llamo y ceno y como y desayuno, que es lo que me gusta, porque estoy acostumbrada a eso, no a lo otro.

El innombrable era mi figura central y yo era la suya. Lo he confesado varias veces: no supe qué hacer al perder ese punto de referencia. Cuando murió mi madre me pasé

cuatro años pensando en llamarla cuando llegaba la hora
en que solía hacerlo. Enseguida me di cuenta de que no
me podía quedar ahí. Hay mucha gente que se queda en la
no aceptación. La primera reacción es la sorpresa. En mi
caso fue morrocotuda, aunque podía tener alguna intuición lejana. Luego, hay fases de duelo, de rabia, de ne-
gación y de no sé qué. Quise pasarlas a toda velocidad y
no quedarme colgada en ese punto. Mi tía Carmen, cuarenta años después de haberse separado, recordaba a su ex
como si fuera ayer. Antes pasaba muchísimo: quedarse colgada del hombre con el que estuviera la mujer. Hice un
esfuerzo mayúsculo. El innombrable me lo dijo un sábado
y al lunes siguiente ya estaba espabilándome.

Cuando estaba a lo mío, trabajando, con niños, no pensaba en los hombres. Podía estar Richard Gere a mi lado
que no lo veía, como si fuera un mueble. El primer día que
salí con otro hombre me pareció estar en otro mundo.
Me tuve que acostumbrar al redescubrimiento de ese universo. Me hizo mucha gracia. A todos, menos al innombrable, les encantan los coches, por ejemplo. Es muy
divertido, la verdad.

Las que más me ayudaron cuando me divorcié, con
mucha diferencia, fueron mis amigas. Son lo más importante, fundamentales para seguir. Una buena amiga nunca
me abandonará. Cuando se está en lo más bajo, una amiga
es imprescindible para remontar y ya, llegada la hora de la
mejoría, se recurre a los amigos, pero la base, las que me
sostuvieron, fueron mis amigas.

Al redescubrir a los hombres encontré unas reglas diferentes a las que regían cuando yo «estaba en el mercado». La verdad es que me gustó. Se ha impuesto la filosofía Tinder. No he estado nunca en Tinder, pero tengo amigas que son asiduas. Prefiero ese puntito de referencia, ser una especie de miniparejita. Supe que existían otros hombres aquel sábado por la mañana cuando el innombrable me trajo el desayuno. Al año, quise celebrar el de la separación. Se me ocurrió que me trajera el desayuno a la cama el hombre más guapo de España. El plan era genial. Fue una noche espectacular, con un amigo mío, adorable.

Con Luismi fue la primera vez que decidí hacer pública una relación desde el divorcio. En cualquier caso, daba igual lo que yo hubiera planeado, con él era imposible mantener un secreto. Lo conocí un jueves. Al día siguiente me fui a Portugal a una fiesta de Sandra García-Sanjuán. Me había invitado otro hombre a quedarme en su casa de aquel país, pero, la verdad, no me gustaba. Fue una época torbellino llena de amigos y de gente que entraba y salía de mi vida. Luismi, que es muy sabio para estas cosas, no me llamó el viernes y lo hizo el sábado. Me dijo: «¿Cuándo cenamos?». Salimos el lunes. Fuimos a un sitio pequeñito que se llama El Boquerón. Después al Milford, en la calle Juan Bravo, que medio estaba vacío. Nos vio Manolo Hidalgo, viudo, amigo mío y uno de los pocos cercanos al innombrable. Al irnos del Milford me despedí de Manolo, que estaba con unas cinco personas. Al día siguiente, martes, me llega la portada del *Vanity Fair* en la que salía yo y que podía reenviar a la prensa por si querían hacerse eco. Recuerdo que se la mandé, entre otras, a Beatriz Miranda, de *El Mundo*. Y ella me escribe: «¿Estás con Luismi? Te han visto ayer en el Milford». Coño, la primera noche que salí con él. ¡Pero si estaba vacío! Durante dos años estuve enfadada con Manolo Hidalgo. Me pareció extraño porque es el anticotilla. Tiempo después, en Lanzarote, me encontré con Carmen Lomana y su representante, que es un cotilla oficial: «Yo te vi el día que cenaste con Luismi, yo estaba en el Milford». Durante dos años tuve una idea equivocada de cómo se filtró el encuentro.

Con Luismi enseguida tuve la sensación de que tenía que ir para adelante. Lo pasé sensacional con él, también confieso que desde el primer día supe cómo iba a terminar el asunto: cuando hubo una mínima prueba, aunque resultó que la prueba final fue una gilipollez. A lo que no estaba dispuesta, que es lo que a él le apetecía —y lo que le pasó a Carmen Martínez-Bordiú y por eso Carmen acabó machacada—, era a empezar con el jueguecito de «hoy con esta y mañana con esta». No, si le sacaban una foto con otra iba fuera. Al momento. Ya le había perdonado varias.

Fui al dentista, me hicieron una intervención importante. Él se ofreció a ir conmigo, pero le dije que no, que ya nos veríamos después. Me mandó un chófer suyo que me llevó al campo. Llegué en no muy buen estado y me metí en la cama. Estuve malísima. Le llamé, daba rodeos, decía que no podía hablar en ese momento. Al final, vino, de mala leche, pero vino.

Al día siguiente me llamó la periodista Pilar Vidal y me dijo que había unas fotos de la noche anterior con una mujer por la calle. Me pareció raro porque estuvo conmigo en el campo. Lo que ocurrió: Richy Castellanos, un personaje que me cae fatal, citó para comer a Luismi porque buscaba un donativo para una ONG. Le iba a pedir mil quinientos euros para unas camisetas para un equipo de fútbol. Castellanos le dijo que no tenía coche, que no sabía conducir, que no podía ir a Parla y que además le iba a presentar a una mujer que le volvería loco. «Ha salido varias veces en la portada de *Interviú* y tiene las mejores tetas de España», le animó. Me cabreé con él, con razón, claro. Cuando Pilar Vidal me dijo que la foto era de la noche anterior, me extrañó; en realidad eran del anochecer de un día de noviembre. Estoy convencida de que fue una trampa. Silvia Fominaya, la de las fotos, es una que estuvo casada con Sergi Arola, que fue portada de *Interviú* y es de esa gente que ansía volver a la fama. Sienten una nostalgia bastarda con la intención de llenarse los bolsillos. Quiso ir contra mí en Telecinco. Belén Esteban y toda esta gente, que son amigos míos de verdad y me lo han demostrado, le dijeron: «Oye, ten mucho cuidadito, que Ágatha es una señora y amiga nuestra». Esa se la perdoné, más o menos.

A la vuelta de uno de mis viajes, me contó cómo había sido la fiesta de cumpleaños de Teresa Bueyes. Me advirtió que estuvo todo el rato hablando con una de las invitadas, Mariana Ríos, que fue Miss Colombia y cambió el camino de la belleza por el de la abogacía. Se publicaron fotos de los dos, pero como me lo había dicho ya, pues a mí no me importó, o sea, no me hizo mucha ilusión, pero no me importó.

Las fotos con Marcia Di Lele ya me hicieron perder la paciencia. Se tomaron un día que estaba dándome un masaje y le pedí que fuera a casa un poco más tarde. Marcia lo había montado con el fotógrafo, según me contó María Patiño. Le dije que por esas gilipolleces no iba a pasar. Y no pasé más. Él es así y él sabe que es así. Tiene un espíritu totalmente depredador. Hizo un esfuerzo muy grande el año y medio que estuvo conmigo en portarse bastante bien, que no perfectamente bien. Lo que le gusta es ir a un sitio, echar el anzuelo a una tía, conseguir su teléfono, invitarla a cenar, acostarse con ella y olvidarse. Las mujeres se descontrolan con Luismi porque es muy generoso, las invita a cenar. Muchas mujeres le llaman cada día. Y, además, a él le da igual que tengan veinte años, y espero que no menos, o que hayan cumplido ochenta. También le da igual que la señora esté fregando suelos o que sea la duquesa de Fernán Núñez. Le da lo mismo porque él es muy primitivo.

No me arrepiento en absoluto. Los primeros días fueron alucinantes. Como cuando fui vestida de largo a una fiesta y luego me llevó al desguace, en Torrejón de la Calzada. Tenía un cochazo, un Mercedes de ciento ochenta mil euros, con un chófer simpatiquísimo y maravilloso. Aparecimos allí, vi que tenía preparado el dinero para los que salían en diferentes rutas, para Albacete, para Murcia, para comprar los coches. Y allí estábamos, contando el dinero como si fuéramos Bonnie y Clyde. Yo, de largo, ante

una montaña de dinero, porque aún se pagaba en *cash*. Me
pareció vivir una escena de película: en un desguace a las
tres de la mañana. Esa película se repetía cada noche.

Él es muy simpático, sabe mucho de mujeres. Solo le
gustan los coches y las mujeres. No lee, no ha leído un libro
en su vida. No ve la tele, o sea, no ve una serie. No tiene
wifi. No le interesa el teatro. Le interesan las tías. Entonces,
si el Richy Castellanos de turno le puede traer una, se lo
trabaja un poquito. Igual que Richy te digo miles…

Conocí a Luismi por Teresa Bueyes. La única referencia que tenía de él era que lo había visto con Carmen
Martínez-Bordiú, una mujer muy libre. Envidio la capacidad de Carmen —que de tanto envidiársela la estoy
empezando a tener yo también— de enamorarse y reinventarse. Mi madre fue a su boda.

Teresa Bueyes montó una comida a la que fuimos
Carmen y yo. En El Pescador. Había varios coches con periodistas siguiéndonos. Me dijeron que Luismi era un tío
sensacional: «Te va a encantar», repitieron. Luego, Teresa
me invitó a su cumpleaños. Ese día me daban un premio,
un Bombín de San Isidro. Me dijo que no me preocupara,
que me iba a buscar Roberto, un buen amigo que vino
antes de lo que me hubiera gustado. Pasamos la M-30, la
M-40, la M-50, hasta llegar a la finca. Me lo presentó directamente Carmen Martínez-Bordiú. Con ella he compartido confidencias.

Fue una relación apoteósica. No conocía ese mundo de
los polígonos, en mi vida había ido a uno, ni a un desguace

ni a Parla. De repente me veía cenando con dos guardias civiles, con un taxista…, eran sus amigos, un ambiente muy distinto a todo lo que yo conocía. Él solo se dedica a las tías, así que es un especialista en llevarlas al mejor sitio de Madrid y en hacerlas reír. Luego, era muy difícil que te acompañara a los sitios porque tan pronto se portaba muy bien como horrorosamente mal. Como se le torcieran los cables era horrible. Pero, ya lo confesé, me gustan los hombres un poco canallas. Tengo amigas que se han casado con gays. Hay otras a las que les gusta ser la madre del marido. Tengo un poco a mi padre en el subconsciente y, de alguna manera, Luismi se parecía a él. Mi padre era muy guapo y Luismi, no, pero sí que compartían algunos rasgos. A mí me gustan los hombres que saben mucho de señoras. A otras les ponen más los andróginos.

Mis hijos quedaron alucinados. Luismi me regaló un caballo y luego se lo regaló a Cósima. Se sabe manejar muy bien. Él no está acostumbrado a ir en avión. Viene de una familia de agricultores, que cuando más trabajo tienen es en verano, por eso no sabe lo que es veranear. Yo he veraneado desde que tenía un año. Nací y me llevaron a San Sebastián en avión. Para mi familia, veranear era tan normal y necesario como comer. No se imaginaban a nadie que no veranease. Pero Luismi no ha veraneado ni veranea, ni sus hijas, no concibe lo que es el verano. La vida que yo hacía antes de conocer a Luismi era una semana en París, otra en Milán, otra en Nueva York; ahora me voy a México, ahora vuelvo a Argentina, ahora a Portugal; pasado mañana a Sevilla, luego me voy al sur de Francia, luego a Italia… Y él, no, claro. Además, tiene un negocio jodido porque le pueden robar todo. Yo, como no tengo dinero, podría llegar un ladrón a casa y se aburriría porque no hay nada que robar, aparte de los libros. En el desguace se pueden llevar una batería o una tuerca. Es un negocio en el que es básico que esté el jefe. Hasta hace poco tiempo, seis años, Luismi pagaba todos los viernes a quinientos empleados. Es increíble la cabeza que tiene para eso. No puede veranear. Con el innombrable tampoco era posible por el periódico.

Hasta entonces yo nunca había salido en *Sálvame*. No conocía ese entorno porque no veo la tele, no tengo tele, y de repente, conocí un mundo que me arropó y me divirtió. Tuve también la gran ayuda de *¡Hola!*, que siempre me ha sacado en unas fotos estupendas. Si lo hace otra revista a lo mejor me sacan horrible, pero el *¡Hola!* cuida a los personajes. Solo quiero que me hagan Photoshop como a Preysler, lo demás me la sopla. Y casi lo he conseguido.

Al poco de conocer a Luismi, a los diez o quince días, fui a una fiesta de *Vanity Fair*. Me invitó Alberto Moreno, en el hotel Santo Mauro. Llegué con Luismi en el coche. Había unos cincuenta fotógrafos. Se pusieron como locos. La foto empezó a salir por todos lados. Me preguntaron: «¿Qué es lo que más te gusta de Luismi?». «Cómo recicla», contesté. Se empezaron a reír y fue muy guay.

# EL MUSEO FALLIDO

Se ha celebrado un juicio contra Luismi. Al final no ha salido mal parado porque no va a la cárcel. Me dice que está encantado y que ha llegado a un acuerdo bastante bueno. A Luismi le han puteado mucho. También es verdad que él ha hecho lo que le ha dado la gana. Pero hay algo que a mí me indigna: el fracaso de su museo.

Luismi conoció a Mariluz Barreiros, la hija de uno de sus héroes, Eduardo Barreiros, y ex de Polanco, y decidió hacer el museo del automóvil animado por ella. Se metió en un proyecto de una millonada que, a la postre, ascendió al doble. Eligió a dos famosos arquitectos, Tuñón y Mansilla, que firmaron el MUSAC de León y el Museo de Colecciones Reales de Madrid. Le cobraron por el proyecto más de un millón de euros. Él decidió que en vez de contratar a una constructora lo levantaría él. Compró las grúas, las hormigoneras, las cementeras, y al final, en vez de agradecerle que en Torrejón de la Calzada, ya me dirán, se levantase un museo de esas características, lo que hicieron fue ponerle pegas. Descubrió a gente mediocre, corrupta, envidiosa, digna de un guion de los que escribía Jorge Berlanga para su padre.

En la colocación de la primera piedra estuvieron Mariluz Barreiros, Esperanza Aguirre, Ruiz-Gallardón y cuatro ministros, ¿y luego dicen que es ilegal? Él se compró una gran parcela para hacer un desguace de motos y de todoterrenos. Mariluz le convenció para construir el museo Barreiros, con la idea de que haría un doble negocio. Ella le proporcionaría todo lo que era de su padre que, como ya he dicho, era un gran héroe para Luismi. El proyecto era uno de los más bonitos que he visto en mi vida. El hombre estaba dispuesto a pagarlo todo. No tenía sentido que llegase el ayuntamiento a poner palos en las ruedas, cuando antes a todos los concejales se les caían los pantalones ante él.

Por eso digo que se ha sido muy injusto con Luismi. Si yo hubiera sido la alcaldesa habría hecho lo imposible para que la gente hubiera ido hasta allí, y luego al restaurante del pueblo, además de conseguir prestigio y reputación para la localidad. Ahora quieren que lo tire, que todo ese sueño, ese dinero, se disipe como si nunca hubiera existido en mente humana. Hay ilusiones que tarde o temprano acaban convirtiéndose en realidad. Luismi ha tejido una tela de araña de tal manera que algún día atrapará los coches necesarios para mostrarlos en un museo.

El problema de Luismi es que la gente de su entorno lo considera riquísimo, así que todo el mundo le quiere robar o le tiene envidia. Qué decir de la alcaldesa de Torrejón de la Calzada, a pesar de que el hombre proporciona quinientos puestos de trabajo. Tenía que llegar la «clasista» Ágatha Ruiz de la Prada para defenderlo. Me pregunto ahora, tal vez sin venir a cuento, de qué hablamos cuando hablamos de pijos.

Cuando Mariluz dejó a Polanco, me llamaron de una revista, *Tiempo* creo que era. Estaban haciendo una encuesta para elegir al personaje del año. Les dije que para mí era Mariluz Barreiros. ¿Por qué? Porque dejaba al hombre más poderoso de España. Con dos cojones que tuvo la mujer. Polanco estaba loco de amor por Mariluz. Ella me llamó para darme las gracias. Siempre se ha portado fenomenal conmigo. Nunca hemos sido íntimas, pero compartimos una relación cordial.

Construyó un pequeño museo, el Barreiros, dedicado a la automoción y a la figura de su padre, el mayor empresario del sector automovilístico de la España de los años cincuenta y sesenta, en su finca de Valdemorillo, que estaba al lado de la casa donde vivieron Plácido Arango y Cristina Macaya. Luismi oyó hablar de ese museo de coches: «Llama que quiero ir», le diría a algún ayudante, porque no tiene secretaria. En el museo le dijeron que durante la visita podría acompañarle la hija de Eduardo Barreiros, o sea, Mariluz. Quedó a las doce, pero no llegó hasta las dos y media. La señora lo mandó a paseo, con razón. Para hacerse perdonar, la invitó a comer y así se conocieron.

Mariluz conocía a todo el quién es quién, desde el rey a doña Pilar, de Plácido Arango a Amancio Ortega. La invitaban a muchos actos, además de por su importancia, por su simpatía. Cuando decidieron montar el museo, ella comenzó a presentar a Luismi a gente que pudiera ayudarles. Luismi tenía un traje y una corbata en el desguace, se cambiaba allí y se iba a cenar con mucha gente importante. Así se introdujo en un mundo hasta entonces ignoto para él. Y también empezó a conocer a las tías más guays del mundo.

Así apareció en su vida Carmen Martínez-Bordiú. Se le abrieron puertas que nunca imaginó, y si bien el desguace daba para que un hombre de Parla llevara una vida más que desahogada, no llegaba para lo que estaba acostumbrada la nieta de Franco, que había tenido a la guardia real y a España a sus pies. Ahí es cuando Luismi pierde un poco la cabeza. Carmen debió de pensar que Luismi, que era generoso, sería multimillonario, pero era generoso y no multimillonario. Y él entró en barrena y a meterse en problemones. No hay nada peor que vivir por encima de las posibilidades de uno.

# LA PASIÓN ECOLÓGICA

Llamaba a mí abuela materna para preguntarle cómo se encontraba y charlar un rato con ella: «Abuela, ¿cómo estás?». Me respondía: «Bien, este mes voy bien de planes. Llevo tres bodas y ocho funerales». Ahora casi pienso como ella. Un funeral también puede ser un buen plan. Un buen plan no, un planazo. Lo escribo porque ayer estuve en uno sensacional en una iglesia de Aravaca obra de Fernando Higueras.

Patón tiene una finca llena de animales, de las mejores de España para la caza. En Puertollano. Alfonso Ussía dijo un día: «La mujer del marqués de Sotoancho es más fea que Puertollano desde el AVE», y lo declararon *persona non grata*. A Patón le gusta la caza, ha nacido allí, y su familia tiene esas tierras desde hace unos ciento cincuenta años o así. Pero no caza mucho. Yo he ido a cacerías. Cuando venía don Juan se montaba alguna en la finca, pero no me gusta nada la caza y cada día menos. Digamos que me espeluzna. Siempre he estado en contra, y en los debates

sobre el tema me he tenido que enfrentar con Miguel Delibes hijo, que la defiende de una manera prodigiosa.
Su discurso alcanzaba tanta categoría que casi me conven-
cía. Delibes sostiene que la caza es necesaria para que los
montes se regeneren, y seguramente tenga razón, pero no
me gusta ver animales muertos más que en el plato de vez
en cuando.

He estado en África y allí los animales están todo el rato matándose. Todo el día y la noche se escuchan ruidos
horripilantes. Una de las grandes obsesiones de mi vida
son los árboles. Dedico horas y horas a pensar en los árboles. En África vi cómo los elefantes tiraban árboles. Cincuenta en tres minutos. Entré en crisis: ¿de qué parte debía
ponerme, de la de los árboles o de la de los elefantes? Me
hice tal mejunje en la cabeza que no pude discernir. No
olvidaré los gritos de la noche. Yo estaba en una tiendecita
y los niños en otra. «Dios mío, ¿serán los niños?», me preguntaba con la típica angustia de las madres. No me gustó
nada. Era un no vivir ni dormir, ni de día ni de noche. Todo el rato matándose. Quizá tengamos un poco idealizada
la naturaleza. Lo que más me gusta del mundo son los animales, pero toda esa violencia no me divierte nada. Com-
prendo que hay que matarlos porque hay muchos, pero es
muy agobiante.

Algunos de mis perros están cogiendo malas costum-
bres. Creo que hace unos días mataron un ciervo. El verano pasado iba paseando con uno de ellos, muy distinguido,
y mató una cabra. Otro día paseaba con una amiga cuando

escuchamos algo parecido a unos gritos, como si fuera una mujer pidiendo ayuda. Encontramos a una cabrita monísima, ideal, de unos ocho meses, muriéndose desangrada. Uno de los perros, que duerme en la cama de Cósima, ¡mató a una cabra delante de mí! Pasé dos o tres días sin pegar ojo. Fue horrible. Tristán los llevó a un lugar donde había muchas cabras y, al parecer, cuando prueban la sangre, quieren más. Que un perro de lo más mimoso y civilizado mate a una cabra salvaje que no le ha hecho nada me parece lo peor. Todo esto me perturba. Me encanta el campo, me chifla, pero tanta violencia me horroriza. Tengo dieciséis perros, a veces se pelean. Me vuelvo loca cuando se pelean. Son de distintas razas. Aunque sean enemigos, se juntan para matar. A los conejos rara vez los cogen. Es muy desagradable todo eso. Prefiero leer un libro. Lo que más me gusta del campo es leer. Para mí el campo significa silencio y tranquilidad. Lo que más he hecho en el campo es leer. Y me gusta recoger basura, me encanta.

El campo de Patón es muy salvaje, una burrada de salvaje; el mío, como está abierto y es de secano, no tiene problema de ese tipo. Nunca hubo ciervos, por eso cuando veo uno me emociono muchísimo. Tenemos unos poquitos que vinieron cuando el gran incendio de Guadalajara. Me recuerdan a cuando la reina Isabel II se encuentra con el ciervo en la película *The Queen* durante un paseo por Balmoral. Me gusta muchísimo el trato con los animales, menos las culebras, que me dan miedo. Hasta los ratones me gustan. En mi piso de Nueva York aparecían ratas como gatos por lo mal que está organizado el tema de la basura.

Sigo siendo ecologista y votaría a un partido verde, como del que fui militante y candidata en los noventa. Lo que pasa es que los partidos ecologistas los llevan personas con ideas confusas. Una cosa es la ecología y otra cosa es la envidia. Si Botín tiene una finca que la cuida convenientemente, a mí me parece fenomenal. Otra cosa es que yo diga: ¿por qué la tiene él y no yo? Eso ya es envidia. La ecología me interesa, la envidia no. Yo fui de Greenpeace toda mi vida hasta que me di cuenta de que no se mueven solo por los intereses del planeta.

En los noventa, los Verdes, seguramente empujados por los esperanzadores resultados que obtenían en Europa, se hicieron a la idea de que en España podría brotar un sentimiento ecologista similar. Me apunté al partido, fui a las reuniones, donde me di cuenta de que no llegaríamos muy lejos porque cada uno pensaba de una manera, y me presenté a las elecciones. Fui la última de la lista. El innombrable me dijo que tenía tantas posibilidades como si hubiera sido la primera. Los Verdes no consiguieron ningún escaño. Nunca tiré la toalla. Hoy he conseguido que toda mi colección de moda se realice con tejidos sostenibles. Vaya, he logrado más a mi manera que si hubiera seguido en la política.

# AMENAZADA

El edificio donde está mi casa del Paseo de la Castellana guarda muchos secretos de las personas que allí
han vivido. Cuando llegamos, en un piso de abajo estaban
haciendo obras unos señores colombianos que pusieron
suelo radiante. Los vecinos nos preguntábamos para qué
necesitaban suelo radiante si teníamos calefacción central,
pero el mundo de los muy ricos a veces es insondable
incluso para mí, que lo conozco. Allí es donde llegó Carlos Mattos, empresario colombiano, extraditado después
desde España a su país por asuntos de presunta corrupción. Acabó entrando en la cárcel y protagonizó, a pesar
de ello, más escándalos, porque se descubrió que podía
salir de la prisión de La Picota de Bogotá para ir a sus
oficinas. El revuelo se llevó por delante al jefe de la cárcel
y envolvió de nuevo de polémica al personaje. La Fisca-
lía de su país todavía hoy rastrea su fortuna y los lazos
con jueces que, al parecer, fallaron a su favor en asuntos turbios.

Conocí a su mujer, de una belleza extraordinaria que solo le había servido para convertirse en una señora rica pero infeliz. El dinero teje formas de dominio que son como invisibles telas de araña. Iba con una niña que llevaba siempre una mochila de Ágatha Ruiz de la Prada. Esa era la mejor forma de entrarme a mí: éxito asegurado. Al menos se tomó la molestia de saber con quién estaba tratando.

Mi primer viaje a Colombia lo hice invitada por la embajadora en Madrid de ese país, que luego se convertiría en una de mis mejores amigas. Estaba en el estudio de Marqués de Riscal cuando me llamaron: «Soy Noemí Sanín, embajadora de Colombia, la admiro mucho y me gustaría conocerla». Al día siguiente fui a la embajada y hasta hoy. Organizó el viaje a Colombiamoda. Fuimos unas cinco personas. Resultó casi iniciático, conocí a la gente más importante del país, comprendí lo que era Colombia y me enamoré de aquella tierra.

Me acompañaba el que era en aquel momento mi director general, Fernando Aguirre. En el aeropuerto de Bogotá nos esperaba mi vecina de Madrid con tres coches y varios guardaespaldas armados con fusiles, con metralletas, de todo, como si fuéramos émulos de Pablo Escobar, o más bien de su leyenda. Nos enseñó la ciudad y esa noche cogimos otro avión a Cartagena de Indias. ¡Hacía tanto calor! Cuando llegué al hotel sentí un agotamiento descarnado, como de novela de García Márquez.

En Cartagena conocí a su marido, mi vecino Carlos Mattos. Nos invitó a cenar a su casa y, cuando llegamos, me sorprendió el lujo dominado por cuadros de Botero y otras piezas que enseñaban entre los dientes el dineral que habían costado. Al día siguiente comí en su isla particular que no me gustó nada. Era una isla enana en la que venían a venderte collares y piñas.

Al volver de Colombia invité a Carlos a mi casa. Era un almuerzo a las dos y media y él no llegó hasta las cinco de la tarde. Mattos iba vestido en vaqueros rotos con tachuelas y cristales de Swarovski, que igual le habían costado tres mil euros. El enfado del innombrable, que iba con chaqueta y corbata, brillaba más que los cristalitos.

Pasados unos días fui a hablar con Noemí, mi amiga la embajadora, porque Mattos me había dicho que quería invertir en el estudio y quise enterarme bien de quién era y a qué se dedicaba. Noemí lo único que me dijo fue que hablara con una corresponsal de *El Mundo*, Salud Hernández Mora, que era quien más sabía de temas colombianos…

Más tarde, fui a Nueva York. Dormí en casa de mi amiga Maribel Schumacher, de la que ya he hablado. Era la mujer del corresponsal del *New York Times*. Él se llamaba Edward Schumacher Mattos, es decir, era primo hermano de Carlos Mattos, pero uno parece alemán alto, con gafas, intelectual, mientras que el otro es colombiano de pura cepa. Antes de la cena, encontré preparadas unas copas de champán. «Es que viene Carlos», me explicó Maribel. Vaya, me encontraba con él hasta debajo de las piedras.

En todas las ocasiones en que el innombrable había coincidido con Mattos, lo miraba como si fuera una rata muerta. Sin embargo, cuando empezó a buscar dinero para *El Español*, el abogado Manolo Delgado le llamó y le dijo: «Carlos Mattos quiere invertir una suma millonaria en tu proyecto». Al final tampoco fue para tanto, pero la abogada de Mattos era Cruz Sánchez de Lara y así la conoció el innombrable. Cruz le gustó y decidió que, como no quería que Mattos apareciese en el *staff* de *El Español*, sería ella la que estaría en el consejo.

Al cabo de unos meses, ya nos habíamos divorciado.

Una noche me preparaba para ir a la gala de un premio que me daban los de *Vogue* Joyas, cuando me llamó Maribel, desde Nueva York, y me dijo que la había llamado Carlos Mattos para pedirle mi teléfono. A la media hora volvió a sonar mi móvil, un número de Miami. Era Mattos. Al parecer, su abogada le había contado que yo iba hablando mal de él. No mentía. En ese momento me soltó: «Mira, yo por mi reputación, mato».

Si hubiera sido un tipo elegante me hubiera dicho que estaba desolado, que nunca imaginó que su abogada y mi ex iban a acabar juntos y, sin embargo, me amenazó: «Por mi reputación, mato. Tú no sabes lo que yo podría hacer».

Me quedé flipada. Llamé a Maribel y se lo conté. No podía creérselo. Me dijo que su marido me aconsejaba que fuese a la comisaría y pusiera una denuncia. Me acojoné tanto que llamé a mi abogado de toda la vida, Felipe Arrizubieta, y a Javier Gómez de Liaño.

Javier me había ayudado con lo del divorcio. Le dije: «Javier, mira lo que me está pasando. Me está amenazando Carlos Mattos». Me contestó: «No sé muy bien quién es. Le he visto algunas veces pero… no sé...». No recuerdo bien cómo siguió la conversación, pero le hablé del consejo de Schumacher de ir a una comisaría. Él no estaba de acuerdo. Y pensé que no era el momento de ir a la Policía; me acababa de divorciar y lo sabía todo el mundo, iban a creer que estaba como las maracas de Machín. ¿A quién le iba a contar que Carlos Mattos, mi vecino, me había amenazado y yo estaba aterrada sin que pensara que estaba loca?

Finalmente, Edward llamó a Carlos: «Pero ¿has amenazado a Ágatha, estás loco?». Mattos se acojonó y reculó. Le escribió a Cruz diciéndole que yo era una señora y que no había nada más que hablar. Entonces, me escribió el innombrable —tengo guardado el correo— advirtiéndome de que dejara de meterme con sus consejeros y sus accionistas. O sea, entendí que me estaba diciendo que en el momento que dejara de incordiar se acabarían los problemas.

Fue el colmo, solo llevábamos mes y medio divorciados y, en lugar de ponerse de mi lado, defendía a su accionista.

Se me ocurrió ir a hablar con las personas más importantes que conozco para contarles mis conversaciones con Mattos, el consejo de Maribel y la reacción del innombrable.

Fui a ver a Federico Jiménez Losantos, que me comentó: «Es lo más grave que he visto en mi vida». «Esto te lo paro yo», continuó. Llamó a María Dolores Márquez de Prado, su abogada y mujer de Gómez de Liaño, y le dijo: «Oye, ni media coña más. Parad esto de Ágatha».

Llamé a Eduardo Inda, a Antonio Fernández Galiano, a Noemí Sanín, a todos mis amigos de Colombia...También fui a ver al embajador de Colombia en España: «Quiero que sepáis lo que me ha pasado por si me ocurre algo».

Tiempo después, Carlos Mattos le dijo a su primo, el marido de Maribel, que le daba pena que yo no le hubiera perdonado por aquellas palabras. La imagen de su detención, cuando lo llevaban preso a Colombia, no se me olvidará: ese aspecto descuidado del que tiempo antes nadaba en champán, el de los vaqueros con cristales de Swaroski.

A mí no me hizo falta ver muchas series colombianas para imaginar lo que la riqueza esconde, tanta maldad como ceros en la cuenta corriente, tanta impudicia que se atrevió a retarme. Sin embargo, a pesar de su poder, o tal vez por eso, no supo con quién se enfrentaba. A mí no han vuelto a amenazarme nunca más. Las oscuras almas que quisieron hacerme daño no lo consiguieron.

# MASCARADA EN VENECIA

Hace muchos años me llamó Maribel Martínez, me vino a ver y me trajo una invitación muy historiada, con un bolsito de seda. Querían invitar a Venecia, al famoso Baile del Doge, a una aristócrata ¿Una aristócrata? En fin. Fuimos el innombrable, Tristán, que se cogió un avión desde Londres, y yo. Nos vistieron. Fuimos a una mesa en la que estaba Olivia de Borbón, espectacular. Se sentó al lado de Tristán, que estaba babeando de lo que se enamoró de Olivia; era mayor que él, pero bueno. Fue un día muy divertido. En esa época elegían a una serie de invitados VIP, y nos metieron en esa lista. Creo que también estaba Beatriz de Orleans. De resultas de eso entró en mi vida Maribel, una de mis mejores amigas, aunque está como una cabra total. Una vez me hicieron reina de la fiesta veneciana. Como he ido tantas veces, ya me sé todos los trucos de cómo hay que vestirse y qué hay que hacer.

He viajado mucho a Venecia. Es una de mis ciudades favoritas. Diría que mi ciudad más importante, después de

Madrid y Barcelona, es París, y mi ciudad soñada del mundo mundial, creo que la más bonita de todas, es Venecia. Una vez hice una exposición en el Museo Correr, para la que tuve que ir catorce veces. El año pasado me fui con Luis Gasset en invierno y estaba completamente vacía. He ido también a la Biennale. Tengo muchos amigos allí. Me hice amiga de la asesora cultural de Venecia, Tiziana Agostini, que me nombró madrina de la mujer trabajadora... Un día me llamó Maribel, en verdad con la intención secreta de que fuera con Luismi. Ya había ido con él, aunque no al Doge, y ella se entusiasmó con Luismi, se hicieron muy amigos. Es muy buena persona Maribel.

Después del divorcio solo vi una vez al innombrable, o más bien, vi su calva en el Teatro Real. Para el carnaval de 2022, me disponía a ir a Venecia con Patón, que es un trueno de guapo. Días antes una amiga mía cenaba con Félix Revuelta, de Naturhouse, y su mujer, y me dijo que creía que iban a encontrarse con el «innom» e ir juntos a Venecia. Llamé a Tristán y le dije: «Llama a tu padre y pregúntale si va a la fiesta a la que voy yo». Yo tenía comprados los billetes, cerrado todo, hacía más de un mes. Me dijo que sí, que iba a Venecia. Ya no podía deshacerlo, había confirmado mi presencia, así que pensé que con dos ovarios me plantaba allí.

Llegamos y el primer día Enrique Rúspoli, un descendiente de Godoy muy guay y muy amigo mío que ahora tiene ochenta y siete años, me había invitado a una primera fiesta. Los Rúspoli en carnaval se pasan allí un mes. Tienen alquilada una casa espectacular con una lámpara veneciana que ocupa más que mi salón —procedía del palacio de Boadilla del Monte— y unos cuadrazos. Enrique no tiene hijos y solo le interesa el plan de divertirse. Me contó que el año anterior estuvo siete meses con Covid allí. Aterrizamos, pasamos por la habitación del hotel y salimos corriendo. Era una fiesta a la que asistían las personas mejor disfrazadas de toda Venecia. Allí pasa como en Sevilla, que las señoras, las que son ricas o las que pueden, todos los años se hacen un traje o dos para la feria, y cuando pasan veinte años tienen cuarenta. Es lo mismo, solo que con trajes de época. Había franceses, portugueses, italianos, de todas partes del mundo, vestidos con telas buenísimas. Recuerdo a un francés de morirse, guapísimo, con un maquillaje espectacular, a un matrimonio galo de dos chicos que iban con trajes iguales, como si fueran gemelos, y a unos catalanes que habían llegado desde Barcelona en una furgoneta para llevar los trajes porque no podían ir en avión con tanto equipaje. Al día siguiente, fuimos a una cena que ofrecía la princesa Murat. Se acababa de casar con el hombre con el que llevaba veinte años viviendo. Patón se puso un esmoquin y yo una caretita. Fue una fiesta buenísima y divertidísima. Hubo cuatro cantantes, música de Turandot, un pianista. Y la casa, que mezclaba lo moderno con lo antiguo, era espectacular.

Nada más enterarme de que por Venecia aparecería el innombrable llamé a Maribel para advertirle: «Por favor, que lo coloquen en la otra punta del palacio, porque hay catorce cuartos». Llegamos a la fiesta principal. Llevaba un traje que me habían hecho en el estudio, con una tela muy buena. Sé mucho de tejidos y noto perfectamente la diferencia. Tenía un miriñaque y se me rompió. Fue tremendo bajar con un diseño así a la góndola. No parábamos de reír porque Patón es muy divertido. Me dice Maribel: «Me han sentado al lado del innombrable». Yo estaba en la mesa presidencial, con Antonia Sautter, que es la que daba la fiesta, y su marido. Éramos diez, pero Patón y yo estábamos como en un trono. En ese cuarto había solamente otra mesa de otras diez personas. Y en ella estaba el innombrable con su nueva mujer. No lo veía desde que nos divorciamos. Estaba muy tenso, sabía que yo iría, se lo había dicho Tristán. Él tenía que haber dicho que no iba; si hubiera sido un señor, pero como no es un señor… Venecia es un plan mío. Según Maribel, que hay que creerla, la única persona invitada ese año era yo. Al innombrable lo invitó Félix Revuelta. No sé ni cómo se atrevió a ir. ¿Quizá para epatar a su mujer?

Tuve la suerte de ir con Patón, que no paró de decir chorradas toda la noche. Patón es el más atractivo de todos los hombres con los que he estado. El más guapo. Yo hubiera preferido no estar en la mesa presidencial y así evitar aquella situación, pero luego, entre las copas y el baile, todo se transformó. En el fondo, ellos no dejaron de estar tensos, mientras que yo bailaba y los periodistas me pedían que posara para fotografiarme. Él llevaba un sombrerazo, una máscara, y sería incapaz de describir la indumentaria de ella. El innombrable no pegaba nada allí; ni sabía nadie quién era ni sabía cómo vestirse. Yo, sin embargo, conocía perfectamente el guion de la noche. Me reí tanto que me caí de la silla. No solamente no estuve a disgusto, sino que casi lo agradecí porque fue como si estuviera viendo a alguien transparente a través del que podía mirar más allá. Lo interpreté como que yo ya estaba superbién. No me saludó, aunque yo le hubiera torcido el gesto. Fue él quien se portó mal. Tenía que haberme pedido perdón de rodillas. Estaba tenso como solo él puede ponerse. Lo conozco. Yo llevaba una máscara, me la quitaba para comer, me la ponía, me la volvía a quitar.

Había algo que noté, para bien o para mal. Ellos llevan juntos más de cinco años. Encima, trabajan en el mismo sitio. En cambio, Patón y yo nos veíamos desde hacía quince días. Cualquier tontería que dijera me provocaba una carcajada. Estábamos en ese momento loco.

En el último libro que escribió, que no lo he leído ni lo tengo ni lo quiero tener, no se dice ni una palabra de mí. Yo tampoco quiero hablar de él, pero si estoy escribiendo este libro y no hablo del innombrable o de Exuperancia, entonces la gente pensaría, con razón, que no estoy contando mi vida. Ahora puedo decir que si me lo encuentro no me importa. Hasta entonces pensaba que me iría corriendo. Pero cuando lo vi sentí menos que si viera un mueble. Salieron fotos en *Il Corriere della Sera*. Descubrí que hasta para encontrarse hay que tener arte.

Félix Revuelta fue el que más pagó: por eso estaban en el cuarto presidencial, con la mala suerte de que la invitada era yo. Para mí fue como cerrar un círculo. Antes, durante cinco años, llegaba a los sitios y me preguntaba: «Si está este en la mesa de al lado, ¿qué hago?». Es verdad que iba disfrazado. Pero como si hubiera visto un saco de patatas.

Las amigas que hice me ayudaron a desvestirme en el cuartito de los abrigos. Se nos olvidó el sombrero, al día siguiente volvimos a por él y todos tan contentos y felices.

Un año invitaron a Cósima y a Tristán a aquella fiesta. Estuvieron dando la lata con el traje, como era de esperar. Cósima, en el último momento, decidió que era una horterada. La habían invitado a otro palacio que, según ella, era mucho más elegante. Tristán se opuso, argumentó que ya tenían los disfraces y que además iban a ir en góndola, pero fue. Cuando llegaron, no les abrieron la puerta. Y es que la fiesta se celebraba en otro palacio, en el quinto pino, todos en vaqueros. Ahí conoció Cósima al novio que tiene cuando escribo estas líneas. Luego lo volvió a ver el año pasado en Halloween. Parece ser que la cosa al final salió bien, o no hay mal que por bien no venga. El chico es inglés, medio irlandés medio escocés, muy simpático. Cósima se quedó a dormir en el palacio de un amigo mío, el Polignac.

En el fondo, lo que más me interesó de aquella fiesta fue haber salido en *Il Corriere della Sera*, es lo que me importaba. No puedo perder mis contactos. Si me invitan a una fiesta en Portugal, voy. Es importante Portugal, o Francia, o donde sea, para que la gente no piense: «Pues había una diseñadora, Ágatha, ¿te acuerdas de lo que hacía?». Hay que estar. Una vez iba por Nueva York, me encontré con un chico que me dijo: «Oye, ¿vives aquí? Es que te he visto algunas veces por la calle». La gente ha de tener la sensación de que has estado ahí, que vas a fiestas, que te ven siempre, que no fallas.

La verdadera máscara del innombrable en el carnaval fue su cara. Los amigos del innombrable llamaron a la organización para decir que había sido el mayor agravio de su vida y que les devolvieran el dinero. Félix Revuelta mandó una carta indignado. El señor Naturhouse llamó a Antonia Sautter para pedirle el importe que había pagado porque yo estaba invitada. Justamente yo había pedido diez millones de veces que por favor no fueran o que no nos pusieran en el mismo cuarto. Lo único que quería era no verlo. Los organizadores no sabían quién era Pedro J. o Cruz Sánchez de Lara. Pensarían: «¿Españoles?, pues aquí».

He de decir que me encantó percibir que ella estaba incómoda. Como dice Tristán, ellos trabajan veinticuatro horas al día juntos. Al principio, la cama, pero cuando pasan cinco años gana el agotamiento. Además, yo conozco al innombrable porque he ido a muchas fiestas con él, debió ir con su preocupación, su periódico, lo que fuera, lo de Rusia, y, claro, me vio a mí, que creo que no he estado más divertida en toda mi vida, y le dio un patatús… Creo que hasta me dio morbo. La historia pronto fue de boca en boca por el todo Madrid. Al final hizo el ridículo. Lo que tenía que haber hecho cuando lo llamó Tristán es decirle a Félix que se lo agradecía en el alma, pero que se había enterado de que iba yo y disculparse. Al final, me salió bien la jugada. Contra todo pronóstico. Esas son las buenas, las que cuando tienes las de perder, ganas.

# ÍNDICE